여럿이며 하나인 아시아

여럿이며 하나인 아시아

야마무로 신이찌 지음 임성모 옮김 임성모 대담

동아시아의
비판적 지성

창비
Changbi Publishers

비판적 지성이 만드는 동아시아

16세기에 지리적 명칭으로 도입된 '아시아'는 굴욕과 영광의 언어이다. 19세기 후반 서세동점의 역사 속에서 서양의 문명적 표준에 비춰진 동아시아는 '야만' 또는 '반야만'으로 위치지어진 이후로 그로부터의 탈출을 역사적 과제로 삼는 피동적 존재였다. 그러나 동아시아는 또한 이 지역 인민이 제국주의에 대항하기 위한 지역연대를 꿈꾸는 상상력의 근거이기도 했다. 더 나아가 20세기 후반에는 세계경제의 활력을 불러일으키는 거점으로서의 자부심을 표상하는 기호로 떠올랐다. 21세기 초입인 지금 동아시아는 세계의 번영과 쇠퇴, 평화와 전쟁을 갈음하는 핵심적 지역으로 부상하고 있다.

동아시아의 중간에 위치한 한반도에서는 19세기에서 20세기로 넘어가는 교체기에 지역연대로서의 동아시아 구상이 등장했지만, 일제 식민지로 전락하면서 그 지역구상도 민족국가 수립의 비원에 가려져 몰락했다. 해방이 되어서도 사정은 달라지지 않았다. 냉전이 조성한 진영적 논리에 사로잡혀 우리의 공간인식은 반도의 남쪽을 벗어나지 못했다. 그러나 지난 90년대 분단체제가 흔들리면서 한반도를 넘어선 지역에 대한 주체적 관심이 되살아나, '동아시아' 담론이 지식인사회에서 유행이랄 정도로 활기를 띠었다. 이런 흐름을 타고 국내에서 동아시아 연대운동을 주도하는 움직임이 움트더니, 급기야 '참여정부'가 '평화와 번영의 21세기 동북아시대'를 국정목표로 정해 대외적으로 제안할 정도가 되었다. 동아시아지역을 단위로 한 발상이 우리의 현실을 움직이고 있는 증거가 아닐 수 없다.

이런 상황은 이제 우리가 '왜' 동아시아인가에서 더 나아가 '어떤' 동아시아인가를 물을 때임을 깨닫게 한다. 동아시아란 지리적으로 고정된 경계나 구조를 가진 실체가 아니라, 이 지역을 구성하는 주체의 행위에 따라 유동하는 역사적 공간이다. 이 때문에 동아시아를 문화적 구성물로 간주하는 시가이 우리 주위에서 유행히고 있는 것 같다. 이 시각이 동아시아를 지리적으로 고정된 것으로 보는 관념을 해체하는 데 일정 정도 기여함은 인정되지만, 우리로 하여금 동아시아를 말하지 않을 수 없게 하는 역사적 맥락에 소극적으로 대응하도록 조장하는 경향이 있지 않은지 따져보아야 한다. 사실 동아시아세계에는 서로 긴밀히 연관된 문화적 가치나 역사적으로 지속되어온 일정한 지역적 교류 등의 실체 같은 것이 있고, 특히 근대에 들어와 제국주의와 냉전이 조성한 시공간적 상황 속에서 갖게 된 공통의 경험은 이 지역을 역사적 실체로서 규정할 수 있게 하는 기반이 아닐 수 없다. 이제 동아시아가 역사적 실체로서 허용하고 요구하는 미래지향적 과제를 한층 더 적극적으로 감당해야 할 싯점이다. 이것을 '실천과제(또는 프로젝트)로서의 동아시아'라 부르고자 한다. 새로운 동아시아는 목하 형성중이다.

그간 한국에서 비판적 토론의 산실이 되어온 창비는 우리의 논의를 동아시아적 맥락에서 재조명함으로써 새로운 발전을 위한 성찰의 기회를 얻고자 비판적 지성 6인이 발신하는 동아시아의 비전에 주목한다. 2차대전 종결 이후 동아시아 출생자인 이들은 타이완, 중국 대륙, 일본, 미국에 흩어져 활동하지만, 그 시야는 전공학문 영역과 국가의 경계를 넘나든다는 점에서, 그리고 이 지역에 드리워진 식민주의와 냉전 그리고 미국 주도의 패권질서에 비판적 거리를 유지하고 있다는 점에서 공통된다. 이들이 자신의 사상 모색의 기반인 개별 정치사회의 역사와 현실에 대해 비판적 시각을 견지하되 그것을 동아시아적·전지구적 근대성의 맥락과 연결하여 파악함으로써 동아시아 근대질서, 나아가 근대 세계질서에 대한 근본적인 문제제기를 통해 새로운 대안으로서의 미래, 전지구적 희망의 근거지로서의 새로운 동아시아의 상(像)을 모색해온 점을 소중하게 생각한다. 이들에게는 자기 사회의 과제와 동아시아의 과제, 전지구적 과제가 하나의 유기적 총체를 구성하고 있다. 이들 지식인들이 펼치는 동아시아에 대한 새로운 상상이 기존의 숱한 동아시아론과 구별되는 것도 바로 이 지점이다.

이들이 자민족중심주의를 비판하고 동아시아의 근대성이 지닌 내재적 모순을 직시하면서 21세기 새로운 사회의 구상력을 동아시아란 공간에서 탐색해온 지적 성과와 그 과정에서 변화하는 자기 자신에 대한 증언을 한데 모은 것이 이번 기획씨리즈 '동아시아의 비판적 지성'이다. 이 기획서의 간행이 안으로는 한반도에서 수행해온 이론적·실천적 모색이 평화공존과 호혜평등의 동아시아를 건설하는 발단이자 핵심임을 자각하여 가일층 분발하는 다짐의 계기가 되고, 밖으로는 동아시아 지식인이 공동으로 향유하는 열린 토론공간의 확산에 기여해 주체적 참조체계 형성의 연결고리로 작동하기를 간절히 바란다.

*

6인 가운데 하나이며 이 책 『여럿이며 하나인 아시아』의 저자인 야마무로 신이찌(山室信一)는 일본 근대를 기구·제도로서의 국가 건설이 아닌 국민의 형성이라는 관점에서 파악해온 선두주자이면서 최근 이를 (동)아시아 규모로 확장하고 있는 일본의 대표적 지식인이다. 그는 종래 일본 정치사상사의 맹점이었던 '아시아의 부재'라는 문제를 정면돌파하여 비판적으로 극복하는 작업에 몰두하고 있다. (동)아시아를 새로운 생활양식이나 가치를 창출하면서 함께 만들어나가는 장(場)이라는 의미의 역사적 '공간'으로서 사고하는 그의 입론은 '실천과제로서의 동아시아'라는 이 기획의 취지와 잘 어울린다. 특히 지역연대가 국가의 자기개조와 상호작용할 때 비로소 의미있는 과제가 된다고 강조하는 그의 주장은 우리에게 시사하는 바 크다.

그는 '서양의 충격'이 동아시아 내부에서 변형되고 재구성되는 근대의 '사상연쇄'란 개념을 창안해 거시적인 안목에서 근대의 역사상(像)을 제시한 지적 성과를 발표하는 한편, 현실감 짙은 관점에서 다방면에 걸친 논의에 활발하게 개입하고 있어 주목된다.

일본에서 유행하는 담론인 '국민국가론'이 국민국가의 억압성을 해체하는 데 몰두하다가 그로부터의 일탈 내지 그 부정으로 치닫는 경향을 비판하면서, 근대국가를 만든 주체인 국민이야말로 국가를 바꿔나갈 수 있다고 전망한 그의 입장은 국민으로서의 주체성을 강조한다는 점만으로도 이 기획이 거둔 6인의 지적 성과 속에서 도드라진다. 국민국가의 해방과 억압의 이중적 역할에 대한 좀더 진중한 논의를 이어가야 할 우리 논단의 현황에 비추어볼 때, 그의 참여는 '동아시아 비판적 지성'의 다양성을 보여주는 것 이상의 이론적·실천적 함의를 갖는다.

2003년 9월
'동아시아의 비판적 지성' 기획위원
백영서 이연숙 이욱연 임성모

8

차례

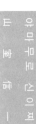

— 일러두기 —

1. 이 책은 「지적 편력」「문선」「대담」의 3부로 구성되어 있다.
2. 「지적 편력」은 한국 독자들의 이해를 돕기 위해 저자의 지적인 궤적을 자전적으로 서술한 글로, 이 씨리즈를 위해 저자가 새로 집필했다.
3. 「문선」은 기획위원들과 저자가 협의하여 추린 논문들로, 저자의 사상을 가장 핵심적으로 드러내는 글들을 가려 뽑았다.
4. 「대담」은 한국의 대담자가 저자와 직접 또는 전자우편을 통해 주고받은 글로, 논문에서는 파악되기 어려운 저자의 생생한 육성을 들려준다.
5. 주요 개념어를 우리말로 옮길 때는 개별 저자들의 섬세한 쓰임을 존중하여 각권별로 통일하는 것을 원칙으로 하였다.
6. 본문의 주는 저자의 것이고 한국 독자들을 위해 번역자가 작성한 주에는 '옮긴이'라고 표시하였다.
7. 외국어와 외래어는 현지음에 가깝게 표기하되, 굳어진 표기는 관용에 따랐다.

지 적 편 력 　知的遍歷

知的

지적 편력

나의 역정과 사상과제

遍歷

1

　내 연구의 주된 관심은 근대 아시아가 세계사 속에서 어떤 위상을 차지하고 있는가, 그리고 그 특징은 무엇인가를 법정사상(法政思想)이라는 시각에서 조명하는 것이다. 이러한 관심을 품게 된 경위를 나 자신의 개인사에 의거하는 형태로 진술하고자 한다.

　나는 큐우슈우(九州)의 쿠마모또(熊本)시에서 태어나 고등학교를 졸업할 때까지 그곳에서 자랐다. 집 근처에는 메이지(明治)천황을 보필하고 교육칙어(敎育勅語)의 발포에도 관여한 모또다 나가자네(元田永孚)의 옛집이 있었고, 중학교 부근에는 메이지·타이쇼오(大正)·쇼오와(昭和) 3대에 걸쳐 제일선의 저널리스트로 활약했던 토꾸또미 소호오(德富蘇峰)가 개설한 오오에의숙(大江義塾)의 건물이 남아 있었다. 오오에의숙에서는 쑨 원(孫文)의 신해혁명을 지원한 미야자끼 토오뗀(宮崎滔天)도 공부했다. 게다가 고등학교 주위에는 한국 이황(李滉)의 영향을 받은 히고(肥後)실학파의 요꼬이 쇼오난(橫井小楠), 또 메이지헌법과 교육칙어의 기초자이자 메이지 국가체제의 대 설계자라고도 불리는 이노우에 코와시(井上毅) 등과 관련된 유적들이 있었다. 내가 자란 주위환경 그 자체가 일본근대사의 박물

관이라고도 할 수 있었다. 당연히 어린 시절부터 그들에 대한 다양한 일화 따위를 전해 들었기 때문에 그 사적(事跡)을 통해 일본근대사, 또 일본과 중국의 교섭사를 친근하게 느끼고 있었고, 관련된 책 같은 것도 읽을 기회가 많았다. 그 지역의 신문에도 종종 '카라유끼상(唐行さん)'이나, 중국·조선에서 저널리스트로 활동했던 쿠니또모 시게아끼(國友重章), 무네가따 코따로오(宗方小太郎), 니시모또 쇼오조오(西本省三) 등의 활동에 대한 기사가 실려서, 자세하게는 아니지만 대충 쿠마모또 사람의 아시아에서의 행적에 대해 알 기회가 많았다. 또한 초등학교 선생님이 타이완에서 귀환한 분이었는데, 타이완의 풍토나 문화에 대해 그리운 듯이 이야기를 해서 심리적으로는 타이완을 가까운 나라로 느끼고 있었다.

이러한 체험이나 견문이 어느 틈엔가 메이지국가, 그리고 중일관계사나 아시아에 대한 관심으로 이어져, 나중에 이들에 대해 공부할 기반이 된 것은 의문의 여지가 없다. 더욱이 고모가 만주국으로 출가했던 것도 만주국에 대해 관심을 갖는 계기가 되었지만, 대학에 들어갈 때까지는 그저 이야기를 들어서 알고 있는 정도에 지나지 않았다. 물론 이렇게 대충 들은 많은 일들이 꼭 정확한 사실일까 하는 문제가 있었고, 그런 까닭에 도리어 사료를 신중하게 읽지 않으면 안된다고 스스로 경계해왔다.

또 한국에 대한 관심은 쿠마모또에서 자라면서 좋든 싫든 가지지 않을 수 없었다. 동급생 가운데 재일(在日) 한국/조선인이 몇명 있었고, 그것이 부자연스럽지 않았기 때문이다. 또한 쯔시마(對馬)에서 할아버지댁에 맡겨진 동급생 아이가 있었는데, 맑은 날에는 한반도가 보인다는 등 이야기를 해주어서 지리적으로도 그리 멀지 않다고 느끼고 있었다. 반면에 한국과 일본 사이의 대립이라는 문제도 느끼지 않을 수 없었다. 왜냐하면 내가 어릴 때는 〔한국이 연안수역 보호를 위해 선포한〕 이승만라인(line)이 설정되어 있어서 어선이 나포되었다는 뉴스를 라디오에서 자주 접했기 때문이다. 또한 나가사끼(長崎)현 이사하야(諫早)시의 〔밀입국 한국인 강제수용소인] 오오무라(大村)수용소에서 폭동이 일어났다는 뉴스를 듣고서, 지극히 막연하기는 했지만, 한국과 일본 사이에 극심한 대립이 있음을 실감하면서 자랐다. 게다가 우리집 근처에 미 점령군이 사용하던 병사(兵舍)가 남아 있기도 했고, 초등학교부터 고등학교 때까지의 선생님들은 대부분 전쟁에 나간 경험이 있거나 사관학교 출신자이어서, 전쟁의 상흔과 흔적이 짙게 느껴졌다. 선생님들 가운데는 강렬한 반미의식을 표명한 분들도 있어서, 미국은 아시아에서 떠나야 한다며 "양키 고홈"이라는 말을 가르쳤고, 그것을 별 위화감 없이 들어 기억하고 있었다.

이런 환경에서 자랐기 때문에, 아마 동시대의 일본인 중에서도 '아시아 속의 일본'이라는 데 대해 자연스럽게 생각할 기회가 비교적 많았던 것 같다. 다만, 대학시절에는 오히려 구미(歐美)의 정치사나 정치이론에 관심이 있었다. 나의 대학시절은 정확히 1967년부터 1970년에 걸친 대학분쟁의 돌풍이 일본을 떠들썩하게 한 시대였기 때문이다. 토오꾜오(東京)대학에 입학했을 때는 마루야마 마사오(丸山眞男) 선생이 정년을 앞두고 사직하기도 했고, 선생에 대한 평가가 가장 낮았던 시기에 해당하기 때문에, 일본 정치사상사나 동양 정치사상사에 대해서는 적어도 정치적 의식이 있던 학생은 반감을 가지고 있던 실정이었다. 또한 법학부의 수업에서도 아시아에 관한 것은 '동양법제사'라는 강좌에서 근대 이전의 중국법이 강의되고 있었을 뿐, 아시아의 역사나 현상을 배울 기회는 거의 없었고 그것이 부자연스럽다고 여겨지지도 않았다. 애초에 당시 주류였던 근대화론이나 정치발전론 등에서 아시아는 정치적으로 뒤떨어져 있어서 민주제도 없고 경제적으로도 정체되고 가난하다는 것이 통설이어서, 아시아에 대해 관심을 갖는 것은 보기 드문 시대였다. 나 자신도 후꾸다 칸이찌(福田歡一) 교수나 사사끼 타께시(佐佐木毅) 교수의 서양 정치이론사 등에 관심이 있었고, 그로부터 자극을 받아 루쏘나 홉스의 저작, 또는 조지 쎄바인(George Sabine) 등의 정치사상사 연구서 등을 열심히 공부했다. 다만 쎄미나는 교양학부 시절부터 법철학의 나가오 류우이찌(長尾龍一) 교수의 쎄미나에 나갔는데, 선생은 그 즈음 일본에서 가장 정력적으로 한스 켈젠(Hans Kelsen)이나 카를 슈미트(Carl Schmidt) 등의 저작을 번역하거나 연구하고 있기 때문에, 귀동냥한 학문이기는 했지만 관련된 논문 등도 읽을 기회가 많았다. 나가오선생의 부친은 만주국에서 교사를 한 경험이 있었고, 선생 자신도 치치하얼(齋齋哈爾)에서 태어나 전후에 귀환한 체험에 대해 이야기할 때가 많았다. 그것이 내가 만주국에 본격적으로 관심을 갖고 관련된 사료와 저작을 모으게 된 계기가 되었다. 다만 그 무렵 특별히 장래에 만주국에 대해 연구하게 될 거라고는 전혀 생각하지 않았다.

대학시절에는 법학부의 학생으로서 법률을 공부하는 데 가장 많은 시간을 할애해야 했기 때문에 헌법이나 행정법 등의 공법(公法)을 중심으로 공부했다. 민법과 상법 같은 사법(私法)에 대해서는 판례를 많이 외우지 않으면 안되기도 해서 그다지 좋아하지 않았다. 이 점은 지금도 사법에 대해 별로 다루지 않는 것과 연관이 있다고 생각한다. 대학 졸업 후에는 학교에서 공부한 헌법이나 행정법, 그리고 정치학을 함께 살릴 수 있는 직장으로 중의원(衆議院) 법제국(法制局)에 들어갔다. 중의원은 하원(下院)에 해당하기 때문에 정부나 각 성(省)의 법안에 대해 비판적인 시각이 요구될 때가 많아서, 이후 정치에 대한 나의 시각에 큰 영향을 주었다고 생각한다. 또한 직장의 특성상, 일상적인 정치현장에 있으면서 그것을 법이론에 의거하여 입법화하도록 요구받았다. 이 또한 이론과 현실, 정치학과 법률학이라는 두 영역에 가교를 놓으면서 배울 절호의 기회가 되었다. 게다가 중의원 법제국은 국회의 일부를 구성하고 있기 때문에, 일본 최대의 장서를 자랑하는 국회도서관 중 일반인은 들어갈 수 없는 서가의 출입과 대출이 자유로워서 시간이 허락하는 한 읽고 싶은 자료와 책을 어느 것이든 읽을 수 있었다.

그러나 재직중에 수상이 체포되는 록히드(Lockheed)사건이 일어났다.

이 사건이 일어나자 '정치와 돈'이라는 일본정치의 해묵은 문제를 해결할 좋은 기회라고 해서, 사건의 재발을 막기 위한 제도개혁을 어떻게 할 것인가가 입법상으로 요청되었다. 나 자신도 동료들과 함께 미국의 워터게이트사건에 관한 재발방지법 등을 참고하면서 정보공개법 등의 초안을 만들기도 했다. 그러나 이 문제도 자민당 내부 세력투쟁의 도구가 되었을 뿐, 구체적인 입법은 전혀 이루어지지 않은 채 흐지부지 끝나버렸다. 뿐만 아니라 중의원 의원 모두에게 봉사해야 할 중의원 법제국이 어떤 정치적 입장에 좌우된다는 비판을 받게 되었다. 이러한 정치과정을 국회 내부에서 지켜보면서 나는 일본의 정치구조 전체를 다시 한번 역사적으로 검증하지 않으면 안되는 게 아닐까 하고 강하게 느끼게 되었다. 그리하여 3년간 근무했던 법제국을 그만두고 1978년 4월에 토오꾜오대학 사회과학연구소의 정치부문에 조수(助手)로 채용되어 연구자의 길을 걷게 되었다.

2

사회과학연구소는 당시 정치·법률·경제 등 세 부문으로 구성되어 있었고, 부문마다 있는 연구회와 함께 전체연구라고 해서 전 연구소 규모의 연구도 병행하여 이루어지는 씨스템으로 되어 있었다. 여기에서 나는 이시다 타께시(石田雄) 교수와 법학부의 마쯔모또 산노스께(松本三之介) 교수한테 일본 정치사상사를 본격적으로 배우게 되었다. 두 분 모두 마루야마 마사오 선생의 제자들이었기 때문에 나도 그 학풍의 영향을 강하게 받았지만, 그들은 자신이 공부하고 싶은 테마를 마음대로 골라서 자유롭게 논의하도록 지도했기 때문에, 연구과제의 설정 등에 관해서도 아무런 구속이 없는 연구의 자유가 보장되었다. 동시에 쿄오고꾸 쥰이찌(京極純一) 교수가 주재하던 '일본정치학사' 쎄미나에 참가하여 일본정치학의 궤적을 주요 논문을 읽으면서 검토할 수 있는 기회를 얻었다. 또한 히구찌 요오이찌(樋口陽一) 법학부 교수나 오까다 토모요시(岡田與好) 사회과학연구소 교수와 법학관계서의 독서회를 가지고, 같은 사회과학연구소의 조수였던 와따나베 오사무(渡邊治)씨나 이시다 마꼬또(石田眞)씨와 함께 존 스튜어트 밀 등 영국 법사상사에 대해, 카네꼬 마사루(金子勝)씨나 모찌다 나오끼(持田直樹)씨 등과 함께 재정학이나 경제사에 대해 각각 공부모임을 갖고 사회과학의 기초적인 지식을 얻을 수 있었다. 현재 이들은 해당분아에서 제일선 연구자로서 일본학계를 이끌고 있다.

게다가 당시 마루야마 마사오 선생을 중심으로 한 정치사상사연구회가 사회과학연구소에서 개최되었기 때문에 조수인 내가 사무처리나 연락을 담당하게 되어, 마루야마선생의 말씀을 들을 수 있었다. 매회 이루어진 보고에 대해 참가자들이 매우 활발한 논의를 하고 마루야마선생이 적확한 코멘트를 해주어서, 내 나름대로 '정치사상사적인 시각이란 어떤 것인가'를 배울 중요한 기회였다. 또한 연구회의 뒤풀이에서 자유로이 당대의 정치상황에 대해 논의하거나 마루야마선생의 전전(戰前) 이래의 체험담을 들을 수 있었다. 통칭 'VG회'라고 불린 이 연구회에는 후지따 쇼오조오(藤田省三), 마쯔자와 히로아끼(松澤弘陽), 우에떼 미찌아리(植手通有), 하시까와 분조오(橋川文三) 등 여러 선생이 참가하고 있었기 때문에 일본 정치사상사의 쟁쟁한 연구자들이 어떠한 사고방식을 가지고 연구하는지를 보고 들을 수 있었다. 그후 마루야마선생을 비롯해서 많은 분들이 병상에 눕게 된 점을 생각하면 전후일본 정치사상사 연구를 이끌었던 분들이 함께 모여 이야기한, 아마도 마지막 현장에 입회할 수 있었던 것을 행운이라 생각하지 않을 수 없다.

이리하여 5년간을 사회과학연구소에서 보냈는데, 조수기간중에는 논문을 정리해서 발표할 의무가 있었다. 나의 조수논문은 「모범국 준거이론과 지식의 제도화(模範國·準據理論と知の制度化)」라는 제목으로, 이노우에

코와시를 중심으로 법제관료(法制官僚)들이 영국·프랑스·독일·미국 등 어떤 국민국가를 일본의 국민국가 형성의 모델로 선택했는가, 그리고 그 때 구미의 어떤 법정이론에 준거하면서 어떻게 자신의 정치론이나 시론을 정당화하고 있었는가, 또 그것이 메이지국가에 어떻게 반영되었고 나아가 그들의 활동이 일본의 사회과학이나 대학의 제도화에는 어떻게 작용했는가를 연관해서 다루는 테마에 몰두했던 것이다. 이노우에 코와시를 선택한 것은, 앞에서도 언급했듯이 어릴 적부터 익히 들어 알고 있었던 점, 그리고 나 자신도 법제국에 근무한 경험 때문에 실무를 통해서 이노우에의 직무를 얼마간 이해할 수 있을 것처럼 생각했기 때문이었다. 이것을 일본 사회과학의 제도화와 결부한다는 발상을 했던 것은 쿄오고꾸선생의 쎄미나에서 일본의 정치학사를 꿰뚫어보는 시각을 배웠던 것이 도움이 되었다고 생각한다. 또한 정치사상사를 내 나름대로 사회사와 접목해 다루고, 그것을 '지식사회사(知識社會史)'라는 형태로 정리해보고 싶은 바람도 있었다. '지식사회사'에 대한 관심은 어릴 적부터 좋아했던 라꾸고(落語, 만담)나 코오단(講談, 야담)과 정치사상사를 연관짓게 된 데서 비롯되었다. 논문 발표와는 별개로 사회과학연구소를 나오기 직전의 마지막 전체연구회에서는 「도로보오〔도적〕 쇼오린 하꾸엔과 납인형 병정(泥棒松林伯圓と鉛の兵隊)」이라는 제목으로, 법제관료들이 이어받은 법정이론이 대중연예(大衆演藝)인 라꾸고나 코오단 등을 통해 스스로 문자를 읽지 못하는 사람들에게 어떻게 전해졌는가, 그리고 활자미디어가 해낸 역할은 무엇인가 등에 대해 발표했다. 이 문제는 논문에서는 간단히 다루어졌을 뿐 정리된 형태로 발표하지는 않았는데, 이와나미신서(岩波新書)로 간행이 준비되고 있다.

이렇게 중의원 법제국에서 실무라는 측면에서 일본의 정치나 관료의 실태를 보고 들었던 체험을 사회과학연구소에서는 어떻게 사회과학적이고 체계적으로 볼 것인가 하는 기초적인 훈련을 받을 수 있었는데, 그 시기는 나에게는 무척 의미있는 나날이었다.

토오꾜오대학 사회과학연구소의 조수를 그만두고, 1983년 4월, 토오호꾸(東北)대학 문학부 부속 일본문화연구시설에 부임했다. 일본문화연구시설은 나쯔메 소오세끼(夏目漱石)의 문하로서 『산따로오의 일기(三太郞の 日記)』 등의 저작으로 잘 알려진 아베 지로오(阿部次郞)가 설립한 아베일본문화연구소를 토오호꾸대학이 이어받은 것이다. 내가 부임할 당시에는 기초·동양·서양 등 세 부문으로 이루어져 있었는데, 기초부문에는 일본사상사의 미나모또 료오엔(源了圓), 과학사의 요시다 타다시(吉田忠), 동양부문에는 조선·일본교섭사의 이노우에 히데오(井上秀雄), 아시아 문화인류학의 스기야마 코오이찌(杉山晃一), 서양부문에는 비교문학의 사사끼 아끼오(佐佐木昭夫) 등 여러 선생이 계셨다. 조직으로는 극히 소규모이기는 했지만, 그런 까닭에 나는 편안한 분위기에서 그때까지의 사회과학적인 시각을 다시 한번 문화연구라는 관점에서 재고할 기회를 얻게 되었다. 일본문화연구시설에서는 그때까지의 사회과학연구와는 다른 인문과학에 대한 시각 등을 배우면서 써놓은 논문을 고쳐 쓰는 작업을 진행하여 『법제관료의 시대: 국가의 설계와 지의 역정(法制官僚の時代: 國家の設計と知の歷程)』(木鐸社 1984) 및 『근대 일본의 지와 정치: 이노우에 코와시부터 대중연예까지(近代日本の知と政治: 井上毅から大衆演藝まで)』(木鐸社 1985)로 출판했다. 『법제관료의 시대』는 그때까지 유사한 연구가 없었던 탓도 있어 운좋게도 마이니찌(每日)출판문화상을 수상했다.

토오호꾸대학의 일본문화연구시설은 그때까지의 연구를 정리하는 것 이상으로 나에게는 중요한 의미를 갖게 되었다. 과학사나 문화인류학이나 비교문학이라는, 그때까지 거의 공부한 적이 없었던 분야에 대해 선생들로부터 거의 매일 점심을 함께하면서 혹은 차나 술을 마시면서 가르침을 받았다. 또한 관련된 저작이나 논문을 아낌없이 빌려주신 덕택에 문외한이면서도 얼마간의 지식을 얻을 수 있었다. 이 시기에 각각의 분야에 대한 기초지식을 습득할 수 있었던 것은, 나중에 『사상과제로서의 아시아: 기

축·연쇄·투기(思想課題としてのアジア: 基軸·連鎖·投企)』(岩波書店 2001)를 정리해가는 데 큰 도움이 되었다. 또한 미나모또 료오엔 선생이 위원(魏源, 청나라의 인문학자)에 대해 이야기했던 것이나 이노우에 히데오 선생에게서 조선에서 역사학의 형성과 일본인이 수행한 역할 등에 대해 가르침을 받은 것도 중요한 의의를 갖는다.

게다가 지적 편력이라는 의미에서는 당시 법학부의 사또오 신이찌(佐藤愼一) 교수와의 만남이 그후의 연구과제를 결정짓게 되었다. 사또오교수는 내 연구관심과 량 치챠오(梁啓超) 등 청말(淸末) 사상가에 대한 자신의 관심을 감안하여 '사회진화론의 국제 비교연구'라는 주제로 합동쎄미나를 개최할 것을 제안하였다. 말은 합동쎄미나였지만, 실제로는 내가 사또오교수로부터 청말 정치사상에 대한 강의를 받는 것이었다. 동시에 사또오교수가 건네준 『청의보(淸議報)』나 『신민총보(新民叢報)』 등에 일본의 카또오 히로유끼(加藤弘之)나 후꾸자와 유끼찌(福澤諭吉), 나까에 죠오민(中江兆民), 오노즈까 키헤이지(小野塚喜平次) 등의 저작 중 번역된 것이 실려 있음을 알게 되어, 이후 구미에서 온 법정사상이 일본을 연결고리로 하여 중국이나 조선, 베트남 등지로 어떻게 전수되었는지를 '사상연쇄(思想連鎖)'라는 개념에 입각해서 계속 탐구하게 되었다. 바로 이 시기에 일본문화연구시설에서는 이노우에 히데오 선생이 중심이 되어 동아시아의 인문과학에 관한 국제씸포지엄이 개최되었고, 이것을 기회로 중국이나 한국의 연구자와 연구교류를 시작하게 되었다.

이처럼 일본문화연구시설에서 보낸 3년은 매우 충실한 시기였다. 다만 토오호꾸대학 자체에는 새로이 연구에 착수한 사상연쇄에 관련된 사료가 거의 없는 상황이어서, 연구를 어떻게 진행해야 할지 갈피를 못 잡고 있던 차에, 1986년 4월 쿄오또(京都)대학 인문과학연구소로 옮길 기회가 생겼다. 인문과학연구소는 당시 일본부·서양부·동방부 등 세 부로 이루어져 있었고, 나는 일본부의 일본사상 부문을 담당하게 되었다. 인문과학연소는 쿠와바라 타께오(桑原武夫) 교수가 추진해서 오늘날 일본에 정착된 '공동연구'라는 스타일을 연구활동의 지주로 삼고 있었다. 내가 부임할 당시에는 중일전쟁 연구전문가인 후루야 테쯔오(古屋哲夫) 교수가 아시아 인식에 대한 공동연구에 착수해 있었고, 일본경제사 연구자이자 만주국에서의 귀환체험자이기도 한 야마모또 유우조오(山本有造) 교수가 만주국에 관한 공동연구가 가능한지 여부를 모색하고 있던 시기였다.

나도 이들의 공동연구에 참가하게 되었지만, 1987년에 하바드대학 옌징(燕京)연구소에서 펠로우로시 공부하게 되었다. 이때의 연구목적은 사회진화론을 사상연쇄의 관점에서 분석하는 것이었고, 당연히 에드워드 모스(Edward S. Morse)와 관련해서 쎄일럼(Salem)의 피바디 에씩스(Peabody Essex)박물관 등지에서 유길준(兪吉濬)에 대해서도 조사를 했다. 그런데 미국에서의 연구에서 가장 소중했던 것은 옌징연구소의 도서관에 가면 중국이나 한국의 사료를 자유로이 열람할 수 있다는 점이었다. 인문과학연구소는 중국사료에 관한 한 일본 최대의 장서량을 자랑한다지만, 조선사료는 거의 없기 때문에 옌징연구소 도서관의 이용가치는 내게 중요했다. 이와 아울러 조슈아 포겔(Joshua Fogel) 교수가 개최하고 있던 쎄미나 '일본의 동양학'은 거의 읽어본 적이 없던 일본 동양학자의 저작을 읽을 수 있었다는 점에서, 사상연쇄에 대해 다양한 영역이 미개척상태로 확대되고 있음을 알 수 있었다. 게다가 하바드대학에서는 일본사나 중국사라는 형태로 강의가 이루어지지 않고, '동아시아의 문명과 역사'처럼 일본·중국·조선을 하나의 문명권으로 묶어서 학부생들에게 가르치고 있었다. 물론 수업의 내용 자체는 각국의 역사를 섞어놓은 데 지나지 않았고, 동아시아를 '통합된 것'으로 보아야만 하는 의미도 분명하지 않았다. 다만, 미국의 동해안이라는 지점에서 태평양 건너에 존재하는 동아시아나 아시아가 하나의 통합된 존재로 보인다는 사실을 확인함으로써, 사상연쇄라는 관점에서 공간을 받아들일 필요성에 대해 확신을 가질 수 있었다.

이밖에 미국에서의 연구에서 큰 수확이었던 것은 각 대학이 소장하고 있는 태평양문제연구회(IPR)의 보고서나 팸플릿 등을 열람하여 미국측이 본 만주국의 이미지나 1930~40년대 일본의 이미지에 대해서 알 수 있었다는 점이다. 또한 같은 시기에 베르나르도 베르똘루치(Bernardo Bertolucci) 감독의 영화 「마지막 황제」(The Last Emperor)가 개봉되어서 만주국이나 푸이(溥儀) 등에 관련된 저작들도 간행되고 있었고, 관련도서도 구입할 수 있어서 구미의 관점을 의식하면서 만주국을 고찰할 준비를 할 수 있었다.

3

1988년 8월 귀국하니 일본에서도 미국에서처럼 만주국 관련 출판이 잇따르고 있음을 알고, 잡지 『쮸우오오꼬오론(中央公論)』 1989년 6월호에 「최후의 만주국 붐을 읽는다(最後の滿洲國ブームを讀む)」라는 제목으로 나의 첫번째 만주국론을 썼는데, 그 가운데 만주국을 키메라(Chimera)로 고찰하는 시점을 선보였다. 이 논문에 대해서는 국내외에서 다양한 반향이 나왔기 때문에 잘 정리된 형태로 만주국상(像)을 정리하지 않을 수 없었다. 다만 그 경우에도 나에게 만주국이 문제였던 것은, 메이지일본이 만든 법제가 청말의 중국인 유학생이나 오까다 안사따로오(岡田朝太郞) 등 일본인의 교습을 통해 중국으로 전수되고, 그것이 청조(淸朝)에서 중화민국(中華民國)을 거쳐 만주국까지 전수되던 경위를 살피기 위해서였다. 물론 이런 사상연쇄의 시각에서 보는 만주국 등에 대해서 일반인은 별 관심이 없었기 때문에, 쮸우꼬오신서(中公新書)로 간행되어 요시노 사꾸조오(吉野作造)상을 받은 『키메라: 만주국의 초상(キメラ: 滿洲國の肖像)』(中央公論社 1993)에서는 자세히 서술하지 않았다. 이 점에 관해서는 인문과학연구소의 기관지 『인문학보(人文學報)』 68호(1991.3)에 실린 「'만주국'의 법과 정치: 서설('滿洲國'の法と政治: 序說)」, 그리고 「'만주국' 정치과정론」('滿洲國'政治過程論)」(山本有造 編 『'滿洲國'の硏究』, 京都大學人文科學硏究所 1993) 등에서 검토했다. 나아가 만주국에 대해서는 그후 '통치양식의 천이(遷移, succession)와 통치인재의 주류(周流, circulation)'라는 관점에서 당시 일본의 식민지였던 대만과 조선에서 어떻게 법제나 통치수단이 만주국으로 전수되었고, 또 인재는 어떻게 모집되었는지에 대해 검토하여, 「식민제국 일본의 구성과 만주국」(植民帝國·日本の構成と滿洲國)」이라는 글을 코바야시 히데오(小林英夫)와 피터 두스(Peter Duus)가 편집한 『제국이라는 환상(帝國という幻想)』(靑木書店 1998)에 기고했다(집필은 1996년). 만주국을 내 나름의 세계사적 관점에서 어떻게 볼 것인지에 대해서는 잡지 『칸(環)』 10호(藤原書店 2002)에 실린 인터뷰기사(「滿洲·滿洲國をいかに捉えるべきか」)에서 그 개략적인 내용을 언급했다. 이것들을 기초로 가능한 한 빨리 식민제국 일본 내에서 만주국이 지닌 역사적 위상에 대해 정리해나갈 생각이다. 『키메라』에 대해서는 조슈아 포겔 교수가 영역(英譯)작업을 계속하고 있어 곧 출간될 예정이다.

이처럼 나의 만주국 연구는 어디까지나 사상연쇄 연구의 일환으로 시작한 것인데 그 내용은 먼저 출판되었지만, 그 사이에도 실질적인 연구의 주안점은 사상연쇄에 있었고, 구미-일본-아시아의 사상적·인적 관계를 규명하기 위한 사료수집에 노력했다. 이와 관련된 연구로는 인문과학연구소의 공동연구반에서 편찬한 책(古屋哲夫 編 『近代日本のアジア認識』, 京都大學人文科學硏究所 1994)에 기고한 「아시아인식의 기축(アジア認識の基軸)」이라는 논문을 들 수 있다. 또한 일본정치학회가 연보(年報)의 테마로 '아시아주의와 외교'를 내걸고 편성된 연구반에서 「일본 외교와 아시아주의의 교착(日本外交とアジア主義の交錯)」이라는 문제를 다루고, 같은 제목의 논문을 『연보정치학(年報政治學)·1998』(岩波書店 1999)에 기고했다. 또한

일본과 중국의 공동연구로서 『일중문화교류사총서』가 간행되었을 때는, 내가 사상연쇄에 대해 연구하고 있음을 상세히 알고 있던 미나모또 료오엔 선생이 편집한 사상편에 「청말 지식인의 서양학습과 일본학습(淸末知識人の西洋學習と日本學習)」으로 집필할 것을 종용받아서, 이 문제에 대해서는 정리된 논문이 『일중문화교류사총서 3: 사상(日中文化交流史叢書 3: 思想)』에 실려 일본과 중국에서 출판되었다.

이들 연구를 기반으로 16년 가까이에 걸쳐 정리된 것이 앞서 말했던 『사상과제로서의 아시아』(岩波書店 2001)이다. 이 책을 정리하는 과정에서 16세기 이래 인문·사회과학이 시간축을 중심으로 구성되어왔던 것에 대해, 공간축을 통해 세계를 어떻게 받아들일 수 있는가 하는 연구과제가 떠올랐다.

『사상과제로서의 아시아』도 아시아라는 유럽에서 주어진 공간을, 거기에 사는 사람들이 다른 공간과 어떻게 다르다는 인식을 역사적으로 획득해온 것인가 하는, 공간의 구분방법 자체를 문제로 삼는 데에 과제를 설정했던 것이다. 그것은 또한 21세기 이후 우리 자신이 지구라는 것을 어떠한 기축(基軸)에 의해 어떠한 공간으로 구분해가는가, 또 그렇게 구분한 데에서 어떤 사상적 의의를 찾아낼 것인가 하는 문제를 사상과제로 설정해나갔음을 뜻한다. 물론 공간을 축으로 해서 인문사회과학을 재구성하는 것은 단지 지리학적인 공간의 구분을 문제로 삼는 것이 아니다. 어떻게 지구를 구분하든지 그것은 어디까지나 거기에 사는 사람들이 오랜 시간에 걸쳐 형성해온 가치관이나 생활양식 등과 관계없이 그저 기상조건이나 자연환경만으로 경계를 설정하는 것이 결코 아니다. 결국 내가 말하는 공간이란 역사적으로 형성되어온 조건들을 검토한 뒤에 설정되는 것이며, 그것은 시간축과 공간축으로 구성된 시공간이라고도 부를 수 있는 것이다. 그러한 시공간이 형성되는 요인으로서, 공간에 관계된 심성(mentality)도 중요한 연구대상이 된다. 예컨대 『유라시아의 기슭에서: 동시대로서의 아시

아로(ユーラシアの岸邊から: 同時代としてのアジアへ)』(岩波書店 2003)에서 언급했듯이, 노래나 소설 등에 의해 형성된 공간이미지나 카또오 키요마사(加藤淸正)를 둘러싼 일본과 조선의 전설의 차이를 분석하는 것도 중요한 논점이 된다. 조선에 관해서는 징구우황후(神功皇后)의 전설이나 토요또미 히데요시(豐臣秀吉)에 관한 전설 등을 대중연예의 차원에서 분석할 필요도 있으며, 메이지 이후에서는 교과서나 소년·소녀용 그림책에서까지 징구우나 토요또미의 전설을 통해 조선에 대한 일본의 통치가 정당화된 것 등 대중심성의 치원에서까지 과거를 더듬어 담구할 필요가 있나고 생각한다.

물론 내가 시공간을 사상과제로 설정하고 있는 것은 그러한 역사적 분석에 한정된 것이 아니다. 오히려 나에게 중요한 것은 어떤 시공간을 다른 것으로부터 분리해내면서 그 사회의 고유한 가치관이나 생활양식의 존재 의의는 무엇인가를 고찰하고, 그럼으로써 자신들이 보편적이라고 믿어왔던 것이 과연 어느 정도의 보편성을 갖는 것인가, 그것도 구미가 그저 자본과 군사라는 힘에 의해서만 평준화를 관철시켜왔는지를 검토할 소재로 삼는 것이다. 이것은 세계화가 나날이 가속적으로 진행되는 가운데서 고유한 사회의 가치관이나 생활양식이 급속히 유실되는 현상에 대해 어떻게 비판적인 시점을 구축해갈 것인가 하는 과제와도 연결되어 있다. 이 연구과제는 어쩌면 현실과는 관계가 없는 관념적인 논의의 차원으로 일관하다가 끝날지도 모르겠다. 그러나 아리스토텔레스의 토포스(topos)론이나 니시다 키따로오(西田幾太郎)의 '장(場)의 철학' 등도 연구대상으로 하면서, 이 문제를 생각해나가고 싶다.

이와 병행해서 현재 몰두하고 있는 것은 나 자신이 동시대로 살아온 전후사회, 그중에서도 특히 1950년대 이후 일본사회의 변용을 '정신사지(精神私誌)'라는 형태로 정리하는 작업이다. 이 시대야말로 일본사회가 역사적 대전환을 이룬 시기이고, 이 시대의 분위기를 가까이에서 보아온 한 개인으로서 그것을 어떻게 기록해둘 것인가 하는 것은 직접 체험한 적이 없는 사람들에게 어떻게 기억을 전승해나갈 것인가 하는 과제와도 연관된다. 다만 그것은 어디까지나 개인적인 체험과 기억으로조차 기록할 수 없는 차원의 것이기도 하고, 그렇기 때문에 '정신사지'도 쓸 수 없는 것은 아닐까 하는 생각이 들기도 한다.

이 문제는 오랫동안 사료에 묶인 역사서술을 계속해와서, 사료만으로는 도저히 묘사할 수 없는 정신사적 영역이 있는 것은 아닐까, 아니 본디 역사서술이라는 것은 어떠한 정신적 영위인 것일까 하는 문제를 생각하기 시작한 것과도 관련이 있다. 물론 나 자신은 결코 역사학이 갖는 의의를 부정하는 것은 아니다. 오히려 일본에서는 문예평론이나 역사소설 같은 분야에서 엄밀한 사료비판을 하지도 않고 자유롭게 역사를 논의하는 전통이 있는데, 거기에 대해 나는 극히 회의적이었다. 그렇기 때문에 내가 '정신사지'로 생각하고 있는 것은, 역사를 수단으로 삼아 제멋대로의 세계관이나 가치관을 독자들에게 강요하는 것이 아니다. 다만 동시대를 살았던 사람이 그 시대를 그리려 할 때, 과연 객관적으로 타자로서의 시점을 가질 수 있을까, 혹은 예컨대 전쟁이나 귀환 등 극한적인 상황 가운데서 아무 사료도 남기지 못한 채 죽어간 사람들의 생각을 추체험(追體驗)할 수 있을까 하는 문제를 향후에 연구해보았으면 한다.

이 과제에 대해서는 그 관심과 시점의 일단을 「나의 '만주국과 전후'(私の'滿洲國と戰後')」라는 형태로 2003년 7월부터 8월까지 『마이니찌신문(每日新聞)』에 5회 연재논문으로 집필하고 있는데, 그리 체계적인 서술은 못되고 아마도 어떤 여지를 남기는(open-ended) 식으로 끝날 게 틀림없다. 하지만 어떤 의미에서는 그런 형식이야말로 내가 사상사 연구를 지망한 의미를 스스로에게 날마다 고쳐 묻게 되는 형식일 것이다.

"왜 너는 사상이라는 창으로 세계를, 그리고 인생을 보지 않으면 안되는가?" 나의 얼마 남지 않은 인생은 이런 자문자답을 끝없이 반복하는 일로 끝날 것 같다. 그러나 내가 직면했던 사회에서 과제를 찾아내고, 누구에게서 주어진 것도 아닌 개념과 방법으로 사물을 연구하고 싶다. 그런 생각으로 지금까지 걸어온 나로서는, 흔해빠진 대답을 내놓는 것이 아니라, 내 자신에게서 나온 의문에 파묻혀 죽어갈 수 있으면 하는 것이 어쩌면 나의 희망이라고 할 수 있을지도 모르겠다. 지금은 그런 생각이다.

문선　　　　文選

文

문선

공간 아시아에 대한 인식의 확장과 변용

– 1 –
머리말

공간을 구획하고 그 내부를 인식하는 것은 그 공간의 범위를 정치적·지적으로 지배하는 일과 밀접하게 관련되어왔다. 일본에서도 '아는 곳'이란 곧 지배하는 지역을 의미했으며, 거꾸로 알기 위해서는 그곳을 조사할 힘을 갖고 있어야 했다. 멀리 떨어진 곳까지 알기 위해서는 교통수단이 발달해야 하고 진입에 대한 저항을 배제할 수 있을 정도의 기술이나 군사력·경제력도 필요해진다. 구미가 아시아라는 지역세계를 경계에 의해 구획된 공간으로 인식하기 시작한 이래, 그 범위가 대항해(大航海)시대부터 산업혁명을 거치면서 차츰 확장되어왔던 것도 그런 연유에서다.

그러나 아무리 현지사회보다 우월한 기술과 군사력·경제력을 갖추었다고 해도 그곳은 결코 진공지대가 아니어서 늘 저항에 직면할 수 있는 공간이었다. 미지의 공간은 공포와 매력을 동시에 지닌 공간이다. 그런 의미에서 구미의 지배대상이 된 동양 혹은 아시아는 지적인 관심을 강력히 불러일으키는 동시에, 자기 사회나 문화와 이질적이고 대조적인 성격을 분명히함으로써 자기동일성을 확인하기 위한 공간이기도 했다. 구미에서 동양학 또는 아시아 연구가 진전된 요인이 바로 거기에 있었다. 그리고 또 '동방문제'(Eastern Question)처럼 대부분 '문제'라는 말을 붙여 부른 데서도 알 수 있듯이, 동방, 중동·중근동, 극동 등의 지역은 구미열강의 이해관계가 뒤얽혀 분쟁과 저항이 끊이지 않는 공간, 즉 문제성을 잉태한 공간이었다.

지역 개념 자체는 결코 일정하지 않으며, 정치상황뿐만 아니라 지식체계의 변화에 따라, 또 시대에 따라 크게 변화해서, 같은 명칭이라도 그것이 가리키는 범위는 다른 경우가 적지 않다. 특히 유럽에서 바라본 지역 개념인 동양 혹은 아시아는 동양이나 아시아 자신의 주체성에 의해서가 아니라 항상 유럽의 시선에 의해서 변용될 수밖에 없었다. 예컨대 본래 오스만제국의 지배지역을 가리켰던 근동(近東) 중 페르시아만 주변지역은 제1차 세계대전 무렵부터 중동이라 불리게 된다. 중동은 제2차 세계대전 이후 아프가니스탄 등 서남아시아에서 수단 등 북아프리카까지 포함하는 지역을 가리키는 말로 사용되기에 이르렀다. 일본에서도 1974년 아랍산유국을 조사하기 위해 설립되었던 중동경제연구소가 지금은 모로코에 이르는 북아프리카, 까자흐스딴에 이르는 중앙아시아까지를 대상구역으로 덧붙이게 되었다. 중동뿐만 아니라 아시아에 대해서도, 이를 어떤 범위의 통합단위로 보고 어떻게 구획할 것인가는 문제의식이나 민족·문화 등의 통합에 대한 인식 기축(基軸)의 차이에 따라서 때로는 넓게, 때로는 좁게 정해졌다.

그러면 아시아라는 공간은 어떻게 생겨나서 어떻게 변용되어온 것일까? 여기서는 아시아라는 공간이 '왜' 관심을 불러일으키고 '무엇'이 조사연구의 대상이 되었으며 '어느' 기관과 연구자가 포착하고 '어떤' 의미의 존재로 사고되어왔는지에 대해서, 시대적 배경과 국제정치상황에 따른 변화에 입각하여 구미와 일본을 중심으로 소묘해보고자 한다.[1]

----

1) 이하 동양학, 아시아 연구의 역사와 비판 등에 대해서는 靑木富太郎 『東洋學の成立とその

– 2 –
공간 아시아에 대한 구미의 시각

구미의 아시아에 대한 관심과 그곳에서 행해지는 조사연구는 고대 그리스와 아케메네스(Achaemenes)왕조 시기 페르시아 사이의 대항에서 시작해서, 유라시아의 동서에 걸쳐 '동방의 폭풍'으로 공포의 대상이 된 몽골제국의 홍성, 비잔틴제국의 쇠망과 빈(Wien) 포위로 상징되는 오스만제국의 진공(進攻) 등의 역사적 경위 속에서, 기독교세계와 직접 대치한 지역을 대상으로 하여 형성되었다. 동방에 대한 연구는 로마제국사나 로마교회사의 연장선상에서 등장한 것이어서, 『로마제국 쇠망사』(*The History of the Decline and Fall of the Roman Empire*)를 쓴 기번(E. Gibbon)이 이슬람과 터키 연구를 열렬히 장려했으며, 자신의 책에서 칭기즈칸 이후의 몽골제국에 상당한 조예를 보이는 것도 그러한 역사적 배경을 말해준다.

그리고 유럽에 인접한 이슬람세계의 군사적·문화적 위협이 강했던 것만큼, 이슬람세계 건너편에 또다른 기독교세계가 존재해서 함께 손잡고 이슬람세계를 협공했으면 하는 바람이 프레스터 존(Prester John) 전설²⁾ 같은 것을 낳고 그 지역세계에 대한 지적 호기심이 마르꼬 뽈로(Marco Polo) 등을 여행으로 유혹했으며, 이들의 견문록이나 지리지가 다시 동방에 대한 관심을 환기시켜 포르투갈의 항해왕 앙리께(Henrique)를 탐험사업으로

發展』, 螢雪書院 1940; Said, Edward, 今澤紀子 譯, 『オリエンタリズム』, 平凡社 1986; Cohen, Paul, 佐藤愼一 譯, 『知の帝國主義』, 平凡社 1988; 原覺天 『現代アジア研究成立史論』, 勁草書房 1984 등 참조.

2) 프레스터 죠지(Prester George)라는 크리스트교 성직자가 동방에 왕국을 세웠다는 전설로, 동방여행은 그 왕국을 찾기 위한 것이기도 했다. 프란체스코회 수사(修士) 까르삐니(G. de P. Carpini)는 대(大)인도의 왕, 마르꼬 뽈로(Marco Polo)는 케레이트부(部)의 족장 온한(溫汗)이라고 보았다. 15세기 이후에는 그 왕국을 에티오피아에서 찾게 되어 유럽인의 아프리카 탐험을 촉진시킨다.

내몰았던 것이다.

유럽세계에서 본 이슬람세계와 그 건너편에 있으면서 일종의 낭만을 키운 세계인 '동방(Eastern)·동양(Orient)'이라는 막연한 공간 개념, 이 개념으로 구획된 세계에 대한 지리지·사회지·민족지적 연구와 언어·종교·문화에 관한 역사연구가 결합되어 동방학(Oriental Studies)·동양학(Orientalism)이 형성되었다. 물론 이 동방학·동양학은 근대에 시작된 것이 아니라 『구약성서』 해독을 위한 히브리어 학습이나 아랍세계에서 계승되던 그리스의 학술을 배우기 위한 아라비아학까지 소급될 수 있다. 적어도 13세기에는 로마교황의 권고로 로마·볼로냐·빠리·옥스퍼드 등의 대학에 아라비아어 강좌가 개설되어 있었다. 또한 16세기 이후에는 유대교·크리스트교의 발상지이자 고대문명의 번영지인 오리엔트에 관한 비문이나 고사본(古寫本) 등의 문자 해독에 대한 학술이 관심을 끌었으며, 19세기에 접어들면 셈어나 햄어 등의 지식을 구사한 샹뽈리옹(J. F. Champollion)의 로제타석(Rosetta Stone) 해독으로 이집트학이, 로린슨(H. C. Rawlinson)의 설형문자 연구 등을 계기로 앗시리아와 바빌론의 고대문자 해독이 진척되어 앗시리아학이 탄생하고, 1831년 빠리대학에 이집트학 강좌가 개설되는 등 동방학·동양학은 그 분야를 확대해나가고 있었다.

이러한 역사적 배경을 지니고 있는 이상, 그 공간에는 유럽의 시각에 의한 평가가 짙게 투영되고 그에 따른 동경과 경멸이 잉태된다. 거기에는 이국정서(exoticism)도 가미되어 동방에 풍요로운 황금의 세계가 존재한다는 이미지가 만들어졌을 뿐만 아니라, 키오스크(kiosque)와 반달형 문을 갖춘 정원의 동양 취향, 또 중국의 관료제를 유럽사회의 개혁모델로 찬양하는 시누아즈리(chinoiserie)[3]까지 유행했다. 이미 1636년에는 옥스퍼드대학에 아라비아학 강좌가 개설되어 포콕(E. Pocock)이 초대교수로 임명되었으

---

3) 키오스크는 터키어로 정자(亭子)를 말하며, 시누아즈리는 중국 예찬이란 뜻이다 ─ 옮긴이.

며, 영국의 인도 지배로 산스크리트어나 남아시아 언어들에 관한 연구가 활발해져 비교언어학의 형성을 촉진했다. 나아가 18세기에 성서학이 진전되면서 성서의 기원을 찾아 히브리어·페르시아어·시리아어 등 동방언어들의 문헌학 연구에 대한 관심이 환기되었고, 이 사조를 반영하듯 쎄일(G. Sale)이 『꾸르안』(al-Qurān)을 영어로 번역했고, 갈랑(A. Galland)이 『아라비안 나이트』를 프랑스어로 번역했으며, 볼떼르(Voltaire)가 『마호메뜨』(Mabomet)를 집필했다.[4]

그러나 1798년 나뽈레옹의 이집트 원정과 1821년 이후 영국·프랑스·러시아가 그리스 해방전쟁에 개입하면서 이슬람세계의 내실이 드러나자, 그것은 단지 유럽과 이질적인 세계라는 데 그치지 않고 침체되고 부패한 사회라고 인식되기에 이르렀다. 그리고 유럽인의 지리적 지식의 확장과 교섭이 심화되면서 그 시선은 이슬람 이외의 아시아에 대해서도 각 사회의 같고 다름을 무시한 채 적용되었다. 더욱이 역사나 문명은 진보하는 것이 정상이고 우월하다는 역사관·문명관이 보급되면서, 스스로를 진보된 문명사회로 자리매김하는 유럽세계의 자기 이미지와 대비해 자기와 대칭적인 세계의 표상으로서 동양이나 아시아라는 개념이 쓰이게 되었던 것이다.

몽떼스끼외(C. de S. Montesquieu)는 자유와 이성으로 충만한 유럽과 달리 "아시아는 예속의 정신이 지배하고 있다. 이 정신은 일찍이 아시아를 떠난 적이 없다"[5]라고 하여, 전제(專制)와 맹종이 풍토처럼 되어버린 세계를 아시아라 불렀다. 맑스(K. Marx)는 목가적 공동체가 "언제나 동양 전제정치의 강고한 기초가 되어왔다. (…) 인간정신을 미신의 저항 없는 도구

---

4) 쎄일은 1734년 런던에서 『꾸르안』을 번역했으나, 최초의 영역은 1649년 로스(A. Ross)에 의해 이루어졌다. 또 갈랑은 1704년 빠리에서 『아라비안 나이트』를 번역했고, 볼떼르가 희곡 『마호메뜨』를 집필한 해는 1742년이다 — 옮긴이.

5) Montesquieu, Charles de Secondat, 野田良之 外譯, 『法の精神』 中卷, 岩波書店 1987, 70면. 원서 1748년 발행.

로 만들고 전통적인 규칙의 노예로 삼아"[6]왔다고 하여, 전제정치와 정신적 정체(停滯)의 기반에 '아시아적 공동체'가 존재함을 지적했다. 이처럼 동양이나 아시아란 고유성을 지닌 지역 개념 그 자체라기보다 전제나 정체라는 유형적 사태를 가리키는 개념이 되었다. 그러한 시선 아래서 동양이나 아시아의 사회나 개인, 역사나 문화는 개성과 현실성을 박탈당했다. 1834년부터 간행된 도슨(R. Dawson)의 『몽골제국사』 등으로 유라시아 내륙세계와 유목민의 존재는 야만·폭력·비정(非情)의 대명사가 되었고 나아가 아시아 자체에 대한 멸시를 유발했다.

이리하여 동양이나 아시아는 역사발전의 초보적 단계에 머물러 있는 사회구성을 나타내는 범주가 되었고, '동양적 전제' '아시아적 공동체' '아시아적 정체' 같은 관념들 때문에 자기 힘으로는 문명화될 수 없으므로 식민지 통치를 통한 개선과 기독교 포교에 의한 구제를 요구하는 미개사회라는 의미를 내포하게 되었다. 동양이나 아시아는 유럽세계에게 영유(領有)·교화의 세례를 받을 때 비로소 각성할 수 있는 이교도사회로 간주되어, '문명화의 사명'(la mission civilisatrice)을 걸머진 구미의 식민지 통치가 정당화되었다. 뒤집어 말하면, 구미는 박애와 문명을 부여하는 주체·옹호자로서 자기 이미지를 형성하고 강화하기 위해 거울 이미지로서 동양이나 아시아라는 지역이 등장했던 것이다. 동양학이란 분명히 식민지를 지닌 구미인에게 '편안한 양심'으로 식민지를 통치하며 잠들 수 있는 기분 좋은 이야기를 제공했던 것이다. 물론 고대유적의 발굴이나 고대문자의 해독에 엄청난 정열과 자금이 투입되었듯이, 과거의 동양이나 아시아가 '위대한 문명의 발상지'로 간주되었던 것도 부정할 수는 없다. 하지만 그 것은 식민지 통치라는 현실에는 눈을 감은 채 '아시아문화의 탁월한 이해

----

6) Marx, Karl, 鈴木正四 譯, 「イギリスのインド支配」, 『マルクス・エンゲルス全集』 9권, 大月書店 1962, 126면. 원서 1853년 발행.

자'로서 행세하는 '잘못된 낭만주의'(false romanticism)라고 비판받아 마땅한 태도에 지나지 않았다고 하겠다.

그렇다고 동양이나 아시아가 구미의 우월적 자기 이미지와 이국취향을 만족시키기 위해서만 존재했던 것은 아니다. 현지 주민의 격렬한 저항에 직면하는 가운데 통치비용을 줄이기 위해서라도 자기가 희망하는 관찰을 강요하는 데 그치지 않고 그 사회의 실정을 알아야 할 필요성을 통감하게 되었기 때문이다. 이 요청을 받아들여 현지에 파견되어 현지의 언어와 문화에 정통한 선교사나 탐험가, 여행자, 식민지 관료 등이 동양·아시아에 관한 조사연구를 맡은 주된 담당자가 되었다. 19세기에 접어들면 입수된 문서 등을 해독하고 그 지식과 정보를 집적하고 홍보하기 위해 프랑스아시아협회(1822, 빠리), 영국왕립아시아협회(1823, 런던), 빠리인종학회(1839), 미국오리엔트협회(1842), 런던인종학회(1843), 독일동양협회(1847) 같은 학술·조사단체가 속속 설립되었고, 1873년에는 제1회 '국제동양학자회의'(International Congress of Orientalists)가 개최되어 현재에 이르고 있다. 오스만제국과 페르시아 등에서 벌어지는 외교나 교역에 관련된 인재를 육성하기 위해 터키어·페르시아어 등을 가르치는 동양어학교가 1796년 프랑스국립도서관의 관할 아래 창설된 것을 시작으로 아시아·동양에 관한 전문강좌가 개설되었는데, 그 강좌들은 어학에 따라서 터키학·이란학·티베트학·중국학 등의 강좌로 편성되었다.[7] 또한 식민지 통치에 필요한 옛 관

----

7) 참고로 이 가운데 구미에서 중국학(Sinology)이 형성된 과정을 개관해두자면, 1814년에 프랑스의 '꼴레주 드 프랑스'(Collège de France)에는 레뮈싸(J-P. A. Rémusat)가, 러시아의 까잔(Kazan)대학에서는 1837년에 다니르 시비로프(D. Shvyrov)가, 네덜란드의 레이덴(Leiden)대학에서는 1851년에 쉴레겔(G. Schlegel)이, 영국 옥스퍼드대학에서는 1876년에 레그(J. Legge)가, 캠브리지대학에서는 1888년에 웨이드(T.F. Wade)가, 미국 캘리포니아대학에서는 1894년에 프라이어(J. Fryer)가, 독일 베를린대학에서는 1912년에 데 호로트(J. de Groot)가 각각 초대교수를 맡았다. 또 연구지로는 프랑스아시아협회의 『아시아』(*Journal Asiatique*), 영국왕립아시아협회의 『연보』(*Annual Report*), 미국오리엔트협회의 『미국 동양학회지』(*Journal of the American Oriental Society*), 독일동양협회의 『동아시아

행과 법에 대한 조사가 각지에서 진행된 결과, 1894년 런던대학에 비교법 강좌가 개설되고 1900년에는 프랑스의 싸레이유(R. Saleilles)가 제창하여 비교법 국제회의가 개최되기에 이르렀다.

나아가 식민지를 효과적으로 경영하기 위한 현지의 조사·연구기관으로 1781년 네덜란드가 〔지금의 자카르타인〕바타비아에 바타비아학술협회를, 또 인도유럽 모어(母語)의 존재를 제창하여 '인도학의 아버지'로 불린 영국인 조운즈(W. Jones)가 캘커타에 벵골아시아협회를 1784년에 설립하였다. 프랑스는 1900년 하노이에 극동학원(École Française d'Extrême-Orient)을 설립해, 뚠황(敦煌) 천불동(千佛洞) 문서를 입수한 뻴리오(P. Pelliot)와 중국고대사 연구로 알려진 마스뻬로(H. Maspero) 등이 인도차이나에서 중국과 인도를 포괄하는 연구를 수행했다.

이러한 전개과정에서 동양학은 인문주의적·문헌고증적 고전학이나 성서학의 방법과 관심을 동방에 적용하여 언어나 문화·종교를 주요 분석대상으로 해왔던 종래의 지적 영위에서, 아시아 각지에서 구미의 포교·교역 활동이나 식민지 영유와 관련해 일어날 문제에 해결책을 제시하기 위한 연구로 중점이 바뀌어간다. 조운즈가 인도학을 개척했던 것은 무굴제국의 유제(遺制)를 비롯한 무슬림문제가 '인도문제 중 가장 중요한 과제'여서 식민지행정을 원활히 수행하기 위해 그 수요가 많았기 때문이다. 그것은 나아가 이슬람의 문화적 전파를 거슬러오르는 형태로 페르시아나 아랍 연구에 박차를 가하게 된다. 제1차 세계대전에서 영국이 오스만제국과 전쟁을 벌일 때 가장 고심했던 것은, 이슬람의 종주권자(宗主權者)로 간주되는 쑬딴(Sulṭān)에 대한 공격이 인도군 무슬림의 반란으로 이어질지도 모른다는 것이었듯이, 인도문제를 해결하기 위해서라도 이슬람세계를 광범위하게 조사연구하고 정보를 해석해야 했다. 마찬가지로 인도총독평의회

학보』(Ostasiatische Zeitschrift) 외에도 빠리에서 편집되고 레이덴에서 발간된 『중국학 통보(通報)』(T'oung Pao) 등이 주요한 연구발표의 장이 되었다.

회원이었던 메인(H.J.S. Maine)이 아리아민족들의 관행과 법을 조사함으로써 비교법학을 개척했던 일도 식민지 통치와 밀접하게 관련되어 있었던 것이다.

유산계급의 취미로 간주되어온 동양학은 이렇게 좋든 싫든 국제정치의 역학에서 직접적인 영향을 받게 되었고, '대학의 은자(隱者)'로 불려왔던 동양학자들은 기브(H. Gibb)가 제창했듯이 "동양학과 사회과학의 결혼"을 지향하게 되었다. 또한 동양학이 이처럼 구미의 아시아정책에 깊숙이 관여하기에 이르자, 식민지 공간으로서 개별사회나 전략거점에 대한 전문적 분석이 요청되었다. 러시아(소련)와 영국이 각축을 벌이던 중앙아시아와 이란·아프가니스탄 등을 탐험하고 조사한 것은 바로 그 때문이었다. 또 1925년에 태평양지역에 이해관계를 가진 나라들의 민간지식인들이 태평양문제조사회(Institute of Pacific Relations)를 설립한 것도, 바로 거기에 만몽(滿蒙)문제나 이민문제처럼 해결해야 할 '문제'가 존재했기 때문이다. 그러나 중국·일본·필리핀 등 아시아의 국가위원회(national council)가 제출한 조사보고서가 구미제국의 아시아·태평양에 대한 인식을 심화시키는 데 이바지했던 것도 부정할 수는 없다.

- 3 -
제2차 세계대전 이후의 '지역연구'와 아시아

이러한 식민지문제는 물론이고 아시아, 특히 동아시아에 관한 조사연구에 가장 큰 영향을 미쳤던 것은 바로 정보·사상전쟁이기도 했던 제2차 세계대전이다. 제2차 세계대전 당시부터 지역연구로서 종래의 동양학에서는 관심대상 밖이었던 말레이시아·타이·버마[지금의 미얀마] 등으로 연구의 중점이 옮겨지게 된 것도 그곳이 일본군에게서 탈환해야 할 대상으로 간주되었기 때문이다. 전후 미국의 중국 연구를 지도적으로 담당했던 페어뱅크(J. Fairbank)가 "아시아 연구의 발전에 가장 감사해야 할 존재가 있다면 그것은 일본 육군과 해군이다"[8]라고 역설적으로 회상했듯이, 아시아 각지로 일본군이 진공한 것은, 외교전략상 그다지 중시되지 않았고 그래서 사회적으로도 절실한 관심을 불러일으킨 적이 없던 아시아에 대한 조사연구가 처음으로 각광을 받는 계기가 되었던 것이다. 그것은 또한 종래 통합된 지역이라는 인식이 희박했던 일본군 진주(進駐)지역이 하나의 탈환해야 할 통합단위로 부상해, 1943년 마운트배튼(L. Mountbatten)이 동남아시아 연합군 최고사령관으로서 일본에 대한 작전을 지휘함으로써 동남아시아(South-east Asia)라는 지역 개념을 통용시킨 계기가 되기도 했다. 더욱이 군사작전을 전제로 한 조사연구에서는 현지 어학의 습득과 현지조사가 반드시 필요한 요건이 되고, 그것이 이후 미국형 지역연구의 방향을 결정했다. 그리고 전쟁을 계기로 격화된 민족독립운동으로 말미암아, 종래 구미의 손아귀에 있다고 간주되던 "아시아는 감당할 수 없게 되었다. 수에즈에서 서태평양까지 잇달아 문제가 발생하여 해결할 수 없다"[9]라는 사태에 봉착해, 각 정치사회의 고유한 문맥과 현상에 따른 대응이 불가피해지게 되었다.

이리하여 제2차 세계대전 이후 아시아지역의 연구는 각 정치사회의 동시대적 분석으로 초점이 옮겨가는데, 대상범위의 확대는 1948년에 조직된 미국의 원동학회(Far Eastern Association)가 1957년에 남아시아까지 연구 대상으로 추가한 아시아학회(Association for Asian Studies)로 개편되는 명칭의 변화에서 상징적으로 드러났다. 그러나 대상을 개별사회로 한정한 지역연구는 그 특수성을 강조하는 편향 때문에, 지역을 아우르는(cross area) 총체로서 아시아의 이미지를 그려내기 힘들게 만드는 요인이 되기도

---

8) Fairbank, John K., "A Note of Ambiguity: Asian Studies in America," *The Journal of Asian Studies*, Vol. 19, No. 1, November 1959, 3면.

9) Lattimore, Owen, *The Situation in Asia*, Boston: Little Brown 1949, 3면.

했다. 더욱이 지역연구가 정책지향의 색채를 강화했다는 것은 정국의 변동에 따라 연구가 좌지우지되는 것과도 연관이 있었다. 특히 동아시아에서 탈식민지화와 냉전이 동시에 진행되고 사회주의정권이 탄생한 것은 미국의 아시아전략에 큰 위협이 되어, '적성국가(敵性國家)'로서 공산주의국가를 연구대상으로 삼는 것조차, 트루먼(H. S. Truman)정권의 중국정책의 실패에 편승한 매카시즘의 공격을 받게 되었다. 1950년 초 아시아 연구자들에게 휘몰아친 매카시즘선풍은 몇년 뒤 끝났지만, 노먼(H. Norman)을 자살로 몰고갔으며 태평양문제조사회 기관지(*Pacific Affairs*)의 주필 라티모어(O. Lattimore)나 『중국의 붉은 별』(*Red Star over China*)의 저자 스노우(E. Snow) 등이 유럽으로 이주할 수밖에 없도록 만들었기 때문에, 그 정신적 상흔은 오랫동안 미국의 아시아 연구에 짙은 그림자를 드리웠다.

그리고 미소의 대립이 격화되는 가운데 아시아 연구에서도 공산주의의 위협에 대항하기 위한 이론틀이 필요해졌다. 소련 연구자였던 로스토우(W. Rostow)가 1960년에 발표한 『경제성장의 여러 단계: 비(非)공산주의 선언』(*The Stages of Economic Growth: A Non-Communist Manifesto*)은 바로 맑스주의적 발전단계론에 대항하여 아시아의 발전도상국이 택해야 할 근대화모델을 제공한 것이었다. 이는 책의 부제에서 드러나듯이 공산주의 봉쇄정책을 배경으로 미국형 고도대중소비사회로 발전하는 것은 사회주의·공산주의혁명을 거치지 않더라도 가능하다고 주장한 것이며, 그 최적의 모델로 서구화한 일본과 터키를 시사하는 것이었다. 이리하여 경제학과 정치학에서는 '성장'과 '발전'이 핵심개념이 되고, 권위주의적 개발체제의 분석과 함께 아시아의 근대화와 그 좌질에 관한 비교가 주요한 연구주제가 되어 일본이 아시아 근대화의 모델로 제시되기에 이른다.

그러나 베트남에 대한 미국의 군사 개입이 혼미를 거듭하자, 이것은 단지 미국의 아시아전략이 실패한 데 그치지 않고 그 기초가 되었던 아시아 연구를 회의의 시선으로 바라보게 만들었다. 메이지(明治) 1백년제와 때를 같이하여 일본의 근대화가 칭송되던 1968년, 주일공사 시절에 근대화론의 보급에 힘썼던 라이샤워(E. O. Reischauer)가 귀임(歸任) 후 미국의 베트남정책과 아시아정책을 비판하고 미국화를 뜻하는 근대화론에 거리를 두기 시작했다. 또 근대화론을 주도했던 홀(J.W. Hall)은 1968년 아시아학회 의장연설에서 빛의 측면에만 초점을 맞춰왔던 근대화론을 비판하고 고도경제성장으로 초래된 문명 파괴와 사회환경 악화라는 문제에 대처하지 못해 시민적 자유와 민주주의 등의 가치를 무시해왔던 것을 자기비판하면서, 모델이 된 나라는 모두 위신을 잃게 되었다고 하여 "모든 정치체제나 지식체계에 대한 회의적 태도를 심화하고 근원적인 인간의 가치란 무엇인지를 탐색할 것"[10]을 제안했다. 이런 가운데 구미사회를 바람직한 방향의 '진보'상태로 간주했던 단선적(單線的) 역사관은 부정되고, 아시아사회의 실태에 따른 다계적(多系的) 변화를 분석할 수 있는 이론을 모색하게 되었다. 또 1970년대 이후 홍콩·싱가포르·타이완·한국 등 아시아 신흥공업경제국(NIES)의 출현과 함께 아시아는 이제 성장이 정체되거나 정지된 지역으로만 거론되는 것이 아니라 고도경제성장률을 달성한 역동적인 활력을 지닌 지역으로 평가받게 되었다.

한편 같은 시기에 베트남전쟁과 중국문화대혁명이 아시아 연구에 미친 충격은 그러한 이론틀의 변경이나 역사관의 정정에 그치지 않고 지역연구와 정책수행의 관련성에 대한 재고, 또 연구자가 현실정치에 어떻게 관여할 것인가 하는 윤리적 문제를 제기했다. 그 배경에는 1970년대에 세계의 학술연구를 주도하기에 이른 미국의 아시아 연구가 1958년 국가방위교육법(National Defense Education Act)에 의한 정부의 적극적인 재정보조나 포드(Ford)재단이나 록펠러(Rockefeller)재단 등의 자금원조를 받아 발전했다는 사정이 있었다. 국가와 재단의 풍부한 자금원조 덕으로 진전된 아

---

10) Hall, John W., "Reflections on a Centennial," *The Journal of Asian Studies* Vol. 27, No. 4, August 1968, 719면.

시아 연구가 최첨단의 성과를 과시했던 것은 부정할 수 없지만 그것이 미국의 세계전략의 정치적 산물이라는 측면 또한 부정할 수 없다. 그리하여 베트남에서 대량학살(genocide)이 일상화되면서 아시아 연구자가 입을 다물고 있는 것은 '침묵에 의한 공범'(Complicity of Silence)이라는 규탄의 목소리가 생겨났다. 그리고 1966년 결성된 '우려하는 아시아 연구자 위원회'(Committee of Concerned Asian Scholars)는 종래의 아시아 연구가 정부나 재계를 위한 어용학문이 되어 베트남전쟁에서 전형적으로 나타난 제국주의적 침략을 정당화해왔다고 비난하고, 구미의 현상을 보편적 모델로 삼는 '쓰레기 과학'(junk science)인 근대화론에 의거할 것이 아니라, 아시아의 입장을 대변함으로써 정부의 아시아전략에 변경을 촉구해야 한다고 주장하면서 아시아 연구의 새로운 길을 모색했던 것이다.

1978년 싸이드(E. Said)는 동양학이야말로 "동양에 대한 유럽의 사고와 지배의 양식"이며, 유럽 대 동양이라는 배타적 이항대립으로 세계의 단절을 부각시키고 정체·기괴·적대·흉포·비합리 등 부정적 속성의 획일적 표상을 동양에 덧씌움으로써 자신의 우위성을 유지하여 근대의 식민주의, 인종차별, 자민족중심주의를 담보해왔다고 비판하기에 이른다. 이로써 정치적 권력과 학술적 권위가 결탁하여 정형화된 담론이 반복되는 가운데, 저항할 틈도 없이 무의식 속으로 침투하여 타자를 지배하는 행위의 정당성을 의심할 수 있는 능력까지 빼앗는 '지식의 폭력성'이 다시금 문제가 되기에 이르렀다. 구미의 근대는 아시아 등 비서구세계를 경제와 무력으로뿐만 아니라 지적으로도 근대 이전 상태에 머물게 할 수 있을 때 비로소 근대일 수 있었던 게 아닌가 하는 질문이 제기된 것이다. 바로 동양학이나 아시아 연구야말로 자민족중심주의·서양중심주의를 배양하고 강화해온 지식의 시선이었음을 부정할 수 없다.

이러한 비판을 거쳐서 코헨(P. Cohen) 등은 대상 "그 자체에 내재적으로 입각한 접근방식"을 제창했던 것인데, 그것의 실현은 지금까지 개관한 동양학이나 아시아 연구가 말하자면 태생적으로 체질화해온 시각, 즉 이질적 타자를 열등한 존재로 멸시하는 시각을 근본적으로 전환시킬 때라야 비로소 가능해질 것이다. 이제 자신의 문화나 가치관만을 기준으로 타자의 그것을 강압적으로 재단하는 '지식의 제국주의' 시대에 종지부가 찍히고 문화상대주의적·다문화주의적인 접근방식을 통한 종합적(compre hensive) 이해를 전제로 하기에 이르렀다.

그러나 지역전략과 지역연구의 관계는 어떠해야 할 것인지, 또 과연 다른 문화에서 자라난 연구자가 이질적인 문화나 사회를 진정 내재적으로 이해할 수 있는지, 그러려면 어떠한 이론장치가 필요한지 등등 근본적인 문제에 대한 해답은 아직 나와 있지 않다. 그것은 구미의 동양학이나 아시아 연구가 식민지 지배 기간에 역사적으로 지녔던 편향을 지탄하는 것만으로 해결할 수 있는 문제가 아니다. 문제의 본질은 좀더 근원적인 데 있다. 즉 타자에 대한 인식과 다른 문화에 대한 이해를 어떻게 사고할 것인가에 달려 있는 것이다.

21세기에 구미의 아시아 연구는 아시아라는 구체적인 장, 아시아라는 실체적인 공간이 어떻게 존재하는가를 규명하는 동시에, 타자와 다른 문화인데도, 아니 바로 타자이고 다른 문화이기 때문에 이해해야 하는 대상으로서 어떤 공간을 어떻게 이해하고 그것을 어떻게 표상해나갈 것인가를 질문받고 있다. 그리하여 이론적 인류사에서 '공간을 인식한다는 것은 무엇인가'라는 지식의 난제(難題, aporia)에 도전하여 해결하기 위한 시금석 또는 사상과제를 부여받고 있는 것이다.

– 4 –
근대 일본의 아시아 파악의 궤적

아시아에 관한 구미의 조사연구가 아시아의 다양한 정치사회와 그들과 구미세계의 관계를 외부세계에서 타자의 시선으로 인식한 것이었던 반면, 아시아 내부에 있던 근대 일본에게 아시아란 무엇보다 국경의 확정을 비롯하여 통상·안보문제 등을 처리해나가기 위한 조사연구가 없어서는 안 되는 근접공간으로 존재했다. 그렇기 때문에 근린아시아는 적대하며 길항하는 외부인 동시에 구미에 대해서는 내부세계로서 일체화를 진전시켜야 할 지역이 되었다. 때로는 '아시아와 일본'으로 대자화되고 때로는 '아시아 속의 일본'으로 즉자화되어왔던 것은 바로 그 때문이며, 그것이 또한 실태와는 별개로 '탈아(脫亞)'나 '아시아는 하나'라는 슬로건이 각각에게 피부로 납득될 수 있었던 이유이기도 했다. 이리하여 일본 자신에게 아시아에 관한 조사연구는 군사작전을 전개하는 데 필수적인 병요지지(兵要地誌) 작성과 외교·통상 활동에 필요한 정보의 수집과 제공이라는 요청을 지렛대로 삼아 형성되고 거기에 식민지의 영유와 경영이라는 목적이 부가되었던 것이다.

메이지국가에게 아시아란 무엇보다 국방이라는 관점에서 샅샅이 파악해야 할 대상이었다. 그것은 1871년 제정된 참모국(參謀局) 아시아 병제과(兵制課)의 담당사무가 "아시아 각국의 병제를 전임(專任)하며, 특히 지나(支那) 연해, 조선, 영국령 인도, 네덜란드·스페인령 남양제도의 병비(兵備)에 대해 분석하는 일을 담당한다"[11]라고 정해져 있던 데서도 알 수 있다. 그리고 1872년 정한론(征韓論)을 주장한 사이고오 타까모리(西鄕隆盛)는 조선과 만주로 군인을 파견하여 조사를 맡겼으며, 1879년에는 참모본부장 야마가따 아리또모(山縣有朋)가 관서국장(管西局長) 카쯔라 타로오(桂太郎)를 중국에 피견하여 병제와 지리 등을 소사하게 했다. 이러한 조사를 거쳐서 『중국지리지 총론편(支那地誌總體部)』이 1887년에 출판되고

---

11) 『參謀沿革史』第一號, 參謀本部 1881, 32면. 또 지도정지과(地圖政誌課)는 "근린지역들, 즉 깜차뜨까(Kamchatka), 사할린, 만주, 시베리아, 조선, 중국 연해, 남양제도의 지리에 이르기까지 파악하여 그려내는"(같은 책 33면) 일을 담당했다.

1889년에는 같은 책의 『만주편(滿洲部)』이, 1893년에는 『몽골편(蒙古部)』이 간행되었다. 만주와 몽골에 대해서는 좀더 상세한 지리지가 필요해져서 1895년에 참모본부가 편찬한 『만주지리지(滿洲地誌)』, 1906년에는 모리따 리엔(守田利遠)이 편집한 『만주지리지』가 출간되고, 가장 정밀한 지리지로서 1906년부터 11년에 걸친 실지조사에 기초하여 관동도독부(關東都督府) 육군부(陸軍部)의 『만주일반지(滿洲一般誌)』가 간행되었다. 또 몽골에 대해서도 1908년에 『동부 몽골지』가, 1915년에는 더 상세한 『동몽골』이 간행된다. 이들 병요지지가 청일전쟁과 러일전쟁에 대처하고, 나아가서 관동주(關東州)의 영유 통치, 1915년 중국에 대한 21개조 요구 등에 대응하는 것이었음은 말할 필요도 없다.

마찬가지로 1888년에 『조선지지략(朝鮮地誌略)』 전8권이 각 도별로 간행되었을 뿐만 아니라, 1895년에는 푸져우(福州) 부영사대리 우에노 센이찌(上野專一)의 「타이완 시찰보고」를 토대로 참모본부가 편찬한 『타이완지(臺灣誌)』가 간행되었다. 또 1881년 이후 육군성의 히끼따 토시아끼(引田利章)에 의해 『안남사(安南史)』 『안남사 부도(安南史付圖)』 『캄보디아지(柬埔寨國誌)』 『아프가니스탄 지리지(亞富汗斯坦地誌)』 등을 편찬했는데, 이들은 일본인의 인도차이나와 아프가니스탄 지리지 연구에 시발점이 되었다. 이밖에도 육군 공병대위 후루까와 센요(古川宣譽)의 『페르시아 기행(波斯紀行)』(1891)을 비롯하여 참모본부에서 『시베리아 지리지(西伯利地誌)』(1892), 『동아 항구지(東亞各港誌)』(1893) 등을 차례차례 간행하였다. 또 임시대리공사였던 니시 토꾸지로오(西德二郞)가 러시아에서 귀임할 때 시베리아를 횡단하며 『중앙아시아 기행(中亞細亞紀事)』(1886)을 정리하여 육군성에서 출판했고, 인도 전역을 답사하여 『인도 기행』이란 책을 1887년에 육군문고로 간행한 후꾸시마 야스마사(福島安正)는 1892년에 시베리아 횡단조사를 감행하고 1894년부터는 타이에서 아프가니스탄·중앙아시아·터키·아라비아·이집트에 이르는 군사정보를 수집하기 위한 원정을 한 바 있다. 나아가 1906년에는 참모본부 소속 육군 소령 히노 쯔요시(日野强)가 중국 신쟝성(新疆省)의 이리(伊犁)에서 히말라야산맥을 넘어 인도에 이르는 답사를 감행하여 『이리 기행』(1909)을 출간했다. 이같은 지리지나 탐험기는 일본의 군사적 시야가 해를 거듭하면서 일본에서 북아프리카로 어떻게 확대되었나를 여실히 보여준다.

그리고 1895년에 타이완을 영유한 이래, 일본의 아시아 조사에는 새로운 범주로서 구관(舊慣)조사가 추가된다. 구관조사 자체는 인도로 건너간 영국의 메인이 구관에 관해 조사를 했듯이 일본의 식민지 통치에서만 보인 특별한 현상은 아니지만, 일본은 타이완 영유와 함께 민정장관 고또오 심뻬이(後藤新平)가 쿄오또제국대학(京都帝國大學) 교수 오까마쯔 산따로오(岡松參太郎)를 초빙하여 임시 타이완 구관조사회를 설치하고 1910년 이후 『타이완 사법(私法)』 등 일련의 보고서를 간행한 것 이외에도 오다 요로즈(織田萬) 등에게 『청국행정법(淸國行政法)』을 편찬하도록 하였다. 그리고 고또오가 남만주철도 총재로 전임해간 만주에서 『구관조사보고』가 정리되었다. 조선에서도 총독부 법제조사위원회가 『관행조사보고서』(1913)를 간행했고, 남양군도가 위임통치령이 되자 남양청(南洋廳)은 구관조사회를 설치하고 조사를 개시한다. 구관조사는 만주국의 운영이나 화북 분리공작(華北分離工作) 등의 추진을 위해서도 수행되었고, 동남아시아로 진공하게 되자 대동아공영권 건설을 위해서도 착수되었다. 다만 1943년 인도네시아에 설치된 구관조사위원회는 독립운동을 침체시키기 위해 인도네시아측의 정치적 의견만을 청취했을 뿐 구관조사 자체는 시행하지 않았다.

물론 아시아에 관한 일본인의 조사가 이러한 군사적 요청이나 식민지 통치를 목적으로 한 연구조사에 한정되어 있었던 것은 아니며, 미지의 공간을 메워나가려는 호기심이나 일본문화의 기원을 탐구한다는 관심에서 추진되기도 했다. 하지만 그것은 단순한 이국취향에 그친 것이 아니다. 지리학자였던 시가 시게따까(志賀重昻)가 남양제도를 둘러보고 『남양시사(南洋時事)』(1887)를 출간한 것은, 구미의 진출로 황인종이 멸망할 위기에 대해 경종을 울리기 위함이었으며, 1907~1908년 스타인(A. Stein)과 뻴리오의 뚠황(敦煌) 막고굴(莫高窟) 조사와 때를 같이하여 오오따니 코오즈이(大谷光瑞)가 중앙아시아에서 인도로 탐험대를 파견한 것은, 불교유적과 비각(碑刻)을 조사하기 위해서였다. 또 헤딘(S. A. Hedin)보다 먼저 카와구찌 에까이(河口慧海)가 티베트로 잠행(潛行)하여 라마사원에 머문 경험을 『서장여행기(西藏旅行記)』로 지술한 것도 단지 쇄국정책을 채용하던 최후의 비경(秘境)에 대한 흥미 이상으로 불교원전을 일본으로 갖고 돌아오려는 종교적인 구법심(求法心) 때문이었다.

일본인의 아시아에 관한 공간 인식이 확장되고 정밀해지는 과정에서 군부나 식민지 통치기관, 개인의 조사연구뿐만 아니라 민간에서 조직된 협회나 조사기관의 활동을 살펴볼 필요가 있다. 1879년 유럽 각지의 왕립지리학협회 활동을 직접 목도한 에노모또 타께아끼(榎本武揚), 나가오까 모리나가(長岡護良) 등이 조직한 토오꾜오지학협회(東京地學協會)는 공간 아시아에 대한 민간 조사기관의 선구를 이루는 것이었는데, 현지에서 조사를 맡았던 최초의 조직으로는 라꾸젠도오(樂善堂)를 꼽을 수 있다.

육군참모본부 중국과원이던 아라오 세이(荒尾精)가 1886년 한커우(漢口)에 설립한 라꾸젠도오는 그뒤로 뻬이징(北京)·텐진(天津)·쥼칭(重慶)·챵샤(長沙)·푸져우(福州) 등에 지부를 설립하여 서적과 잡화상을 경영하면서 각 지방의 정황을 조사하여 육군에게 보고하고 1888년에 러시아가 시베리아철도 부설계획을 발표하자 여기에 관련된 정보를 수집하기 위해 우라 케이이찌(浦敬一) 등을 신쟝(新疆)으로 파견했다. 라꾸젠도오는 1890년에는 중국과 일본 간의 상무(商務) 조사연구를 담당할 인재육성기관을 갖춘 일청무역연구소(日淸貿易硏究所)를 샹하이(上海)에 설립하고 네즈 히또시(根津一) 등이 편찬한 『청국통상종람(淸國通商綜覽)』(1892)을 간행하였다. 이『청국통상종람』은 일본인이 자신의 실지조사에 기초해서 최초로 정리한 중국에 관한 종합적 조사연구서이며, 네즈는 이것으로 일본의 중국 조사의 초석을 다졌던 셈이다. 네즈는 1898년에 코노에 아쯔마로(近衛篤麿)가 설립한 동아동문회(東亞同文會)에 참가, 1901년에는 중일 경제제휴와 선린우호를 촉진할 목적으로 설립된 동아동문서원(東亞同文書院)의 초대원장에 취임하는데, 그뒤로 동아동문서원은 중국 사정에 정통한 외교관이나 실업가·언론인을 배출했다. 동아동문서원에서는 외무성이나 군부의 도움을 받아 최종학년의 학생이 반마다 중국 각지로 수개월간 조사여행을 하여 그 조사보고 등을 토대로『중국성별전지(支那省別全誌)』총18권을 간행하는 등 1945년 없어질 때까지 조사연구기관의 기능도 담당했다.

이밖에 1891년에는 소에지마 타네오미(副島種臣)를 중심으로 구미의 동양연구에 대항하여 "동양인종 전체의 장래를 위해 목탁(木鐸)으로서 단초를 열" 목적으로 동방협회(東方協會)가 설립되어 "동양제방(諸邦) 및 남양제도에 관한" 지리지, 상업현황, 군사제도 등의 조사보고를 기관지『동방협회보고』(뒤에『동방협회회보』로 개칭하였다)에 게재했다. 그러나 이 동양과 남양을 동시에 시야에 넣은 조사는 당시의 수요에 부합하지 않아, 활동의 중심인물이던 간사장 이나가끼 만지로오(稻垣滿次郎)가 1897년에 〔지금의 타이인〕 샴 변리공사(辨理公使)로 부임한 뒤로는 실질적으로 조사대상을 동양에 국한하였다. 1893년에는 에노모또 타께아끼가 식민사업을 장려하기 위해 식민협회(殖民協會)를 창립했는데, 그 기관지인『식민협회보고』(뒤에『식민시보殖民時報』로 제호를 변경하였다)에는 이주지 정보로서 중남미 외에 필리핀·말레이반도·타이·자바·인도·시베리아 등의 조사내용이 게재되어 정보를 제공하였다.

인도에 대해서는 1897년경에 오오꾸마 시게노부(大隈重信)가 최초의 인도 관계 학회로서 일인학회(日印學會)를 조직하고 1907년 와세다대학

(早稻田大學) 내에 인도학회를 설립했다. 오오꾸마는 이들과 별도로 시부사와 에이이찌(澁澤榮一) 등과 상의하여 1902년에 종래의 일인클럽(日印俱樂部) 등을 개편하여 일인협회를 조직하고 인도 사정의 조사와 일본과 인도 양국민의 친선활동에 착수한다. 일인협회는 1914년 동인도 여러 지역을 사업범위에 추가하고 1916년에는 일란협회(日蘭協會)까지 병합하여 오늘날의 동남아시아·남아시아에 걸친 상공업 관련 사정조사와 여행시찰자에 대한 편의를 제공하고자 했다.

남양(南洋)지역에 대해서는 1913년에 남양협회가 설립되는데 제정문제 때문에 같은 해 말 해산되었다가, 1915년에 이노우에 마사지(井上雅二), 우찌다 카끼찌(内田嘉吉) 등이 오가와 헤이끼찌(小川平吉), 덴 켄지로오(田健治郎) 등의 지원을 받아 다시 결성된다. 남양협회의 활동에 대해서, 이노우에는 "제2의 동문서원을 남양에 일구고자 남양협회 설립 사업을 경영한다"[12]라고 말했는데, 기관지 『남양』의 발간 외에도 타이완을 비롯해서 싱가포르, 메단(Medan)〔수마트라섬 북서부의 도시〕, 바타비아 등에 지부와 출장소를 설치하고 상품진열관이나 학생회관 등을 함께 설립했다. 조사편찬부의 통상활동을 위한 정보수집을 주목적으로 하면서 상품전람소나 네덜란드어, 말레이어 등의 어학학교를 설치했다는 점에서는 확실히 이노우에의 말처럼 일청무역연구소나 동아동문서원을 모범으로 삼아 활동하고 있었다. 이러한 남양협회의 활동에 대해서는 덴 켄지로오 등 타이완 총독, 우찌다 카끼찌와 시모무라 히로시(下村宏) 등 총독부 민정장관이 "남양의 발전은 타이완의 발전을 도모하는 데 긴요하다"라는 시각에서 남

----

12) 井上雅二「帝國の將來と南洋の富源」,『南洋協會研究叢書 第七篇 南洋協會講演集』, 南洋協會 1922, 60면. 다만 덴 켄지로오는 동양협회를 모범으로 보았으며, 활동목적에 대해서 공식적으로는 "유일하게 광막한 1백만리의 남양제도에서 무한한 자원을 조사연구하여 국민에게 소개하고 피아의 사정을 유통시킴으로써 제국의 발전을 돕는 것이다"(『南洋協會二十年史』, 南洋協會 1921, 4면)라고 했다.

양사정의 조사를 중시하고 재정적으로 도움을 주었다. 남양협회가 감당하려던 남양의 지리적 범위는 확정된 것이 아니어서, 1921년의 회칙(會則) 설명에서는 그 범위를 "네덜란드령 동인도, 영국령 말레이, 필리핀 외에 프랑스령 인도차이나, 샴, 영국령 인도, 기타 태평양제도 및 타이완과 밀접하게 관련된 남중국 일대"[13]로 보고 있다. 이밖에도 남양에 관해서는 타이완총독부 관방조사과(官房調査課)가『남양연감(年鑑)』, 잡지『남중국과 남양(南支及南洋)』을 펴내는 등 독자적인 남양조사를 하고 있었다. 나아가 1918년 마쯔오까 시즈오(松岡靜雄)가 형인 야나기따 쿠니오(柳田國男) 등의 원조를 받아 설립한 일란통교조사회(日蘭通交調査會)는 동남아시아 식민사를 연구조사했고, 1906년 이후 인도네시아에 관한 논설을 발표해오던 타께이 쥬우로오(竹井十郎)가 1942년에 남방 열대 각국의 민족문화를 조사하기 위해 남방권(南方圈)연구회를 조직하는 등 민간의 조사활동도 간과할 수 없다.

또한 영국·러시아(소련) 진출의 요충으로 간주되던 중앙아시아에 대해서는 앞서 언급했듯이 군사적 조사는 이루어졌으나, 중국과의 알력에 관심을 기울이던 시대에는 그 건너편 지역세계에 대한 관심이 별로 없었다. 중앙아시아에 대해 관심이 높아진 것은 1930년대, 만주사변과 만주국 건국을 계기로 일본이 국제연맹을 탈퇴하고 루꺼우챠오(盧溝橋)사건으로 중국과 대립이 심화됨으로써 스스로 세계질서를 재인식하고 새로운 활동기반을 찾아 아시아의 서쪽으로 진출해나가는 과정에서였다. 거기서는 소련과 앵글로쌕슨에 대한 두 개의 정략(政略)과 연관해서 만주국이나 중국 서북지역의 무슬림과 이슬람권에 대한 조사연구의 필요성이 대두해, 1934년에 몽골공작을 목적으로 한 선린협회(善隣協會), 1938년에 회교권연구소(回敎圈硏究所), 대일본회교협회, 동아연구소 회교반(班)이 설립되고,

----

13) 井上雅二, 같은 책 91면.

회교권연구소는 『회교권』, 대일본회교협회는 『회교세계』를 창간한다. 선린협회는 1944년에 "몽강(蒙疆)을 기점으로 내륙아시아로 이어지는 외몽골·닝샤(寧夏)·깐쑤(甘肅)·칭하이(青海) 등 대동아공영권의 서북부를 둘러싼 회랑(回廊)지대를 대상으로, 그 자연환경과 민족사회를 종합적으로 조사연구하기"[14] 위해 쟝쟈커우(張家口)에 서북(西北)연구소를 설립했다. 이 연구소에는 이마니시 킨지(今西錦司), 이시다 에이이찌로오(石田英一郎), 우메사오 타다오(梅棹忠夫), 나까오 사스께(中尾佐助), 키라 타쯔오(吉良龍夫) 등이 초빙되었다. 선린협회에는 이밖에도 몽골연구소와 회교권연구소가 부설되어, 전자에는 마쯔다 토시오(松田壽男), 에가미 나미오(江上波夫) 등이, 후자에는 코바야시 하지메(小林元), 노하라 시로오(野原四郎), 타께우찌 요시미(竹內好) 등이 관여하고 있었는데, 이들 기관에서 벌인 조사체험이 패전 후 에가미의 기마민족정복설(騎馬民族征服說)이나 우메사오의 생태사관(生態史觀) 등 각 전공분야에서 독창적인 연구를 산출했다.

이러한 민간 연구조사기관들은 일본정부의 각 성(省)이나 군부, 화족(華族) 등에게 자금원조를 받고 있긴 했지만, 대부분 재정적 기반이 취약하고 조사능력도 극히 제한되었다. 그런 점에서는 역시 만철(滿鐵) 등의 국책회사나 기획원(企劃院) 등 정부기관에 부속된 조직의 조사능력이 탁월했다. 일본의 아시아 조사연구에 관해서는 만철조사부의 존재를 빼놓을 수 없으나 그 주요 조사지역은 중국이었고, 그밖의 아시아나 세계경제의 조사에 관해서는 빠리의 크레디리요네(Credit lyonnais)은행 조사국을 모델로 독일인 티스(K. Thies)나 오까마쯔 산따로오(岡松參太郎) 등을 초빙하여 1908년에 창설된 동아경제조사국이 담당했다. 동아경제조사국은 1929년에는 일단 재단법인이 되었지만, 1939년 만철로 복귀하는 동시에 오오

---

14) 『民族研究彙報』3卷 1·2號, 民族學協會 1945년 8월, 40면.

까와 슈우메이(大川周明)의 주도 아래 동남아시아·서남아시아·인도 조사를 전담하게 되어 『남양총서』 『남양화교총서』 『인도 개관』 등의 조사보고나 잡지 『신아시아(新亞細亞)』를 발행하며 이슬람 연구나 조사연구원의 양성에서도 성과를 올렸다.

이처럼 남양조사가 중시된 것은 1930년대에 접어들어 동남아시아에 경제적으로 진출하면서 군사적 관심이 고조되었기 때문이다. 해군은 이미 1935년 7월에 대남양방책(對南洋方策)연구위원회를 설치하고 아시아 남방에서 펼쳐지는 구미열강의 세력상황을 조사하는 일에 착수한 상태였다. 그러나 육군은 1940년 7월 대본영(大本營) 정부 연락회의에서 "남방문제를 해결하기 위해 내외의 제반 정세가 허락하는 한 호기(好機)를 포착해서 무력을 행사한다" [15]라는 방침이 결정되었는데도, 병요지지에 관한 정보조차 전무한 상태여서 점령지역에서 어떤 대책을 채택할 것인지에 관한 지식도 결여되어 있었다. 그리하여 다급히 해군 등에서 자료를 빌려 모으는 동시에, 1941년 2월 참모본부에 연구반을 설치하고 인도차이나와 인도네시아 등의 경제·민족공작에 대비하여 현지조사를 개시했다. 한편 1940년 8월에 민간의 남방조사기관들이 상호연락과 조정을 위해서 남양단체연합회를 조직하고, 1942년에는 대일본척식(拓殖)학회가 창설되는 등 민간의 조사체제도 정비되어, 1943년 1월 남방점령지역의 경제상황을 조사하기 위해 설립된 남방총군(南方總軍) 군정총감부 조사부의 요청으로 말레이·수마트라·버마를 만철조사부가, 필리핀을 미쯔비시(三菱)경제연구소가, 보르네오를 태평양연구소가, 자바를 토오꾜오상과대학(東京商科大學)〔지금의 히또쯔바시대학—橋大學〕 부설 동아연구소가 각각 담당하게 되었다.

일본이 남방아시아를 본격적으로 조사한 것은 이러한 진공작전과 점령공작을 위한 정보의 공백을 메운다는 군사적 요청으로 추진되었는데, 이

---

15) 外務省 編 『日本外交年表竝主要文書』(下), 日本國際連合協會 1955, 438면.

요청에 부응하여 이께다 스미히사(池田純久) 육군 중령이 발안하여 1938년에 기획원 산하에 창설된 것이 바로 동아연구소다. 동아연구소는 교착상태에 빠진 중국문제를 해결하기 위한 조사가 주요 임무였지만, 거기에 그치지 않고 "회교도의 동향, 특히 중국 중부 오지에서 중앙아시아에 걸친 지역과 남양제도에서 회교도의 현상과 장래를 조사"하며, "동아에서 라마교의 발전상황, 특히 몽골·서역 방면에서 라마교 승려의 정치경제적 관계를 규명"한다는 조사과제를 설정하였으며, 연구소의 제4부는 프랑스령 인도차이나·타이·말레이반, 네덜란드령 인도·필리핀반, 오스트레일리아·뉴질랜드반 등 3개 반, 제5부는 인도·버마반, 서아시아반, 회교반 등 3개 반으로 구성되어 있었다. 이리하여 동아연구소는 일본에서부터 북아프리카의 모로코에 걸치는 광범위한 지역을 대상으로 1천점에 가까운 조사보고 등을 간행했는데, 대부분의 조사지역이 구미의 식민지였기 때문에, 현지조사보다도 구미조사문헌의 번역과 정리라는 측면이 강했던 것을 부정할 수 없다.

이처럼 전전(戰前) 일본의 아시아 조사연구는 가까운 조선·중국에서 시작하여 북아프리카까지 미쳤는데, 그 조사는 어디까지나 군사나 통상·대외정략(對外政略)에 주요 목적이 있었고 그랬기 때문에 거기에 사는 사람들의 생활이나 문화에 대해서는 거의 관심을 기울이지 않았으며 설령 조사가 이루어진다고 하더라도 그것은 민족공작의 대상으로 간주된 데 지나지 않았다. 또한 사회과학적 분석에서는 비트포겔(K.A. Wittfogel)의 '동양적 전제주의'나 마자르(L. Magyar)의 '아시아적 생산양식'론 등의 영향을 강하게 받아 아시아를 전제와 정체의 사회로 포착하기 일쑤였다. 게다가 동아연구소의 조사보고가 아무리 광범하고 방대한 것이었다 하더라도 대부분은 일반에게 공개되지도 않고 오직 정책 추진의 참고자료로만 사용되었을 뿐이다. 아무튼 만철 만선역사지리 조사실 주임이기도 했던 시라또리 쿠라끼찌(白鳥庫吉)의 만선사(滿鮮史)·만몽사(滿蒙史)에서 새외사

(塞外史)·서역사에 걸친 연구, 푸셔우껑(浦壽庚) 등 송(宋)·원(元) 교체기 무슬림의 해상교류 실태를 밝혀 동서교섭사를 개척한 쿠와바라 지쯔죠오 (桑原隲藏)나 후지따 토요하찌(藤田豊八)의 남해사(南海史) 연구 등에서 분명히 알 수 있듯이, 일본의 동양사학은 그 경제적·군사적 진출에 따르는 형태로 유라시아의 동단에서 서방과 남방을 향해 시야를 넓혔다고 하겠다.

이리하여 패전에 이를 때까지 만선·만몽·몽강·서역·남양·대동아 등의 지역 설정을 차례차례 쌓아나감으로써 아시아에 대한 시야가 확장되는 동시에, 그 지역 설정 자체에 정치적·전략적 지향성이 농후하게 반영될 수 있었다. 그러나 그 지역 설정은 두말할 필요도 없이 지역의 일체성과 귀속의식으로 산출된 것이 아니라 일본인의 활동영역의 확장과 영역 지배 의욕의 표명으로 나타났고 외부에서 부여된 데 지나지 않는 것이었다.

– 5 –
전후 일본의 아시아 조사연구와 그 과제

전후 일본의 아시아 연구는 미국의 점령과 1972년의 중일 국교정상화에 이르기까지 교류가 두절되었던 국가도 있는 등 극히 제한된 정보환경에서 다시 출발할 수밖에 없었다. 그러나 현지조사를 할 수 없다는 제한은 오히려 지적인 기아(飢餓)감각을 낳아 인도나 중국·인도네시아·베트남 등에서 일어난 민족주의의 고양과 식민지상태에서 벗어나려는 독립투쟁에 눈을 돌리게 만들었다. 그리고 그 현실에 자극을 받아 이제까지와 같은 '전제와 정체의 아시아'에서 '독립과 혁명주체의 아시아'로 전환된 것의 의의를 밝히고 아시아에 내재했던 발전가능성을 발굴해내는 연구를 촉진하게 되었다.

거기에는 시민적 민주주의와 자본주의의 건전한 발전을 이루지 못했기 때문에 아시아를 침략하는 길을 밟고 말았던 전전 일본에 대한 반성이 생겨나는 동시에, 민주주의와 혁명의 내면적 결합을 이룬 아시아의 사례야말로 전후 일본이 직면한 과제 자체를 달성한 것으로서 자기의 희망이 가탁(假託)된다는 사태가 나타났다. 즉 전전 일본의 아시아 인식이 근대문명을 십취하면서 '동양문화'를 내표하는 자신을 맹주로 하는 반(反)서양의식에 바탕을 두었던 데 반해서, 전후에는 맹목적인 서구화로 아시아적 주체성을 지닌 인민을 만들어내지 못한 일본의 '진정한 근대화'를 추진하기 위한 모범은 구미가 아니라 바로 중국 등 아시아의 내셔널리즘에 있다는, 타께우찌 요시미 등이 앞장서서 이끈 반전(反轉)이 발생했던 것이다. 그러한 주장은 식민지 통치의 대상이던 아시아가 아니라, 1955년 반둥(Bandung)회의, 1957년 카이로 아시아·아프리카 국민연대회의 등에 나타난 냉전체제에서 반식민주의·비동맹주의에 근거해 독자적인 경제개발정책을 채택하는 활력을 지닌 아시아 민족주의의 실태를 포착하는 것을 촉진했다. 그것은 전후의 아시아 연구를 이끌었던 태평양문제조사회가 1950년 인도의 러크나우(Lucknow)에서 개최된 제11회 국제회의의 종합의제를 '아시아의 내셔널리즘과 그 국제적 영향'으로 했던 데에서도 분명하게 나타난다. 그것은 또한 일찍이 식민지 아시아를 연구대상으로 삼았던 식민지정책학이 성장이론을 발전도상국에 적용한 후진국 개발이론 등에 의거한 국제경제학으로 전환되는 형태로도 나타났다. 그 한 예로 전전에 히또쯔바시대학에서 식민정책론을 담당하고 남방군정 총감부 조사부에 속해 남방조사에 파견되었다가, 패전 전후에는 말레이인 청년독립운동에도 관여했던 이따가끼 요이찌(板垣與一)가 아시아의 근대화를 "식민지체제에서 국민국가체제로 나아가는 체제개혁을 체제전환과 체제혁명의 경합과 긴장관계로 파악하고"[16] 그 원동력으로서 민족주의와 힌두교·이슬람교

----

16) 板垣與一『アジアとの對話 第五集』, 論創社 1988, 43면.

등의 개혁운동에 주목하여 『아시아의 민족주의와 경제발전: 동남아시아 근대화의 기점』(アジアの民族主義と經濟發展: 東南アジア近代化の起點, 1962)을 저술한 것을 들 수 있을 것이다.

그러나 1965년의 한일 국교회복과 1972년의 중일 국교회복 때까지 일본의 아시아 연구는 지역적으로도 한정될 수밖에 없어, 전후의 아시아 조사연구도 일단 민간기관이 담당하게 되었다. 중국에 관해서는 1946년에 히라노 요시따로오(平野義太郎), 이또오 타께오(伊藤武雄), 구시마 카네자부로오(具島兼三郎) 등 만철조사부와 동아연구소 등의 관계자들이 설립한 중국연구소가 『중국자료월보』(1960년 5월 이후 『중국연구월보』로 바뀌었다)를 간행하며 중국의 사정을 소개하는 데 힘썼다. 그러나 국교도 없고 인사교류도 문헌입수도 쉽지 않았던 당시에는 '죽(竹)의 장막' 너머의 정보에 대해서는 『런민르빠오(人民日報)』 등 정부측의 공식견해에 의거할 수밖에 없었으며, 더 나아가 냉전이 더욱 진행되면서는 미국의 아시아전략에 대항하는 입장을 취함으로써 반우파(反右派)투쟁, 대약진정책 등의 분석에서는 일면적일 수밖에 없었다. 중국연구소의 일부를 모체로 1951년에는 현대중국연구회가 조직되고 그뒤로 중국연구소와는 다른 입장에서 다방면으로 접근하여 현대 중국에 대한 분석이 진행되기에 이른다. 이밖에도 1953년에 창설된 아시아정경(政經)학회는 당초에 연구대상을 한국으로 정했지만 점차 대상지역을 넓혀나갔다.

또 일본의 아시아정책의 입안자료를 제공할 목적으로 1951년에 후지사끼 노부유끼(藤崎信幸)가 이따가끼 요이찌, 카와노 시게또오(川野重任) 등과 협의하여 아시아문제조사회를 실립했는데, 1954년에는 후지야마 아이이찌로오(藤山愛一郎) 등이 결성한 아시아협회의 조사연구 부문으로 통합된다. 아시아문제조사회에서 발행한 『아시아문제』는 각국별 현상분석 외에도 내셔널리즘, 정치체제, 개발정책의 문제 등에 대해 특집호를 편집하는 등 활발한 조사연구활동을 했는데, 동남아시아와 경제관계가 긴밀해지는 가운데 후지사끼, 이따가끼 등이 키시 노부스께(岸信介) 수상을 방문하여 아시아 전역을 조사범위로 하는 국립연구기관을 설치할 필요가 있다고 호소함으로써, 1958년에 개발도상국을 종합적으로 연구하기 위한 아시아경제연구소(통산성通産省 관할, 1998년 일본무역진흥회와 통합되었다)가 창설되었다. 이때 관할부처를 둘러싸고 경쟁을 빌인 외무성은 1959년에 외교정책의 기획과 입안을 위한 국제정세 조사를 목적으로 전 수상 요시다 시게루(吉田茂)가 설립한 일본국제문제연구소를 1960년에 재단법인으로 만들어 관할하게 되고, 1976년에는 해산된 구아협회(歐亞協會)의 업무까지 계승했다. 일본국제문제연구소는 냉전기에는 중국·소련 조사에 역점을 두고 기관지『국제문제』외에도『중국공산당사 자료집』등을 간행했다. 또 연구소 내부에는 태평양경제협력회의(PECC) 일본위원회 등도 설치되어 있어 실질적으로는 외무성의 외곽연구기관으로 기능하였다.

이밖에 동남아시아에 관한 조사연구기관으로는 포드재단의 자금원조를 받아 1963년에 설치한 쿄오또대학 동남아시아연구쎈터가 있다. 동남아시아 연구는 그 지역 개념이 제2차 세계대전중에 성립되었던 것만 보더라도 전후에 본격화된 것이고, 세계 최초로 동남아시아사 강좌가 설치된 것이 1949년 런던대학이었던 것을 감안할 때 일본의 동남아시아 연구도 크게 뒤져 있는 것은 아니었다. 더욱이 동남아시아연구쎈터는 역사학뿐만 아니라 자연지리학이나 생태학 등 자연과학과 융합해 종합적 지역연구, 종합생태학의 구축을 지향했던 점에서 독자성을 지닌 연구거점으로서 기능하였다.

또한 전전 회교권 연구와 중복되어 있던 중동 연구는 일본경제가 전면적으로 석유에 의존하게 된 결과, 전혀 다른 의의를 갖게 되었다. 물론 중동 연구는 1954년에는 일본오리엔트학회가 결성되고, 1956년에는 코바야시 하지메(小林元), 이와나가 히로시(岩永博) 등이 중동에 관한 기초적·실무적 연구와 그 지식의 보급을 꾀하기 위해 중동조사회를 설립하고(1960

년에 외무성 소관의 재단법인이 되었고, 기관지로『중동연구』를 발행한다), 또 전후에 설립된 것이지만 전전의 이슬람 연구를 계승하기 위해 활동을 멈추었던 일본이슬람협회가 1963년 마쯔다 토시오(松田壽男)를 이사장으로 해 재건되는 등 중동에 대한 관심이 단절되었던 것은 아니었다.

그러나 제4차 중동전쟁에 따른 1973년의 석유위기가 가져온 충격은 매우 커서 중동의 정치상황에 대해 조직적이고 일관된 조사연구체제를 갖추고 있지 못함을 강하게 의식하였다. 특히 중동 각국과의 경제협력을 주요 업무로 하여 1973년에는 중동에서 활동하는 일본계 기업을 주요 회원으로 하는 중동협력쎈터(통산성 소관)가, 1974년에는 중동 및 산유국에 관한 조사와 분석, 회원기업에 대한 정보 제공을 목적으로 중동경제연구소(내각부와 통산성 소관)가 설립되어, 각각『중동협력쎈터뉴스』와『현대중동연구』를 발간하였다. 이들 기관의 조사연구 주제가 재계나 정부가 강한 관심을 가진 경제개발이나 경제제휴 등에 집중된 것은 당연한 것이다. 이밖에 중근동문화쎈터가 1979년에 개설된 것을 필두로, 1982년 토오꾜오대학(東京大學) 이슬람학과의 설치, 1985년 일본중동학회와 코꾸사이대학(國際大學) 중동연구소의 설립 등 중동에 관한 학술연구도 착실하게 진전되어 나갔다.

실지조사에 제한이 많았던 전전 아시아 연구의 대부분이 구미 조사기관의 보고나 연구자의 저작을 번역하는 것에 의거할 수밖에 없었던 것과는 달리 전후의 아시아에 관한 조사연구는 자료 교환을 비롯하여 국외 조사연구·교육기관 등과 교류함으로써 진행되었다는 데 특색이 있다. 또 국비유학생이 아시아로 파견된 것은 1968년부터의 일인데, 아시아경제연구소에서는 설립과 동시에 연구원을 중근동·인도·인도네시아 등으로 파견했고, 쿄오또대학 동남아시아연구쎈터에서는 미국의 코넬대학과 예일대학 이외에도 동남아시아 각 대학과 맺은 교환계획에 근거하여 조사연구를 진척시켰다.

나아가 전후의 아시아에 관한 조사연구에서는 구미중심사관에 대한 반성에 기초한 방법론이나 시각의 모색이 국제적으로 부단히 이루어졌다. 1956, 57년에는 런던대학에서 아시아 각 민족의 역사서술에 관한 회의가 개최되어 인도사나 동남아시아사 등에 대해 아시아를 중심으로 한 학술용어와 시대구분의 설정, 현지인들을 배려한 서술방법을 모색할 필요성 등이 토의되었다.[17] 그리고 1960년에 조직된 국제아시아역사가협회(International Association of Historians of Asia)는 자민족중심주의에서 벗어나 아시아 현지의 시가에서 연구의 교류를 지향하는 연구합동회의를 각지에서 개척하고 있다.

아시아에 대한 세계적인 시각의 변화를 수용하면서 전개된 전후 일본의 아시아에 관한 조사연구를 이렇게 개관해보았을 때, 몇가지 문제가 대두한다.

첫번째는 아시아의 조사연구를 수행할 때 과거의 일본과 근린아시아 각국의 관계를 어떻게 볼 것인가 하는 문제다. 예컨대 초기의 중국연구소의 조사보고에서는 중국혁명부터 대약진정책을 거쳐 문화대혁명에 이르기까지의 동향을 중국의 '공식견해'에 근거해서 긍정적으로 이해하는 경향이 있었다. 거기에는 만철조사부나 동아연구소 등에서 직접 조사연구에 종사했던 사람들은 물론, 아시아 연구에 관여한 것 자체가 결과적으로 침략의 일각을 담당한 것이 아닌가 하는 속죄의식이 크게 작용했다. 아마도 시간이 흐르면서 이러한 과거의 문제는 잊혀지게 될지도 모른다. 그러나 일본에서는 잊혀져간다 할지라도 역사인식의 문제와도 관련해서 과거 아시아와의 관계는 질문을 받으면 응답해야만 하는 현실적 과제다. 그랬을 때 조사연구자로서 개인적 속죄의식과 사실인식의 긴장관계를 어떻게 처

---

17) 이러한 모색에 대해서는 Hall, D. G. E. ed., *Historians of South-East Asia: Historical Writings of the Peoples of Asia*, London: Oxford University Press, 1961 등을 참조.

리해나가느냐는 앞으로도 진지하게 생각할 필요가 있다. 물론 1970년대까지의 중국이나 북한에 대한 조사연구에서 나타난, 어떤 사회를 유토피아로 바라보는 경향이 되풀이되지는 않겠지만, 현상분석에서도 과거와의 연관성을 전혀 무시할 수 없는 것만은 분명하다.

두번째는 조사연구와 정책입안의 관계를 어떻게 생각할 것인가 하는 문제가 있다. 전후의 아시아 조사연구는 전전의 그것이 기본적으로 경제적·군사적 진출이라는 정치적·전략적 지향을 따르면서 문명화된 일본보다 뒤떨어진 아시아를 본다는 시각으로 성립되었던 것에 대한 반성 위에서, 해당 사회의 고유성에 주목하면서 일본과 세계의 존재양식을 재고한다는 시각의 전환을 도모해왔다. 그렇기 때문에 현실정책과는 거리를 두고 '가치중립'(value-free)적 태도로 대상을 인식하는 것이 조사연구자의 직업윤리이자 사회적 책임이라고 간주되는 경우가 많았다. 그러나 정책 요구와 사회적 요청은 확연하게 구분하기 힘들며 대학을 포함한 공적 연구기관에서는 그 조사연구에 어떠한 존재의의가 있는지를 설명할 응답책임도 있다. 아시아경제연구소의 경우, 애당초 '만철조사부의 전후판(戰後版)'이라고 간주하여 아시아 경제정책에 관한 국책입안기관으로 직접적 효용을 기대하는 입장과 전전의 아시아 연구의 전철을 밟지 말고 실태 해명을 위한 연구조사로 한정해야 한다는 견해가 섞여 있던 것도 이 때문이었다. 또 석유위기의 충격은 일본의 관심이 '아라부가 아니라 아부라'〔아랍이 아니라 석유〕에 있음을 폭로한 것이었다 하더라도 중동 연구가 진전되는 계기였던 것만은 의심할 수 없다. 지역에 관한 조사연구가 기업이나 정부의 정책 이외에 '누구에게 어떻게 도움이 되는지'를 증명해나갈 것인지는 본래 아시아 연구의 목적이 무엇인가 하는 문제와도 관련해서 앞으로 한층 엄중한 질문에 부딪히게 될 것이다.

세번째로 두번째 문제와 관련해서 실제로 조사연구를 수행하려면 자금 지원이 필수적 전제가 되는데, 조사연구에서 가치중립성과의 관련성을 어떻게 생각할 것인지는 아시아와 관련된 조사연구기관이 대부분 각 성(省) 소관으로 되어 있는 것만 보더라도 문제가 될 수 있다. 또 1962년 토오요오 붕꼬오(東洋文庫)와 쿄오또대학 동남아시아연구쎈터에 포드재단이 보조금을 지원한 문제를 놓고 이러한 연구보조금으로 연구를 진행하는 것은 미국의 아시아전략에 기여하는 것이라는 비판이 있었듯이, 국외에서 자금이 지원되는 탓에 국제정치의 동향에 좌지우지될 우려도 있다. 물론 국내외의 정책과 거리를 두는 초연한 견지를 취함으로써 조사연구의 객관성을 담보할 필요성은 부정할 수 없다. 그러나 일본과 이시이 각국의 통상교역이나 투자관계가 한층 심화되고 나아가 정부개발원조(ODA) 등을 추진해나가는 데 아시아 각지의 실정을 파악할 필요성은 이제까지 이상으로 높아지게 될 것 또한 틀림없다. 그때 재정적으로 그 모든 유대에서 자유로운 조사연구를 할 수 없는 이상, 앞서 거론한 점들과 함께, 이 문제 역시 21세기를 통해서 공간 아시아를 파악해나가는 데 낡고도 새로운 난문(難問)으로 지속될 것이다.

– 6 –

맺음말

그런데 1873년에 설립된 국제동양학자(오리엔탈리스트)회의는 창립 1백주년을 맞아 '아시아 및 북아프리카의 인문과학 국제회의'(International Congress of Human Sciences in Asia and North Africa)로 이름을 바꾸고, 1983년에 다시 '아시아 및 북아프리카에 관한 연구 국제회의'로 바꿨다. 두 차례에 걸쳐 이름을 바꾼 것은 동양이 구미의 식민지 지배의 대상으로서 정치적 의도를 내포하는 것에 관한 비판에 대한 대응인 동시에, '인문과학'이 '연구'로 변경된 것은 인문과학이 사회과학·자연과학과 함께 일체화되어 새로운 학문분야(discipline)를 통한 공간 연구가 요구된다는 사태를 보여주는 것이리라.

그것은 지금까지 살펴보았듯이 현지조사의 실시와 역사사료를 포함한 자료에 접근할 가능성의 증대, 생태학적·인류학적 접근방식의 비중의 제고라는 아시아에 대한 조사연구의 변화흐름과도 일치한다. 그러나 동시에 현실적으로는 조사지역이나 주제의 세분화, 방법론의 전문분화도 피하기 힘든 추세다. 그리하여 최근에는 오히려 지금까지의 동양학이 내포하던 통합적 시점의 부활을 요구하는 소리도 들린다. 또 아시아에 관한 지역연구는 구미사회의 연구에서 창출된 관념·어휘나 분석틀에 의거해서 때로는 후진지역 연구 같은 의미로 이해된 경우도 있었기 때문에, 아시아의 경제적 발전과 함께 현지사회의 새로운 시각과 이론틀의 구축이 필요해지고 있다. 물론 현지사회의 시점의 제시라고는 해도 구미의 연구시각이나 개념과 대비함으로써 비교검토의 가능성이 열려 있고, 거기서 보편성과 고유성의 같고 다름이 비로소 나타나는 이상, 종래의 시각을 모두 거절하는 것은 분명히 무의미하다.

더욱이 공간으로서 아시아를 포착해나가는 데 국경이라는 근대의 국민국가 형성으로 부여된 구획으로 보이지 않게 된 공간적 연계의 층들에 대해 검토하고 사실의 발굴로 지역설정 자체를 재고해나갈 필요가 있다. 거기서는 자연환경이나 생태계에 근거한 지역 구분도 중요한 의미를 지닌다. 게다가 그렇게 설정된 각 지역이 아시아나 세계와 어떤 연관성을 갖고 존재하는지에 대한 전체상을 묘사하는 작업도 과제로 남아 있다. 물론 정반대로 전지구화의 진전에서 이제 구미사회와 거의 다름없는 가치관과 생활양식이 침투하여 실체로서의 특이성을 상실하고 만 것처럼 보이는 아시아를 굳이 문제삼을 의의는 없다는 입장도 충분히 성립된다. 그러나 같은 상황판단에 서면서도 그렇기 때문에 아시아가 다른 지역과의 중층적인 관계를 짜넣으면서 세계화되어버릴 가능성의 의미를 해명할 필요가 있다는 입장도 있을 수 있다.

어떤 입장이든, 아시아라는 공간세계를 대상으로 한다는 것은 단지 특정한 지역세계의 실태를 밝히는 데 그치지 않고 그 존재를 부정하는 것까지 포함해서 아시아라는 공간을 어떻게 자리매김하고 어떤 지역을 지역답게 하는 세계 전체의 구조란 무엇인지를 묻는 것과 불가분의 관계에 있다. 또 공간으로서 아시아를 문제로 삼아나가는 것은 자민족중심주의를 시정해나가기 위한 필수적 방도일 뿐만 아니라 지역생활과 문화연구에서 사회비판과 새 사회에 대한 구상력을 어떻게 이끌어내어 벼려나갈 것인가 하는 문제와도 깊이 관련되어 있다.

결국 21세기라는 신세기에 아시아라는 공간을 문제삼는다는 것은 일본인뿐만 아니라 인류가 어떤 세계인식의 틀로 지역세계를 창출하고 그때 자신의 정체성을 어디서 찾아낼 것인가 하는 과제로 고스란히 이어지는 것이다.

근대 일본의 국민국가 형성: 그 양상들

내셔널리즘의 학문과 대중연예

– 1 –

근대 일본에서 국민국가(nation state) 형성[1]이 어떻게 이루어졌는지를 연구할 때, 그것이 실은 두 가지 요소를 내포한다는 데 유의할 필요가 있다고 생각합니다. 즉 아주 조잡한 표현이 되겠습니다만, 국민국가 형성이란 '국민 형성'(nation building)과 '국가 형성'(state building)을 병행해나간 과정이라고 볼 수 있습니다. 그렇지만 대개의 경우 두 가지가 반드시 동시에 달성되었던 것은 아닙니다.

국민 형성이란 무엇일까요? 정치사회의 민족적 개성과 일체감을 자각하는 것, 바꿔 말해서 민족으로서 동일한 역사라든지 문화라든지 언어를 의식(意識)으로서 공유하는 것입니다. 어쩌면 '국민적 정체성'(national

---

1) 국민국가 형성의 문제는 비교정치연구에 부합하는 소재로서 축적된 연구가 저지 않지만, 국민 형성과 국가 형성을 반드시 명확하게 변별하지 못하기 때문에 이 두 문제를 둘러싸고 일어나는 모순과 상극, 그리고 종종 발생하는 '시간의 지체'(time lag)를 간과하는 결과가 생긴다. 사실 다민족국가뿐만 아니라 아시아·아프리카의 국가들에서도 국가 형성이 이루어졌지만 국민 형성을 달성하지 못했기 때문에 정치 불안과 독립 요구가 끊이지 않고 그것이 강권지배를 초래하였다. 또 근대 일본의 국민 형성과 국가 형성을 양면에서 분석한 연구는 지금까지는 없는 것 같다.

identity)이나 국민통합(national integration)을 달성하는 과정으로 보아도 좋을 듯합니다.

한편, 국가 형성이란 대외적으로는 주권국가를 확립하고 국제사회에 참가하는 것이라 할 수 있고, 대내적으로는 정부 내지 통치기구를 정비하는 것을 뜻합니다. 거기서는 당연히 정책결정과정에 국민이 평등한 자격으로 참여하는 씨스템이 필요합니다. 즉 국가 형성이란 아퍼라트(apparat) 내지 거번먼트(government)로서, 이른바 통치체로서의 국가를 만들어 이를 대외적으로도 인지(認知)시키는 것이며, 정치체제로서는 구체적으로 의회제 민주주의를 지향하는 것이었습니다.

문제는 이런 국가체제가 일본에서는 어떻게 의식되었는가 하는 점인데, 그 경우에 다음 두 가지 사항에 유의할 필요가 있다고 생각합니다. 하나는, 메이지유신(明治維新) 이후의 국가체제가 그 이전의 이른바 막번체제(幕藩體制)[2]에서 어느정도는 '국가적 통합성'이라고 부를 수 있는 국가성(國家性)을 유산으로 이어받을 수 있었는가 하는 점입니다. 원래 이 물음에 정확하게 대답하려면 먼저 '국가적 통합성'을 어떤 기준 내지 지표로 판정할 것인가를 결정하지 않으면 안될 테지만, 여기서는 일단 이런 개념 규정까지는 들어가지 않겠습니다.

또 하나는, 서구의 충격으로 불가피하게 개국(開國)한 일본이 국민국가 형성을 진행시킬 때, 그 국가라는 것이 19세기 당시의 국가이론이나 세계사의 흐름에서 어떤 위상을 차지하고 있었는가 하는 점입니다.

첫번째 문제가 통시적(通時的, diachronic)인 국가의 존재양식과 관련이 있다면, 두번째 문제는 공시적(共時的, synchronic)인 국가의 존재양식과 관련이 있습니다. 전자는 대개 전통과 근대화라는 시각에서 논의되어왔습니다만, 후자에 대해서는 국가론(國家論)의 차원에서 논의된 적은 거의 없

---

2) 중앙의 막부(幕府)와 지방의 번(藩)으로 구성된 중세 토꾸가와(德川)시기의 정치체제 — 옮긴이.

는 것 같습니다.

우선 첫번째 사항에 대해서입니다만, 객관적인 기준으로 막번체제에 국가적 통합성이 있었는지, 나아가 국가적 통합성이 어느정도까지 계승되었는지 말할 수 없는 이상, 여기서는 당시 사람들이 어떻게 느끼고 보았는가 하는 주관적·사회심리적 측면에서 살펴보겠습니다. 다시 한번 주의를 환기할 필요가 있으리라 생각합니다만, 문제는 현재의 싯점에서 어떠한가가 아니라 어디까지나 그 당시의 사회환경이나 정치상황 속의 사람들이 어떻게 보았느냐가 여기서는 결정적으로 중요합니다. 그렇지 않으면 대부분의 정치활동이라든지 법·정치사상 등이 그 시대에 갖고 있던 의미를 놓쳐버리게 됩니다. 예컨대 오늘날의 눈으로 볼 때 막말(幕末) 유신(維新)시기 일본에는 국가적 통합성이 있었으므로 후기 미또학(水戶學)의 국체론(國體論)이나 〔신도神道를 국교로 삼기 위한〕 메이지 초기의 대교선포운동(大敎宣布運動)은 시대착오였다는 식으로 단언한다면, 역사를 보는 안목으로는 더이상 기대할 게 없으리라 생각합니다. 요는 당시 사람들이 상황을 어떻게 규정하고, 거기에서 어떤 행위가 발생했는지를 확인하는 데 있습니다. 이것을 빠뜨린 채 마치 전지전능한 조물주처럼 지금 우리들의 눈으로 역사를 재단(裁斷)하는 일을 저는 엄격히 경계하려 합니다.

어쨌거나 메이지 9년(1876) 원로원(元老院)이 제출한 「헌법 추진 보고서(國憲を進むる復命書)」에 적절히 서술되어 있듯이, 당시 사람들은 역사가 완전히 다른 국가이념에 근거해서 비(非)서구사회가 국가를 형성한다는 것은 나라를 새로 만드는 것만큼이나 어려운 일이라고 여겼던 게 분명합니다. 또한 후꾸자와 유끼찌(福澤諭吉)가 『문명론의 개략(文明論之槪略)』에서 "시험삼아 토꾸가와의 치세를 보자면 (…) 일본국 안의 수천만명의 사람들이 각각 수천만개의 상자 속에 갇혀 있고, 수천만개의 담벼락에 막혀 있는 것과 같아서 꼼짝달싹할 수가 없다"(『후꾸자와 유끼찌 전집福澤諭吉全集』 4권, 岩波書店, 171면)라고 말했던 것, 나아가 『구번정(舊藩情)』에서 다양한 사례를 들면서 신분 차이로 말미암아 "말의 억양까지 서로 다르다"(같은 책 7권, 271면)라고 지적하는 것을 보더라도 수평적으로는 번(藩)과 지리적 자연조건 때문에 가로막히고 수직적으로는 사농공상(士農工商)이라는 신분과 직업으로 토막나 있으며,[3] 게다가 수평적이든 수직적이든 '말'이라는 국민석 통합의 가상 기본적인 소선 년에서 타개해야 할 상황이 존재했으리라는 것을 충분히 간파할 수 있습니다.

그런 연유로 지식을 세계에서 널리 구하자는 슬로건을 내건 개화기에는 우리들의 상식과 달리 일본 역사상 유례를 찾아볼 수 없는 한어(漢語) 내지 〔한문·카나 혼용문체인〕한문 카끼꾸다시(書き下し) 문체가 대대적으로 유행하는 현상이 나타납니다. 그것은 바로 한어가 가진 공통어로서의 성격과 자유로운 숙어(熟語) 조어력(造語力)이 현실적인 유효성이 있었기 때문입니다.[4]

그래서 국가 형성의 중요한 일환인 법령의 정비와 해석에서도 한어·한

----

3) 다른 예를 들자면 〔오늘날의 오까야마현岡山縣 서부지역인 빗쮸우備中 출신 관리가 오오우奧羽지방으로 파견된 순견사巡見使를 수행한 견문을 기록한 글인〕 후루까와 코쇼오겐(古川古松軒)의 『동유잡기(東遊雜記)』(1789)에는 "언어가 남녀 모두 종잡을 수 없어서 열마디 중 두세마디는 알아들을 수 없다. 영주(領主)들은 순견사를 안내하는 사람 말고도 영지 내 사정에 정통한 두세 명을 계속 따라다니게 했고, 남부지역에는 언어소통이 힘들어서 모리오까성(盛岡城) 쪽에서 통역관을 두 명씩 붙여주었지만, 이곳에서는 통역관조차 알아들을 수 없는 말들도 있어서 그저 너털웃음을 지어야 했다"라고 씌어 있다. 빗쮸우 출신의 후루까와(古川)는 토오호꾸(東北)지역의 언어를 이해할 수 없었을 뿐만 아니라 같은 영내의 남부지역에서도 통역이 필요했으며, 그 통역조차 의사소통에 부족한 점이 있었던 것이다. 메이지 30년대 정부의 논의과정을 보더라도 토론이 열기를 띠고 술기운까지 돌아 사투리로 말하기 시작하면 서로 이해할 수 없었다고 한다.

4) 한문·한시의 침투와 애호가 유행했다는 점에서는 에도(江戶)시기보다 메이지시기 쪽이 더했을 것이다. 또 「오개조서문(五ヶ條誓文)」과 「오방 게시(五榜の揭示)」「학제에 관한 포고」「지조개정(地租改正) 상유(上諭)」같은 칙유와 포고들은 대부분 한문 카끼꾸다시 문체를 사용했고 한어에는 방훈(傍訓)이 붙어 있어 신정부가 상의하달(上意下達)일망정 전국민에게 똑같이 법령을 보급하려 애썼음을 엿볼 수 있다. "카끼꾸다시 문체는 오늘날 보자면 어렵지만 그 당시에는 해방이었던 것이다. 다섯 개의 속박 중 세 개 정도를 해방시킨 것 같은 평이함이 있었다"(柳田國男 「國語史論」, 『柳田全集』 29, 173면)는 것이다.

68

문의 힘이 중시되었습니다. 예컨대 메이지 2년(1869)에 공포된 「신율강령
(新律綱領)」이 『대명률(大明律)』을 근간으로 만들어졌고 이 법령 중 죄명
(罪名) 같은 것도 『대명률』 등에서 채용했기 때문에, 사법관에 뜻을 둔 사
람들은 한자를 익히지 않으면 안되었습니다. 사법관 채용시험 가운데 훈
점(訓點)[5] 없는 『통감강목(通鑑綱目)』에 훈점을 찍는 시험이 있었을 정도
로 법령과 한어의 결합은 생각보다 강했던 것 같습니다. 당시 "사랑하는
서생(書生)들에게 주고 싶은 것은 『통감강목』 『사기(史記)』 『좌전(左傳)』"
이라는 말이 퍼졌던 것도 이처럼 법관과 한어의 깊은 관계[6] 때문일 것입니
다. 또한 「군인칙유(軍人勅諭)」 「대일본제국헌법(大日本帝國憲法)」 「교육
칙어(教育勅語)」를 비롯해서 "메이지정부의 법률제도 가운데 그가 기획하
지 않은 것이 없고, 조칙(詔勅)·조문(誥文) 하나까지도 그가 초안을 올리
지 않은 것이 없다"[7]라고 평판이 난 법제관료 이노우에 코와시(井上毅)의
탁월한 기초(起草)능력도 실은 그의 한문실력 때문이었다는 것은 부정할
수 없습니다.

　이상 언급한 데에서도 확인할 수 있듯이 국민 형성에서든 국가 형성에
서든 의사소통망(communication network)의 존재와 기능은 결정적으로 중
요했습니다. 요컨대 어떻게 의사소통의 회로로서 사회의 내부구조를 다시
만들고 의사소통이 가져다주는 사회적 학습효과를 최대한 거둘 것인가, 이
것이 국민국가 형성의 성패를 결정했다고 해도 과언이 아니라고 생각합니
다. 물론 의사소통의 습관과 경험이라는 것만큼 과거의 흔적을 지니면서
해당 정치문화를 반영하는 것은 없기 때문에, 그것이 그 이전에 어떤 형태
로 존재하였느냐에 따라서 국민국가 형성은 크게 규정받게 됩니다.

　이런 시각으로 국민국가 형성을 바라볼 경우, 그것이 어떤 형태로 진행

----
5) 한자의 뜻을 새겨 읽을 때, 한자 위나 옆에 붙이는 부호나 토씨 ― 옮긴이.
6) 牧野謙次郎 『日本漢學史』, 世界堂書店 1938, 231면 이하 참조.
7) 草野茂松 編 『蘇峰文選』, 民友社 1915, 476면.

되었는가, 담당자들은 어떤 사회계층의 사람들이었는가 하는 물음은 곧 정보가 어떤 사회상황과 정치권력상황에 따라 취사선택되고 조작되었는가 하는 물음과도 겹칩니다. 하지만 일반적인 관점과 구조의 문제는[8] 이 정도로 접어두고, 이제부터 구체적인 사례를 들어서 이야기할까 합니다.

- 2 -

그런데 국가 형성이라는 문제로 들어가보면, 그것이 대개 제도와 관련이 있다는 점에서 문화 면에서는 상당한 괴리가 있더라도 이어받을(繼受) 수 있는 측면이 있습니다. 때문에 어느 나라, 어떤 국가제도를 모델로 국가 형성을 구상해나갈 것인지가 토꾸가와막부 말기 이래의 중요한 쟁점이 되었습니다. 뾰뜨르 1세(Pyotr I), 워싱턴(G. Washington), 나뽈레옹 1세(Napoléon I) 등 모범인물을 통해 국가를 모델화하고 독일연방을 막번체제에 대응시켜 일본의 모범으로 삼은 것 등은 그 맹아적인 현상이라고 볼 수 있습니다. 그래서 메이지시기에 접어들면 결국 모범국을 둘러싸고 관료집단을 중심으로 불꽃튀는 이론투쟁이 전개되었습니다만, 이 점에 대해서는 전에 펴낸 졸저『법제관료의 시대: 국가의 설계와 지식의 역정(法制官僚の 時代: 國家の設計と知の歷程)』(木鐸社 1984)에서 자세히 검토했으므로 참고해주셨으면 합니다.

그 일련의 과정을 돌이켜보면, 일본의 국가 형성은 다른 나라에 비해 이론적 항쟁이 두드러진다는 점, 또 그것을 반영해서 국가 형성이 사회과학이론을 수용하는 데 강력한 동기를 부여했다는 점 등이 특히 강조되어야

----

8) W. Pye, Lucian and Verba, Sidney eds., *Political Culture and Political Development*, Princeton University Press 1965 등에서 알 수 있듯이 정치문화와 정치발전의 시각에서 이 문제를 다루는 것도 당연히 가능하다.

한다고 생각합니다. 이 자리에서는 그것을 구체적으로 분석할 여유가 없지만, 국가 형성의 문제와 관련해서 몇가지 흥미로운 점을 덧붙일 수 있겠습니다.

정치체제(政體) 구상을 둘러싼 모범국의 참조방식은 국가의 얼개가 우선 문제시되었기 때문에, 입헌군주제·의원내각제·대통령제 등이 현존하는 국가와 직결되어 받아들여졌을 뿐, 아래에서 다양한 제도들을 쌓아올리면서 그것을 정합적(整合的)으로 결합하는 방향의 논의는 보이지 않았습니다. 그렇기 때문에 제도들을 일일이 검토해보면 상당히 모자이크적인 국가 형성이 진행되었음을 알 수 있습니다. 독일학은 그렇게 형성된 국가에 대해서 체계적인 설명을 제공하는 지식으로서 매우 편리했습니다. 국가학과 국법학(國法學)은 확실히 독일의 영향을 받아 국가를 실체화해서 받아들이는 경향이 있었습니다. 예컨대 배젓(W. Bagehot)의 영국헌정론(英國憲政論) 등과 비교할 때, 라반트(P. Laband)와 옐리네크(G. Jellinek) 등의 저작이 근대 국민국가 일반을 관통하는 문제들을 체계적으로 요령 있게 논의하고 있음은 부정할 수 없습니다.

그러나 이렇게 독일학을 도입하는 데 결정적인 역할을 했던 이노우에 코와시만 보더라도, 국가 형성의 준거이론이 꼭 외래의 것에서만 도출된 것은 아니었고 오히려 일본 고전 연구에 의거한 부분이 많았던 것도 사실입니다. 예컨대 '시라스(しらす, 다스리다)'와 '우시하구(うしはぐ, 지배하다)'[9]의 논의에서 나타나는 것처럼, 일본 고전 연구를 기초로 한 국가론을

---

9) 이노우에의 설에 따르면, 『코지끼(古事記)』에서 "하나는 '우시하구'로, 다른 하나는 '시라스'라고 불렸던 것은 둘 사이에 차이가 없을 수 없기 때문이다. (⋯) '우시하구'라는 말은 모또오리(本居)씨[모또오리 노리나가本居宣長를 가리킨다]의 해석에 따르면 영유(領有)한다는 것으로서 유럽인이 'occupy'라 부르고 중국인이 '富有奄有'라고 부르는 것과 뜻이 완전히 같다. 이는 토호(土豪)가 토지와 인민을 자신의 사유재산으로 거두어들이는 소행을 대국입신(大國立神)께서 하시는 일로 묘사하는 짓이라고 해야 할 것이다. 정통 황손(皇孫)으로서 나라에 군림하시는 대업(大業)은, 영유한다(우시하구)고 해서는 안되며 다스린다

가지고 일본의 독자적인 국가이념이란 무엇인가를 모색하였던 것도 이런 현상입니다. 메이지헌법 제1조의 '통치(統治)'와 '시라스(治す)'를 둘러싼 이론적 대립은, 외부에서 모범을 취하는 국가 형성과 자국의 역사에 근거한 국가 형성 사이의 대립을 상징적으로 보여준다고 할 수 있습니다. 더구나 그것은 뢰슬러(H. Rösler)와 이노우에 사이의 이론적 대립 이상으로 시대조류까지 상징한다고 볼 수 있습니다. 아니, 그것은 조약개정(條約改正)의 필요성과 자본주의화의 요청도 있었고 서구화의 궤도에 따라 국가 형성을 진행시켜야 했던 일본에게 당연히 찾아올 수밖에 없었던 징제성의 위기였다고 하겠습니다.

요컨대 모범국을 설정하고 모델로 삼으면서도 실제로는 조립식으로 진행된 국가 형성에 대한 반발은, 앞서 말한 것처럼 관료집단의 움직임이 활발해져서 절정에 도달한 메이지 12~13년(1879~80)에 명확한 비판의 형태를 취하면서 표면화되었습니다. 메이지 13년 12월 원로원의 헌법초안을 두고 "각국의 헌법을 채집하고 약간 손질해서 다시 만들면서도 우리의 국체(國體)와 인정(人情) 같은 데 주의를 기울인 구석이라고는 전혀 찾아볼 수 없다. 결국 유럽의 제도를 모방하는 데만 치중하고 있다" [10]라고 하여 이와꾸라 토모미(岩倉具視)와 이또오 히로부미(伊藤博文)가 이를 폐기해버린 것은 아주 유명합니다. 그런데 사실 이와꾸라는 이또오가 프로이쎈(Preußen)의 헌법을 모델로 결정한 당사자이면서도 천황을 기관(機關)으로 간주해 정치적으로 무력화시키고 국체를 전혀 고려하지 않는 국가 형성에 빠져드는 게 아닌가 하는 걱정을 버릴 수 없었습니다. 물론 프로이쎈이 모델로 선택된 데에는, 황실과 정부가 일체화된 정치체제라는 점에서

(시라스)고 해야 마땅할 것이다"(國學院大學 編『井上毅傳 史料篇』3, 643면)라고 말했다. 이 설명은 극히 유교적 정치개념인 왕도(王道)와 패도(覇道)의 구별에 대응하고 있으며, 국체의 독자성을 주장할 때의 어려움을 역으로 반영하고 있음을 부정할 수 없을 것이다.

10) 春畝公追頌會 編『伊藤博文傳』中卷, 原書房, 89면.

군림하되 통치하지 않는 〔영국식〕 의원내각제보다 프로이쎈의 모델이 일본의 국체에 더 가깝다고 판단했기 때문입니다. 그러나 모델로 삼더라도 구체적인 제도 형성 전반에 걸쳐서 국체와 괴리되지 않으리라는 보장은 어디에도 없었기 때문에 이와꾸라의 우려가 기우라고만은 할 수 없었습니다. 그런 우려는 메이지천황 자신에게도 있었습니다. 메이지 15년(1882) 2월 21일 문부경(文部卿) 후꾸오까 타까찌까(福岡孝弟)에게 내린 내지(內旨)에서 천황은 "듣자니 지금 독일의 제도를 모방하자는 주장이 점점 득세한다고 한다. 전에는 미국·영국을 모방하자고 하다가 이제는 갑작스레 독일이라고 하니 혹시 폐단이 없을까 걱정된다"[11]라고 해서 독일〔모델〕로 기우는 데 대한 경계심을 드러내고 있습니다. 그래서 이또오에게 슈타인(L. von Stein)을 초빙할 계획이 있음을 알게 된 이와꾸라의 주도로 진행된 것이 바로 『대정기요(大政紀要)』의 편찬이었으며, 여기서는 천황의 치적을 중심으로 국체의 독자성을 주장하는 데 주안점을 두었습니다.

이처럼 한편으로 구미를 모델로 한 국가 형성이 추진되어 사립법학교(私立法學校)를 중심으로 그 재생산을 위한 인재가 양성되는 데 대항하여, 또 한편으로는 자기 국가에 대한 자기확인의 학문을 요구하는 목소리가 높아졌습니다. 이른바 국가의 자기동일성 확보를 과제로 한 정체성의 학문, 내셔널리즘의 학문이 필요해진 것입니다. 특히 국가 형성에 관한 한, 전통이라는 것은 서구화에 촉발되어 발견된다는 특징이 있다고 할 수 있습니다.

그러나 이것은 어디까지나 모범국을 배제하는 것이 아니라 오히려 상호보완석인 것이었다는 섬노 산과해서는 안됩니다. 예컨대 영국학과 프랑스학의 거침없는 기세를 은근히 약화시키기 위해서 사쯔마(薩摩)와 쬬오슈우(長州) 번벌정부(藩閥政府)가 물 쓰듯이 자금을 쏟아부은 독일학협회

---

11) 「勅諭大意」, 稻田正次 『敎育勅語成立過程の硏究』, 講談社, 76면에서 재인용.

학교는 사법성(司法省)의 보조를 받는 댓가로 "전수과(專修科) 졸업생에게 사법관이 될 의무를 지게 한다"라고 했지만, 그 교칙 제1조는 "독일학을 전공하면서 아울러 황한학(皇漢學)을 교수함으로써 쓸모있는 학사를 양성하기로 한다"라고 규정했습니다.

그렇다면 왜 독일학을 공부하는 데 황학(皇學, 즉 국학國學)과 한학이 필요했던 것일까요? 첫째로 황학·한학이 충군애국(忠君愛國)이라는 일본 국민의 덕성을 함양하는 데 도움이 된다는 점을 들 수 있습니다. 둘째로 "우리나라의 교육법을 개량하려면, 장래 우리의 언어·문장을 가지고 더욱 닦아야 할 우리나라의 학문을 창설할 필요가" 있으므로, 독일학도 어디까지나 일본학이라고 할 수 있는 것을 창출하는 데 일조할 수 있기 때문에 배우는 것으로 자리매김했던 것입니다. 셋째로 좀더 적극적인 이유는 "지식과 교육을 오로지 구미제국에서 취한다 해도, 한학을 더욱 연마하지 않으면 왕왕 실용에 적용하기 어렵게 된다. 또한 쓸데없이 외국 사물을 안다 해도 우리나라 고래(古來)의 역사체제를 살피지 않는다면 결코 그것을 실제에 써먹을 수 없게 된다. 이것이 본교가 〔독일학과〕 아울러 황한학을 가르치고 지덕을 함양케 하는 까닭이다"[12]라고 분명히 밝히고 있습니다.

이런 생각은 독일학협회와도 관계가 깊던 카또오 히로유끼(加藤弘之)가 토오꾜오대학에서 메이지 10년대에 활동한 내용과도 밀접한 관련이 있습니다. 카또오는 일찍이 『진정대의(眞政大意)』와 『국체신론(國體新論)』을 저술하여 왕토왕신론(王土王臣論)이나 만세일계(萬世一系)의 국체론 등이 잘못된 주장이라고 배척했던 이른바 계몽지식관료였지만, 메이지 10년(1877) 이래 국학(國學)의 쇠퇴와 국가의 개성 상실을 우려하면서 문부성 당국에 여러차례 건의서를 제출하여 화한문(和漢文)학과를 설치하도록

---

12) 이상 獨協學園百年史編纂委員會 編 『獨協百年』 1권, 354면 이하. 여기서 황한학이라는 것의 구체적인 내용은 『논어(論語)』 『맹자(孟子)』 『효경(孝經)』 『통감요람(通鑑要覽)』 『사기(史記)』 『일본정기(日本政記)』 『일본고금법제론(日本古今法制論)』 등이다.

건의했습니다. 그 결과 메이지 15년(1882) 5월 토오꾜오대학에 고전강습과(古典講習科)가 설치되어 "우리나라의 구전(舊典)·사류(史類)·가사(歌詞)·문장(文章) 같은 것은 역사가 및 사회학·정치학·수사학 등에 종사하는 이들이 빠뜨려서는 안될 것"(『東京大學第二年報』)이라고 그 존재이유를 강조합니다. 고전강습과는 국사, 법제, 고실(故實),[13] 작문 시가, 중국법제 등을 가르쳤고, 메이지 26년(1893) 법학부(法學部)에 미야자끼 미찌사부로오(宮崎道三郞)가 법제사 강좌를 담당할 때까지 일본법제사학의 개척자 역할을 했습니다. 그리고 고전강습과를 졸업한 이께베 요시까따(池辺義象)[14]가 메이지 30년(1897)부터 타이쇼오(大正) 3년(1914)까지 쿄오또제국대학에서 일본법제사를 강의하여, 일본법제사의 〔양대 산맥 중〕 또 하나의 학교에서 초창기를 일구었습니다. 이께베는 또 이노우에 카오루(井上馨)가 제국헌법의 '정통성의 근거'(Legitimitätgrund)를 일본 고전에서 찾을 때 연구조수를 맡기도 했습니다. 그 이께베의 양아버지로서 고전강습과 교수로 일본 고대법제를 강의했던 인물이 바로 코나까무라 키요노리(小中村淸矩)인데, 그는 앞서 언급한 『대정기요』의 편찬을 니시 아마네(西周), 후꾸바 비세이(福羽美靜) 등과 함께 주도했고, 『고사류원(古事類苑)』의 편찬에도 참여하여 힘을 보탰습니다.

이같은 유직고실(有職故實),[15] 고전 고증의 학문을 통해 일본이라는 국가의 고유성을 발견하고 확립하려는 움직임은, 헌법 및 국가 형성에 황전학(皇典學)이 필수불가결하다고 본 이와꾸라와 이노우에, 그리고 야마다 아끼요시(山田顯義) 등의 지지를 얻어 메이지 15년(1882) 6월 황전강구소(皇典講究所)가 설립됨으로써 현실화되었습니다. 같은 시기에 신궁황학관(神宮皇學館)도 설치되어 "신궁과 관련된 고전(古傳)을 밝히고 기타 신전

---

13) 전통의식과 복식 등에 관한 규정이나 관습 — 옮긴이.

14) 나중에 성을 코나까무라(小中村)로 바꾸었다.

15) 천황 조정이나 무가(武家)의 의례·관직·법령 등에 관한 규정 — 옮긴이.

(神典), 국사, 율령격식(律令格式) 등"을 교수했습니다. 민간에서도 일본학을 목적으로 하는 수많은 결사들이 만들어지고 『사학협회잡지(史學協會雜誌)』『메이지까이총지(明治會叢誌)』『동양학예신지(東洋學藝新誌)』『일본문학·국문학(日本文學·國文學)』 등이 잇달아 출판되어 국사·국문·국가제제(國制)를 삼위일체로 '국체의 학문'을 연구하는 사조가 고양되었습니다. 이로써 구미를 모범으로 하는 학문과 국체를 중시하는 학문이 상호보완하면서 길항(拮抗)해나갑니다.

코나까무라는 『국문학대의(國文學大意)』(1882)에서 "국학은 요컨대 역사를 아는 학문과 자국 고유의 언어를 배울 국어의 학문 두 가지를 넘지 않는다. 법률제도는 역사에 속하고 와까(和歌) 문장은 국어에 속한다. 역사학은 국체를 밝히는 것을 그 본령으로 삼는다"라고 하여 일본학의 대상과 목적을 총괄하고 있는데, 이러한 시각에서 이루어진 연구를 단지 일본을 대상으로 한 학문의 복권이라고만 할 수는 없습니다. 예컨대 메이지헌법의 주석서인 『헌법의해(憲法義解)』가 일본 고전들을 널리 인용·방증한 데에서도 알 수 있듯이, 〔근대〕국가 형성에도 중요한 의미가 있었습니다. 흔히 국체론은 내용이 없어서 어떤 의미와 내용도 채워넣을 수 있다고들 합니다. 그건 분명히 그렇습니다만, 적어도 국가 형성과정에서 이루어진 국체연구는 나름대로의 실증성도 갖추고 있어서, 정치적 이데올로기가 전면화된 쇼오와(昭和) 국체명징(國體明徵)시기의 국체연구와는 질적으로 달랐음을 간과해서는 안되리라 생각합니다. 내셔널리즘을 병리현상으로만 치부하지 말고 국가 형성에 따른 일종의 생리현상으로 재고하는 접근방법이 메이지 전기의 국가사(國家史) 연구에 필요하지 않을까 하는 것이 제 견해입니다.

사족이지만 덧붙이자면 황전강구회에서 국학원(國學院)과 일본법률학교(日本法律學敎)가 파생되고, 이것이 각각 코꾸가꾸인대학(國學院大學)과 니혼대학(日本大學)이 되었으며, 독일학협회학교는 현재의 돗꾜오대학

(獨協大學)이 되었습니다.

이상의 논의를 일단 매듭짓자면, 일본에서 진행된 국가 형성의 중요한 특질은 그것이 학문의 존재양식, 그 학문을 추앙하는 사람들, 이들을 구성원으로 하는 집단의 동향과 매우 긴밀한 상관관계를 맺고 있었다는 점입니다. 베버(M. Weber)의 말을 흉내낸다면, 법과 제도의 수용을 포함한 국가의 제도화문제를 해명하는 것은 곧 그 담당자와 학술의 변화를 해명하는 것[16]이라는 주장이 일본의 국가 형성의 특징에 부합하지 않을까 생각합니다.

- 3 -

그런데 여기서 국민 형성의 문제로 눈을 돌려보면, 이른바 균질화와 이질화, 동화(同化)와 이화(異化)라는 서로 모순되는 요청을 동시에 달성하지 않으면 안된다는 풀기 힘든 과제가 있었습니다. 즉 구미제국의 국민이 달성해놓은 지식수준에 하루빨리 다가가야 한다는 요청과, 그럼에도 불구하고 역시 일본인임을 의식하고 일국의 독립의 초석이 되지 않으면 안된다는 요청이 그것입니다. 이는 내셔널리즘과 국민국가의 발흥기인 19세기에 국제사회의 경쟁의 장(場)에 내던져진 일본과 일본인의 피하기 어려운 과제이기도 했습니다.

다만 여기서 주의할 필요가 있는 것은, 유럽의 국민국가 형성에는 국가 형성이 비교적 선행되었던 반면, 일본에서는 섬나라라는 이유도 있어서 국민 형성 쪽이 입헌국가로서의 국가 형성보다는 수월했던 것이 분명하다는 점입니다. 그렇지만 2백년이 넘도록 쇄국(鎖國)과 막번체제에 갇혀 있었

---

16) Weber, Max, *Wirtschaft und Gesellschaft*, 4, 92, 662면 참조.

고 정치에서 소외되어온 사람들을 어떻게 교화(教化)시켜나갈 것인지는, 민족의 독립을 지향하는 유신정부가 맞닥뜨린 초미(焦眉)의 과제였음은 두말할 필요도 없을 것입니다. "대체로 배우지 않은 백성은 부리기 어렵고 무능한 백성은 쓸모가 없다"[17]라는 것이 구미를 시찰하고 온 위정자들의 솔직한 실감이었습니다. 아니, "민심의 개혁은 정부의 임무일 뿐만 아니라 지견(知見)을 가진 자라면 그 임무를 스스로 분담하지 않으면 안된다"(『후 꾸자와 유끼찌 전집』17권, 175면)라는 자부심은, 계몽사상가·자유민권(自由民權)운동가뿐만 아니라 지방의 재산가나 호농(豪農, 부농) 같은 사람들이 공유한 것이기도 했습니다. 오오메이샤(嚶鳴社)와 쿄오존도오슈우(共存同衆)를 비롯해서 전국적으로 결성된 수천개의 자발적 정치결사들이 전개한 학습회와 강연회 활동, 신문·잡지의 발행, 집서관(集書館)과 집회소(集會所)의 설치라는 다종다양한 적극적 활동이 이를 무엇보다도 잘 대변해준 다고 하겠습니다. 이 점에 대해서는 여기서 상세히 언급할 여유가 없으니, 공교육과 학술강연회, 정담(政談)연설회 등과는 인연이 없었던 일자무식의 평민들에게 어떤 경로와 형태로 법률과 정치 또는 일본이라는 국가와 국제상황에 대한 지식이 전해졌는지, 국민 형성이 얼마나 광범위하고 많은 사람들에게 파급되었는지에 초점을 맞추어 국민 형성의 다양한 측면들 가운데 한 국면, 즉 대중연예(大衆演藝)의 국민 형성 기능에 대해 살펴보고자 합니다. 그것은 관점을 바꾼다면, 국민의 정치적 사회화로서 논의할 수도 있는 문제일 것입니다.

그런데 메이지정부는 성립 당초부터 국가 형성을 위해서 눈이 어지러울 정도로 급격한 제도적 변혁을 잇달아 단행했습니다. "천황 포고(布告)가 실린 신문 매일 읽어라, 남들에게 알려라, 천황의 낚싯배여"라고 읊은 『백인일수(百人一首)』[18]의 패러디가 보여주듯이, 사람들은 천황의 포고와

---

17) 久米邦武 編 『特命全權大使米歐回覽實記』 1, 岩波書店, 162면.

18) 가인(歌人) 1백명의 와까(和歌) 한 수씩을 골라 만든 시집으로 여기서는 1872년 간행된

신문을 매일 보지 않는 한 그 발빠른 변화를 따라갈 수 없는 상황에 처하게 되었습니다. 그러나 다른 어떤 아시아국가들보다 문맹률이 낮았음에도 불구하고, 관청의 포고문을 읽고 이해할 수 있는 사람들은 매우 제한되어 있었습니다. "지식을 닦으라는 포고문, 허나 읽을 수 없는 문자여"라는 우스갯소리가 있었을 정도니까요. 또 대부분의 사람들은 포고문보다 생업이 먼저였기 때문에 포고문을 읽는 일 자체가 무의미하기도 했습니다. 그러나 사람들은 즐기면서 배우고 일하면서 배운다는 것을 결코 부정하지는 않았고, 세상이야기 속에서 지식을 늘려나가는 데 매우 적극적이기도 했습니다. 사람들이 모이는 장소는 그런 의미에서 사상과 지식이 불어나고 곳곳으로 퍼지는 장소이기도 했습니다. 요세(寄席)나 코오샤꾸죠오(講釋場),[19] 그리고 좀 딱딱하기는 하지만 신문해화회(新聞解話會) 같은 것이 그런 사례들입니다.

이런 민중 수준의 오락 겸 교육의 장과는 별도로 메이지정부는 국민 형성을 위해 거국적인 일대 선전운동을 펴나갔습니다. 대교선포운동이 바로 그것입니다. 지금까지 이 운동에 대해서는 그 이념적 지주였던 『삼조의 교헌(三條の敎憲)』이 "경신애국(敬神愛國)의 뜻을 구현할 것" "황상(皇上)을 받들고 조정의 뜻을 준수할 것"을 표방했기 때문에 복고적인 반동이데올로기의 주입이라는 점만 지적되었습니다. 하지만 여기서도 애국이나 준법 등 국민 형성과 직결되는 사항을 가르쳤고, 더욱이 『삼조의 교헌』을 구체화시킨 「십칠겸제(十七兼題)」에서는 만국교제(萬國交際), 정체각종(政體各種), 율법연혁(律法沿革), 국법민법(國法民法) 같은 사항들을 교육과목으로 채택했다는 데에도 유의할 필요가 있다고 봅니다.

구체적인 예를 들자면, 시즈오까현(靜岡縣) 교도직(敎導職)을 맡았던

『문명개화 동희(童戲) 백인일수』를 가리킨다 ― 옮긴이.

19) 요세는 만담이나 재담을 들려주는 흥행무대이고, 코오샤꾸죠오는 야담에 가락을 붙인 공연무대이다 ― 옮긴이.

아사이 키요나가(淺井淸長)의 『회구록(懷舊錄)』에 "때로는 현관(縣官)에게서 이곳에서는 이러저러한 것을 설명해주었으면 한다고 설교를 주문받는 일도 있었고, 「위식쾌위조례(違式詿違條例)」가 발표됐을 때에는 이를 해설해준 적도 있다"라고 했듯이, 오늘날의 경범죄에 해당하는 법령을 해설하거나, "프랑스 육군이 최강이라고들 했지만 프로이쎈과 싸워서 패배했고, 프로이쎈의 대장 비스마르크(O. E. L. von Bismarck)는 열여섯살 이상의 남자를 모두 병사로서 동원함으로써 강력해졌다"(森重古『雜留』)라는 식으로 징병령(徵兵令)과 유럽 정세를 연관시켜 설명해주는 등 나름대로 문명개화, 더 나아가 국민국가 형성을 위한 교화(indoctrination)를 지향했던 것입니다. 물론 교화의 내용은 이른바 국교(國敎)라는 종교와 교육이 혼재된 것이었기 때문에, 유럽의 정교분리 원칙을 배운 시마지 모꾸라이(島地默雷) 등의 비판에 견뎌내지 못하고 대교원(大敎院)이 폐지됩니다만, 교도직 자체는 메이지 17년(1884)까지 존속했습니다.

그런데 이 대교선포운동에는 승려와 신관(神官)뿐만 아니라, 카와따께 모꾸아미(河竹默阿彌)가 "'못 배운 자들(無學者)'의 '가장 빠른 배움(早學問)'"이라고 말했던 카부끼(歌舞伎)나 라꾸고(落語, 만담), 코오단(講談, 야담) 등 온갖 대중연예가 동원되었습니다. 자진해서 카나가와현(神奈川縣) 교도직을 맡았던 카나가끼 로분(仮名垣魯文) 등 통속소설(戲作, 게사꾸) 작가들은 신정부에 「게사꾸도오(戲作道) 진정서」를 제출해서 통속소설을 문예정책의 도구로 기꺼이 바친다고 하여 통속소설이 세속적 교육 면에서 가진 효용성을 자부하기도 했습니다.

아니, 대중연예는 이런 위로부터의 문명개화정책에 이용되었을뿐더러, 메이지 8년(1875)경부터 활발해진 자유민권운동에도 수용되어 매우 중요한 역할을 했습니다. 타나까 코오죠오(田中耕造)가 번역한 바슈로(E. Vacherot)의 『자치정치론(自治政論)』이 "연극은 도의(道義)의 동산(囿園)이자 자치정치의 연못(淵叢)"이라고 한 것은 바로 이같은 무대기법(Stage

Craft)과 국가책략(State Craft)의 상관성을 지적한 것입니다.

여기서 대중연예와 사상 전파의 관련성을 온몸으로 체현하여 메이지시대의 궤적을 고찰하는 데 중요한 인물로서 먼저 코오단의 〔2대代〕 쇼오린 하꾸엔(松林伯圓)[20]을 들고자 합니다.

하꾸엔은 막부 말기에 「템뽀오 롯까센(天保六歌撰)」「네즈미 코죠오(鼠小僧)」「안세이 미쯔구미사까즈끼(安政三組盃)」 등 70여종의 의적이야기 대본을 직접 쓰고 연출하여 도로보오〔도적〕 하꾸엔(泥棒伯圓)이라는 별명으로 에도(江戶)의 밤무대에서 인기를 독차지했던 대중연예계의 스타였습니다. 그러나 하꾸엔은 메이지시기에 접어들어 대교선포운동에 참가함으로써 일대 변신을 합니다. 그는 메이지 7년(1874)경 후꾸자와 유끼찌 등이 연설을 시작하기 전에 이미 양복을 입고 탁자를 가지고 나오고 꽃을 꽂아두는 등 종래의 코오단에서는 생각지도 못했던 무대장치를 고안해냈고, 주제 면에서도 일본과 구미의 역사를 코오단의 소재로 삼았으며, 문명개화의 당위적 모습이나 신문의 내용을 설명해 들려주는 식의 변신을 시도했습니다. 그리하여 역사 연사(演士) 하꾸엔, 신문 코오단 하꾸엔, 개화 코오단 하꾸엔이라는 평판을 받기에 이릅니다. 이같은 하꾸엔의 코오단은 당시 관료나 대학교수들이 연설과 강의의 모범으로 본받았다고 전해집니다.

그런데 예능인이 인기를 유지하려면 시대의 취향에 발맞추면서도, 시대를 한걸음 앞서나가지 않으면 안됩니다. 시대풍자극(際物, 키와모노)에 탁월했던 하꾸엔이 메이지 20년대까지 높은 인기를 유지해나갈 수 있었던 비밀은, 바로 지금 대중이 무엇을 원하는지를 민감하게 파악할 수 있었기 때문입니다. 뒤집어 말하자면 하꾸엔의 코오단 주제와 삶의 방식 자체가 당시 민중의식을 반영하는 거울이었다는 견해도 성립할 수 있을 것입니

---

20) 하꾸엔의 생애에 대해서는 延廣眞治「松林伯圓の基礎調査」,『名古屋大學敎養部紀要(人文科學·社會科學)』第17集, 1973 참조.

다. 그리고 그 견해를 뒷받침하듯이, 메이지 10년대에 들어오면서 하꾸엔은 민권(民權)코오단으로 다시 대변신을 하게 됩니다.

이 시기에 하꾸엔은 서남전쟁(西南戰爭)을 다루어 반정부반란을 지지하고, 코무로 신스께(小室信介)의 『동양민권백가전(東洋民權百家傳)』을 소재로 채택하거나, 야마가따 다이니(山縣大貳)와 오오시오 헤이하찌로오(大鹽平八郎) 등 토꾸가와막부의 반역자들을 찬양함으로써 자유민권사상의 보급에 힘써서 '자유당(自由黨)의 코오샤꾸부장(講釋部長)'이라는 별명까지 붙게 되었습니다. 이런 하꾸엔의 영향력을 눈여겨보던 자유민권운동가들은〔신정부의〕집회조례(集會條例)로 정치연설의 기회를 박탈당하자 하꾸엔과 그의 제자 쇼오린 우엔(松林右圓)의 문하에 들어가 자유코오단이라는 장르를 개척해나갔습니다. 나중에 대역사건(大逆事件)으로 처형되는 오꾸노미야 켄시(奧宮健之)는 센세이또오까꾸메이(先醒堂覺明)[21]라는 별명을 쓰면서 민권코오단, 자유코오단으로 인기를 누렸습니다. 그 패기있는 모습은 메이지 16년(1883) 7월 자유당 기관지 『삽화 자유신문(繪入自由新聞)』에 실린 득의양양한 말에서도 엿보입니다.

세상에 흔해 빠진 코오샤꾸 따위와는 달리 자유의 대의를 밝히고 우국(憂國)의 정신을 환기시키는 것을 큰 취지로 삼아 서양 고금 자유사상가의 전기(傳記) 같은 것을 부녀자들도 이해하기 쉽게 통속적으로 이야기하면 우레 같은 갈채를 받는 것은 따놓은 당상.

그러나 코오단이 정치연설의 방패막이로 활기를 띠어감에 따라 경찰의 탄압이 요세와 코오샤꾸죠오에도 가차없이 미치게 됩니다. 하꾸엔도 여러번 경시청(警視廳)에 불려가서 주의를 받곤 했습니다. 그리고 자유민권운

----

21) 일본어 발음으로 '전제(專制)와 혁명(革命)'에 해당한다 — 옮긴이.

동이 약화되면서 민권코오단에서 탈락하게 된 바로 그즈음에 하꾸엔은 신도대강의(神道大講義)라는 지위를 부여받고 천황 앞에서 코오단을 하게 됩니다. 확실히 이 어전(御前)코오단은 비속한 대중연예라고 멸시받아온 코오단이 체제의 교학사상으로 인정되었음을 뜻하며, 신도대강의는 연예인으로서는 최고의 지위에 올랐음을 보여줍니다. 이때 코오단과 그 정점에 선 하꾸엔은 대중연예의 절정에 서 있었다고도 말할 수 있을 것입니다. 그러나 절정이란 곧 내리막길의 시작이기도 합니다.

코오단과 하꾸엔의 융성을 지탱해왔던 것은 무엇보다도 흥미와 함께 사회양상에 대한 정보를 갈구하는 민중의 욕망이었습니다만, 교육이 착실히 보급되고 각종 대중오락도 늘어나자 젊은이들에게 요세와 코오샤꾸죠오는 이제 교제나 지식 획득의 장으로서 매력을 잃어갔습니다. 요세의 청중은 대부분 노인들이 됩니다. 그들은 과거의 에도를 회상하면서 하꾸엔에게 의적이야기의 코오단을 요구했습니다. 그것은 메이지사회에 대한 노년층의 불만을 표현한 것이기도 했을 것입니다. 메이지의 치세와 보조를 맞추었던 하꾸엔은 차츰 인기를 잃고 불우한 만년을 맞이합니다. 그는 메이지의 치세를 원망하듯이 타오까 레이운(田岡嶺雲)의『메이지 역신전(明治叛臣傳)』을, 에또오 심뻬이(江藤新平)를, 짐뿌우렌(神風連)을 이야기하게 됩니다. 반역자들의 삶을 이야기한다는 것은 자기 삶의 초조함을 해소하는 적절한 소재였을지도 모르겠습니다.

이런 하꾸엔의 코오단에 나타나는 특징을 개괄해봅시다. 우선 코오단에 공통적으로 나타나는 특징이기도 합니다만, 예컨대『사가 전신록(佐賀電信錄)』이나『서남 전신록(西南電信錄)』등에서는 사족반란(士族反亂)이 반정부적이었을지언정 결코 반국가적이지는 않았다고 파악하고 있습니다. 그것은 후꾸자와 유끼찌의『정축공론(丁丑公論)』만큼 논리적 정합성이 있는 것은 아니지만 저항권을 인정한 것이었습니다. 다음으로 의적과 협객이라는 무법자(outlaw)를 긍정한다는 점을 들 수 있습니다. 물론 그것을 법질서에 대한 반항으로 이해하기보다는 오히려 스스로 법질서를 반역할 수 없기 때문에 나온 보상행위로 보는 편이 맞을지도 모르겠습니다. 또한『후지따 젠세이 카가미(藤田全盛鑑)』등에서 정계와 재계의 유착을 지당한 것으로 냉소적으로 묘사한 점도 주목됩니다. 어쩌면 오늘날까지 이어지는 자본주의사회에서 정치의 병리를 있는 그내로 바라보는 서민의 시선을 여기서 찾을 수 있을지도 모릅니다.

이렇게 해서 일세를 풍미했던 하꾸엔도 지금은 완전히 잊혀졌습니다만, 그와는 대조저으로 전전 명성을 높여갔던 이가 바로 상유우떼이 엔쬬오(三遊亭圓朝)였습니다. 엔쬬오는 분명히 많은 점에서 쇼오린 하꾸엔의 코오단에서 영향을 받은 만담가였지만, 풍자물(滑稽咄)보다는 연애물(人情咄)에서 뛰어난 창작능력과 구연능력을 보여주었습니다. 젊었을 때 엔쬬오는 연극의 소도구를 이용하는 시바이바나시(芝居噺)로 인기를 끌었습니다만, 대교선포운동시기를 전환점으로 다른 도구는 일절 쓰지 않고 부채 하나만으로 연기하는 스바나시(素噺)에 몰두하게 되었습니다. 또한 하꾸엔이『유우빙호오찌신문(郵便報知新聞)』을 읽어주었던 것과는 달리 엔쬬오는『쬬오야신문(朝野新聞)』을 소재로 신문의 해설이야기(解話)를 했습니다.

그러나 똑같이 신문에서 소재를 택하면서도 엔쬬오는 그 취재를 계기로 실록물(實錄物)이라는 새 영역을 개척했습니다. 본래 괴담(怪談)으로 전래되었던 시오바라께(鹽原家)의 전설을 이제 막 떠오르려는 아침해 같은 일본과 그 자본주의적 성격의 상징으로 묘사한『시오바라 타스께 일대기(鹽原多助一代記)』는 너무나 유명합니다. 거기서 시오바라 타스께는 근검역행(勤儉力行)의 전형적인 인물로 그려졌고 그 일대기는 입신출세와 자수성가의 성공사례가 되었습니다. 메이지 25년(1892)의『초등학교 도덕(尋常小學校修身)』교과서 등에 실린「타스께전(多助傳)」에서는 부모와 사회의 어떤 처사도 참아내고 결코 항변하지 않으면서 그저 묵묵히 일하는 인물로 묘사되었습니다. 이런 인간상은 비정치적이고 생산에 힘쓰는 충성스럽고도 선량한 신민(臣民)으로서, 정부가 국민에게 기대했던 것임은 두말할 필요조차 없겠습니다. 물론 비정치성이라는 것은 엔죠오가 의도했던 것은 아니겠지요.

엔죠오가 일관되게 문제로 삼았던 것은 새로운 자본주의사회에서 사람들이 어떻게 살아가야 하는가라는, 바로 국민 형성에 관한 것을 가르치는 것이었습니다. 예컨대 엔죠오의 번안(飜案)작품인 『영국 효자이야기(英國孝子の傳)』에서는 화해나 이자제한, 인지(印紙)의 사용과 날인(捺印), 양자결연(結緣)의 절차문제 등을 매우 세심하게 다루면서, 당시 공포된 법률이나 통달(通達) 등을 이야기 속에 교묘하게 섞었습니다. 이를 통해 그의 만담이 법률을 빨리 이해하게 만드는 기능이 있었음을 알 수 있습니다. 그러나 아무리 자본주의사회를 살아가는 처세술을 가르친다 해도, 그것이 겨우 상인들의 귀감에 그쳤던 것은 당시 일본경제의 발달상태로 보자면 당연한 일이었을지도 모릅니다. 마찬가지로 자본주의사회의 삶이라고 하더라도 코오단과 만담 같은 이야기예술이 노동자의 것으로, 즉 노동운동과 사회주의사상의 전달매체로 사용되는 데까지는 좀더 시간이 필요해서, 메이지 33년(1900)에 발간된 잡지 『노동세계(勞働世界)』를 기다려야 했습니다.

그런데 엔죠오가 『영국 효자이야기』를 비롯해서 줄곧 번안에 몰두했던 배경에 구미사회에 대한 대중의 강렬한 관심이 있었음은 두말할 필요도 없겠습니다. 후꾸자와의 『서양사정(西洋事情)』을 번안한 카나가끼 로분의 통속소설 『서양 도보 답사기(西洋道中膝栗毛)』가 베스트셀러가 된 것도 이런 서민의 욕구가 표출된 현상 가운데 하나였다고 생각합니다.

이같은 대중의 구미 사물에 대한 일종의 동경과 지식욕에 호응하듯이 등장하여 번안물에서 엔죠오와 경합을 벌였던 이색적인 인물로 카이라꾸떼이 부랏꾸(快樂亭), 즉 헨리 제임스 블랙(Henry James Black)[22]이 있었습니다. 파란 눈의 연예인 1호라고 할 수 있습니다. 블랙은 오스트레일리아 출생의 영국인으로서 아버지는 존 레디 블랙(John Reddie Black)이라고 합니다. 아버지 블랙은 유명한 『영 저팬』(*Young Japan*)[23]의 저자이자, 정한론(征韓論)과 민선의원(民選議院) 설립 논쟁 등에서 쎈쎄이션을 일으켰던 『닛신신지시(日新眞事誌)』[24]의 편집자 겸 발행인이었습니다. 그런 아버지를 둔 청년 블랙이 일본의 정치를 어떻게 보고 어떻게 바꾸려고 했는지, 어떤 국민 형성을 지향했는지 그 자체가 매우 흥미로운 점입니다만, 현재 남아 있는 사료로는 파악할 수가 없습니다. 다만 확실히 알 수 있는 것은, 그가 오오메이샤의 누마 모리까즈(沼間守一) 등과 정치연설회를 열고, 거기에 이따금씩 왔던 하꾸엔과 친하게 되어 대중연예의 세계에 발을 들여놓게 되었다는 점, 일본인 이상으로 일본의 대중연예계에 친숙해졌다는 점, 또한 무엇보다도 그가 서양 애정물의 제1인자로서 메이지에서 타이쇼오 시기에 걸쳐 요세무대에서 절대적인 인기를 누렸다는 점입니다.

그가 요세무대에서 찰스 1세(Charles I), 잔느 다르끄(Jeanne d'Arc) 등을 소재로 이야기했다고 고백한 바 있기 때문에, 아마도 자유를 얻기 위한 투쟁사를 이야기했을 거란 점은 쉽게 상상할 수 있습니다. 또 그가 국회개설운동을 지지하면서 민권 획득을 주장하고 징병제도에 반대하는 연설을 했음은 당시의 신문에서도 확인할 수 있습니다. 그러나 자유민권운동에서 블랙의 활약 그 자체는 결코 눈부시지 않았습니다.

블랙의 장기는 일본의 언어와 인정에 깊이 통달한 외국인으로서 유럽

----

22) 블랙에 대해서는 Williams, H.S., "Two Remarkable Australians of Old Yokohama," *The Transactions of the Asiatic Society of Japan*, Third Series Vol. 12, Tokyo 1975 참조.

23) 메이지유신을 전후한 시기의 에도(江戶)와 요꼬하마(橫濱)에 대한 미완의 회고록으로 1880~81년에 간행되었다 — 옮긴이.

24) 1872년 3월부터 1875년 12월까지 265호가 발간된 신문으로『부랏꾸신문(貌刺屈新聞)』이라고도 불렸으며, 1874년 1월 18일자에「민선의원 설립 건의서」를 게재하여 여론을 자극한 것으로 유명하다 — 옮긴이.

각국의 최신 소설류를 번역해서 알기 쉽고 재미있게 들려주는 것이었습니다. 그는 서양의 여러 사정에 대해 아는 게 많은 해설자라는 기능의 측면에서 대중들에게 수용되었습니다. 그의 번안물에는 의복·가구·세간살림에 대한 소개에서부터 공원과 술자리의 예의범절, 크리스마스 같은 관습의 소개 등 문물 전반에 걸친 해설이 만화경처럼 아로새겨져 있습니다.

그렇다고 블랙이 단지 서구를 소개하는 데에만 전념했던 것은 아닙니다. 한편으로 영국 귀족제의 부조리와 런던 슬럼가의 참상을 비판하고, 또 한편으로는 서구에 물들어서 옛 미풍양속과 생활의 쾌적함을 파괴하는 일본의 서구화지상주의 풍조에 대해서도 날카로운 비난을 퍼붓고 있습니다. 또한 일본인 특유의 이에(家)를 지속해야 한다는 관념에 대해서 몇몇 나라를 사례로 들면서 그것이 얼마나 무의미한지를 분명히 밝혀서 청중들이 깨닫게 하는 데 힘쓰기도 했습니다. 예컨대 일본의 이에 관념에 대해서 "일본에서는 가문의 대(代)가 끊기는 일을 매우 꺼린다. 만약 자기에게 자식이 없으면 양자를 들이고 외동딸만 있으면 사위를 얻어 가문을 잇게 하지만, 영국·프랑스·독일·미국 등에서는 가문의 대가 끊기는 일을 아무렇지도 않게 생각한다"(『車中の毒針』 38면)라는 식으로 일본의 사정을 바탕으로 서양과 국민성의 차이를 밝히는 논법을 즐겨 썼습니다.

이처럼 대중연예의 한 부분을 살펴보았지만, 그것만으로도 국민 형성이 얼마나 다양한 사람들에 의해서 진행되었는지 알 수 있으리라 생각합니다. 비서구사회 중에서 일본이 비교적 쉽게 국민국가 형성을 이룬 것은 사실입니다. 그러나 지금까지 무시된 채 대중의 생활 속에 묻혔던 다양한 국민 형성의 시도와 민중 자신의 노력이 없었다면 국민국가 형성이 달성될 수 없었다는 것도 이제는 군말이 필요없을 만큼 분명해졌다고 생각합니다.

지금까지 일본의 국민국가 형성에서 찾아볼 수 있는 특질을, 국가 형성에서 학문의 비중이 높았으며, 국민 형성에서 대중연예가 가진 독특한 기능을 '실제로 어떠했는가'라는 시각에서 살펴보았습니다. 2절과 3절은 전혀 다른 접근방식을 택해서 정합성도 없고 거친 발표가 되었습니다만, 본래 제 자신의 관심은 극히 서구적인 모델인 국민국가 형성이 비서구사회에서 어떤 발현방식을 취했는가, 또 그렇게 다른 발현방식이 어떤 정치문화의 차이에서 유래하는가라는 문제의식에서 출발했습니다. 정치문화를 특징짓는 것으로서 지식의 존재양식, 오락의 존재양식, 사람과 사람의 결합방식, 사람과 사람이 모인 공공공간 등이 실제로 어떠했는지를 두서없이 탐색하면서 우선 제가 지금 싯점에서 중요하다고 생각하는 것을 제시하는 데 그쳤습니다. 아무쪼록 국가사(國家史), 그리고 그것과는 상대적으로 자립해서 존재하는 정치사회사 쌍방을 시야에 넣은 비교사상사를 구상하는 첫걸음이 되었으면 합니다.

국민국가 형성의 삼중주와 동아시아세계

- 1 -
'일본의 충격'과 근대 동아시아세계의 등장

일본이 근대 아시아세계의 형성에 어떤 역할을 했는지 국민국가 형성 과정의 상호작용으로 포착하고, 그럼으로써 근대세계사에서 일본의 위상을 밝히려는 것이 이 글의 과제다.

세기의 전환기를 맞이하여 유럽연합(EU)이나 북미자유무역협정 (NAFTA) 등 '새로운 제국'의 출현과 함께 국민국가의 종말을 부르짖는 소리가 있다. 그러나 동아시아세계만 한정해서 보더라도 중국과 타이완의 통합과 독립, 한반도의 통일 등 국민국가를 둘러싼 문제는 21세기의 큰 숙제이자 여전히 큰 장애물이다. 말하자면 근현대세계에서 숙원처럼 피할수 없는 과제로서 모든 정치사회를 엄습해온 국민국가 형성이라는 영위 (營爲)는 결코 과거의 유물이 아니라 아직 달성해야 할 목표로 존재하는 것이다.

그런데 국민국가라는 체제에 대해서는, 그것이 근대 서구의 고유한 역사적 소산이었기 때문에, 그 국가체제를 수용하는 것은 '서구의 충격'으로서 표상(表象)되고 그 수용은 어떤 사회가 서구라는 하나의 통합체에서 이

전할 수 있는 부품을 모듈(module, 조립품)로 이어받는 것처럼 보는 견해가 있다.[1] 물론 국민국가 형성이 '서구의 충격'을 계기로 발현되는 것을 부정할 수는 없으며, 나 또한 일본의 근대사를 국민국가의 형성과 전개의 역사로 구성함으로써 거기서 드러나는 양상들을 지(知)의 사회사로 파악해왔다.

그렇지만 일본의 국민국가 형성을 '서구의 충격'과 그에 대한 대응으로 파악하는 것이 가능하다고 하더라도, 같은 사상(事象)이 중국이나 조선 등에서 그대로 나타났던 것으로 보이지는 않는다. 그것은 역사과정을 생각해보면 명백할 것이다. 즉 중국이 국민국가 형성으로 나아간 것은 아편전쟁이나 애로우(Arrow)호전쟁의 결과가 아니라 청일전쟁에서 패배한 것이 계기로 작용했다. 조선왕조 또한 병인양요(1866)나 신미양요(1871)라는 미국·프랑스 함대의 침공 때문에 개항한 것이 아니라, 강화도사건에 따른 조일수호조약(朝日修好條約)을 체결하면서부터 국제법체계로 진입했던 것이다.

결국 중국이나 조선에 국민국가 형성을 촉진하여 근대 동아시아세계의 질서를 출현시킨 것은 바로 '일본의 충격'이었던 것이다. 그러면 왜 그런 사태가 나타난 것일까? 그것은 국민국가가 주권국가이고 영역국가라는 본질적인 성격에 원인이 있다. 지금까지 그 범위도 막연하고 양속성(兩屬性)을 띠기도 했던 경계영역(frontier)을, 하나의 선(線)을 그어 귀속을 명시하는 국경(border)으로 구분함으로써 주권국가가 성립하는 이상, 그것은 필연적으로 인접한 정치사회들이 서로 대립하고 경합할 때 가장 강하게 의식될 수밖에 없기 때문이다.

---

1) 모델로서의 국민국가의 요소를 뽑아낸 앤더슨(B. Anderson)의 『상상의 공동체』(*Imagined Communities*, 윤형숙 옮김, 나남 2002)와 이를 원용한 니시까와 나가오(西川長夫)의 「일본형 국민국가(日本型國民國家)」(西川長夫·松宮秀治 編 『幕末·明治期の國民國家形成と文化變容』, 新曜社 1995) 등을 참조. 다만 나로서는 특히 니시까와처럼 요소를 분할하는 유형화의 의의에 대해서는 회의적이지 않을 수 없다.

"유럽은 강하다지만 7만리나 떨어져 있다. 일본은 바로 문밖에서 우리의 허와 실을 노려본다. 중국의 영원한 일대 우환이 아닐 수 없다."[2] 1874년 리 훙장(李鴻章)은 이렇게 말하면서 일본이 서양열강보다 가까이 있어서 위협적이라고 토로했는데, 그것은 중국이나 조선에 대한 일본의 시선과 심성, 또 중국이나 일본에 대한 조선의 시선과 심성 그 자체였던 것이다. 그리고 경계심과 위기감을 안고 대치할 때에는 상대방을 능가하기 위해 스스로를 변혁하려 노력해야 하고, 그 변혁으로 능가당하는 쪽은 우선 자신이 상대방과 같은 수준에 이른 뒤에 그것을 능가하는 방도를 찾아내야만 했던 것이다.

일본이 구미형 국민국가를 형성함으로써 중국과 조선을 능가하고자 했고, 일본이 국민국가를 형성하는 데 대응하여 중국과 조선이 국민국가 형성을 지향했던 것도 이렇게 인접한 정치사회 사이에 필연적으로 발생하는 경합의 역동성이었다. 하지만 이 메커니즘으로 지역질서가 변동될 때, 국민국가형 정치체제가 그 지역세계에서 근본적으로 우위에 서는 것인지, 또 그것이 지역의 정치적 전통과 합치하는지 여부는 반드시 분명한 것은 아니다. 그렇기 때문에 1890년대까지 조선에서는 일본과 함께 중국의 정치체제를 본떠 변혁을 시도한 적이 있었고, 일본이 국민국가를 형성하는 데 중국이나 조선 사람들이 회의(懷疑)와 조소의 눈으로 바라보았던 사태도 생겨났던 것이다.

그러나 바꿔 말하면, 일단 일본의 국민국가 형성이 지닌 우위성과 필연성이 증명되었다고 인정받으면, 미지의 존재를 채용할 때의 위험성을 감수하지 않아도 된다는 점에서, 지역 내에서 달성된 국민국가 형성은 비교적 비용이 덜 드는 모델이라는 의미를 갖고 부상하게 된다. '일본의 충격'이 지닌 또다른 측면이다.

----

2) 吳汝綸 編錄, 『李文忠公全集·奏稿』卷24, 1908.

물론 '일본의 충격'이 지닌 역사적 의의가 여기에만 그치는 것은 아니다. 아니, 오히려 국민국가의 자기형성 과정에서 류우뀨우(琉球)를 중국의 조공체제에서 이탈시키고 중국의 가장 중요한 울타리인 조선을 '자주(自主)국가'로 분리해낸 뒤 급기야 병합(倂合)함으로써 중화제국과의 상호관계로 존재해온 동아시아 시역실서를 붕괴시킨 점, 이 점이야말로 훨씬 더 역사적으로 의의가 있다고 할 것이다. 일본이 국민국가 형성을 지렛대로 삼아 동아시아세계 질서의 재편성을 지향했던 까닭도 국제법의 '만국병립(萬國並立)의 권리'가 국력과는 무관하게 국가의 평등성을 이념으로 내걸었기 때문에 대국인 청국과도 권리 면에서 대등해질 수 있어서였다.

이것은 국민국가 형성이, 종종 오해되듯이 구미와 일대일로 대응하여 이루어진 것이 아니라 지역세계 내에서 경합하는 가운데 창출되었음을 뜻한다고 할 수 있다. 그것은 동시에 이런 국민국가 형성의 정치적인 상호경합, 그리고 법정사상(法政思想) 및 이데올로기의 수용과 반발을 통해서 종전의 지역적 통합의 이념과 실태가 해체되고 새로운 지역적 통합이 '다시 제시'(re-presentation)된다는 것을 뜻할 터이다. '일본의 충격'이 이처럼 동아시아에서 종래의 지역질서를 교란시키며 재편성해나가는 원동력이 되었음을 가리킨다.

이 글은 이런 인식과 전제를 바탕으로 근대 동아시아에서 국민국가 형성이 구미세계, 지역세계, 또 고유한 정치사회라는 세 가지 경계영역의 차원에서 상호대응하면서 형성되었다는 것을 각각 평준화(平準化)·동류화(同類化)·고유화(固有化)라는 세 가지 역학의 표현으로 논증하고, 그 역동성이 곧 근대 동아시아를 창출하는 과정이기도 했다는 견해, 즉 국민국가 형성과 근대 동아시아세계의 재편성 사이의 관련성에 대한 사견(私見)을 제시하려는 것이다.

평준화·동류화·고유화

국민국가 형성을 둘러싼 상호작용이 근대 동아시아세계를 창출하고, 일본이 그 동력으로서 어떤 역사적 기능을 담당했는지를 확인하고자 할 경우, 먼저 국민국가 체계의 세계적 파급이라는 현상이 어떠한 과제와 대응하기를 강요했는지 생각해볼 필요가 있다.

우선 세계적인 규모에서 보자면 구미제국이 다른 지역세계로 진출할 때까지 세계에는 왕조체제나 봉건제 등 여러가지 고유성을 지닌 정치사회가 들어서 있었다. 이들은 또 정치·경제·종교·문자 등의 요소를 토대로 서로 교류함으로써 문화를 공유한다는 감각이 생겨나 상대적으로 자기완결성을 지닌 지역세계를 형성하고 있었다. 물론 이 지역세계도 이슬람교·아라비아문자 지역세계나 기독교·라틴문자 지역세계처럼 그 공통된 귀속감각의 농담(濃淡)이나 공간적 경계영역의 광협(廣狹) 등에서 차이는 있었다. 하지만 세계는 지역세계의 이 중층적인 연계로 구성되었다고 볼 수 있을 것이다. 중화(中華)·한자 지역세계 역시 그러한 지역세계 가운데 하나였다.

그러나 이런 고유의 정치사회나 지역세계의 복합적인 집적체로 존재했던 세계질서는 근대 구미제국이 전지구적 규모로 진출함에 따라 각종 국면에서 대응을 강요받게 되면서, 다음 세 가지 지향성을 낳았던 것으로 볼 수 있다.

첫째, 근대 구미제국이 다른 개별 정치사회에 강제했던 것은, 정치적으로는 국민국가 체계의 틀 속으로 들어오는 동시에 경제적으로는 자본주의적 세계시장의 일부로 포섭되라는 것이었다. 그런데 국민국가 체계에서는 국민국가의 이념적 평등성과 내정불간섭 원칙에도 불구하고 현실적으로는 국민국가로 인정받지 못하는 한 불평등한 대우와 내정간섭을 받게 되었다. 또 저항력으로서 무력이나 경제력 등을 결여하면 때로는 '주인 없는 땅'으로 간주되어 영유(領有)대상이 되거나 식민지가 되거나 보호국이 될 수밖에 없었던 것이다. 설령 식민지가 되거나 보호국이 되는 것을 면했다 하더라도 불평등조약을 강요받게 된다. 이런 여러가지 불평등한 대우를 시정하고 국민국가로서 '만국병립'의 위치에 서기 위해서는 문명국 표준주의(標準主義)에 들어맞는다고 인정받을 정도까지 고유한 정치사회의 사법·경제제도 등을 변혁하는 것이 필요했다.

아니, 자주적인 변혁의 형식을 취한다 하더라도, 부여된 변혁을 달성하는 기준이 일방적으로 구미의 기준인 이상, 그 변혁은 강제적이고 타율적인 것이 될 수밖에 없고, 그것은 당연히 이질적인 것으로 평준화하는 역학으로 나타난다. 다만 국민국가 형성에 관해서 말하자면, 그 평준화는 구미의 문명국 표준주의로 균질화된다는 데 그칠 뿐이지 결코 보편적 가치로 인정받고 있었기 때문은 아니다. 평준화되지 않는 한, 자주독립국가가 될 수 없다는 여건에서 어쩔 수 없이 선택해야 하는, '강제된 선택'으로 떠밀렸던 것이다.

이처럼 국민국가로 평준화되는 것은 구미·기독교문명에 강제적으로 순치(馴致)됨으로써 초래된 것이었으나, 그 밑바닥에는 구미'문명'의 또다른 특성, 즉 지구상의 모든 지역을 자신의 자본주의 활동영역으로 편입시키는 세계시장의 자기 전개가 있었다는 점도 간과할 수 없다. 그야말로 "부르주아지는 멸망하고 싶지 않으면 부르주아지의 생산양식을 수용하도록 모든 국민에게 강제한다. 이른바 문명을 자국에 수용하도록, 즉 부르주아지가 되도록 강제하는"[3] 것이다.

이리하여 구미'문명'의 세계화는 자본주의 씨스템으로 편입되는 것과 국민국가를 형성하는 것을 동전의 양면으로 추진했으며, 그 두 가지를 집약하는 형태로 표상한 것이 바로 통상조약이었다. 그리고 이 통상조약이

----

3) Marx, Karl, 『共産黨宣言』, 『マルクス·エンゲルス全集』 4권, 大月書店 1960, 480면.

체결될 수 있었던 것은 무엇보다도 군사력이라는 압력이었다.[4] 이 압력에 저항할 수 있는 유일한 길은 국민국가를 형성하여 군사적·경제적 국력을 배양하고 문명국으로 승인받는 길밖에 없었던 것이다.

둘째, 이런 평준화가 어쩔 수 없는 것으로 받아들여졌다 하더라도 전혀 이질적인 국가체제로 변혁해나가는 데에는 현실적인 제도 형성에 따른 곤란과 심리적 저항이 커다란 장애물이 된다. 그때 지역세계 내부에 국민국가 형성을 위해 평준화를 꾀하는 정치사회가 있을 경우, 그 시도 자체는 지역세계에서 이탈하는 것으로서 비난과 조소의 대상이 된다. 그러나 일단 국민국가가 형성됐다고 간주되면, 본래 그 기반이 된 제도, 가치체계, 습속에서 공유하는 부분이 있다고 여겨지는만큼 그 정치사회의 변혁과정은 자신에게도 적합하고 유용한 준거틀로서 모델성을 갖게 되는 것이다. 이리하여 지역세계 내부의 정치사회 변혁과 동화(同化)되는 형태로 국가체제를 개혁하자는 요구가 중국·조선·베트남 등지에서 나타난다. 동류화라는 역학이 바로 그것이다.

이 동류화의 지향은 동일한 지역세계 내부에서 일어난 변혁을 모범으로 내걸고 그것에 동화될 수 있도록 추진하는 지향이라서, 반드시 구미 국민국가에 걸맞는 직접적인 평준화를 지향하는 것은 아니다. 그 구체적인 표출방식에 대해서는 나중에 검토하겠지만, 동류화의 선택에는 자기 정치사회의 역사성과 그 싯점의 정치적 배치상황, 그리고 미래의 청사진이라는 요인들이 크게 작용한다. 그리고 평준화와 마찬가지로 동류화 역시 강요된 면이 적지 않다. 그것은 동류화가 정치적 동맹이나 협조정책의 도구

---

4) 이 점을 초대 주일 영국공사 얼록(R. Alcock)은 다음과 같이 적절하게 말했다. "우리의 첫걸음은 조약을 통해 그들이 제공하는 시장으로 다가서는 것이다. 상대방은 교섭에 임할 의도가 없으므로 우리에게는 유일하게 효과적인 수단이 있다. 그것은 압력이다." Alcock, Rutherford, *The Capital of Tycoon: A Narrative of Three Years' Residence in Japan*, London: Longman, Green 1863; 山口光朔 譯, 『大君の都: 幕末日本滯在記』(下), 岩波書店 1962, 289면.

로 이용되는 경우가 많음을 뜻한다.

그러나 화이(華夷)의식이 뿌리깊은 동아시아사회에서는 서양을 양이(洋夷)라고 보아 직접 모방하는 일을 거부하면서 서로 문명과 인종이 같은 사회를 모범으로 삼는 편이 심리적·사회적 저항을 훨씬 줄일 수 있었기 때문에 동류화를 대대적으로 추진할 수 있었다. 그런 의미에서 동류화에는 '위장된 평준화'라는 측면이 있다. 동류화라고는 하지만 그것은 국민국가 형성의 틀 속에서 추진된 것이고, 굳이 동류화가 선택된 것은 그것이 무엇보다도 한꺼번에 평준화되는 데에 따른 사회적 충격이나 심리적 저항을 완화하기 위한 완충기능이 있었기 때문이다.

그런데 동류화가 중시되었던 가장 큰 이유는, 어떤 속성을 공유한다고 간주된 다른 정치사회가 이미 실험을 하고 있는 이상, 그곳의 경과와 결과에 비추어서 실패를 피하고 좀더 나은 성과를 달성할 수 있다는 안전성과, '최소의 노력으로 최대의 성과'를 얻을 수 있다는 편의성 때문이었다. 동류화를 주장하는 밑바탕에는 격변을 회피하고 단편적(piecemeal) 변혁으로 국민국가를 형성하며 주권국가로서 자기확립을 꾀하는 지향성이 있었다고 할 수 있다.

물론 정치적으로 보면 동류화가 소리 높여 제창될 때에는 구미열강의 식민지화 위협에 대해서 같은 지역세계 내의 정치사회들이 하나가 되어 대항한다는 지향성도 내포되어 있었다. 마찬가지로 문화적으로는 동아시아 지역세계의 문명으로서 보편성을 내걸고 구미문명에 대항하면서 초극(超克)하려는 지향성도 포함되었음을 간과할 수 없다.

그렇지만 동류화가 현실적으로 절박하게 진행된 것은, 무엇보다도 같은 지역세계 내에서 인접한 정치사회가 국민국가 체제를 채택함으로써 부국강병을 달성하고 침공해오지 않을까 하는 공포감 때문이었다. 국민국가 체계가 만국병립을 표방하지만 실제로는 약육강식의 권력정치(power politics)가 판치는 무대라는 인식이 그 공포감을 증폭시키고 있었다. 동류화란 같은 지역세계 내에서 서로 국경을 다투는 잠재적인 적대자와 길항 (拮抗)하면서 살아남기 위한 어쩔 수 없는 선택이기도 했다.

동류화와 관련해서 내가 가장 중시하려는 점은, 동류화라는 영위를 통해서 실은 동아시아 지역세계의 통합과 그 경계영역이 차츰 의식되기 시작했다는 점이다. 본래 지역세계 내부에 있다는 것과 귀속감을 갖는 것은 일치하지 않는다. 어쩌면 무엇을 공통성의 기축(基軸)으로 볼 것인지에 따라 지역세계의 범위도 변해가는 것이라고 해야 할지 모른다. 역으로 외부에서 지역세계의 통합을 부과함으로써 그 속에서 귀속성의 기축이 모색되는 경우도 있다. 근대 동아시아에서 발생한 사태는 바로 이런 것이었다.

물론 니시까와 죠껜(西川如見)이 『화이통상고(華夷通商考)』(1709)에서 중국과 그 "중화(中華)의 명(命)에 따르며 중화의 문자를 사용하고 삼교(三敎)가 통달(通達)해" 있는 '외국(外國)'과, 이와는 달리 '가로문자〔橫文字〕'를 사용하는 '외이(外夷)'를 대별했듯이,[5] 종교와 문자를 기축으로 자신의 지역세계를 타자와 구별하는 인식은 일본뿐 아니라 중국이나 조선에도 있었다. 그러나 19세기 후반부터 자주 사용된 '동주(同洲)·동종(同種)·동문(同文)·동교(同敎)·동속(同俗)' 중에서 특히 중시된 동주와 동종은 명백히 구미의 세계지리관과 인종론을 수용하고, 그에 따라서 지역세계에 대한 인식을 재편성함으로써 비로소 가능해진 것이었다. 지역세계에 대한 동일성의 인식이 반드시 내발적(內發的)인 것만은 아니다. 오히려 본래 존재했더라도 의식되지 못하던 동일성의 기축이 구미의 역사학이나 인문지리학·종교학·언어학 등의 학문적 지식을 수용함으로써 새삼 발견되고 의식화되는 경우가 적지 않았던 것이다. 즉 동아시아 지역세계로 간주된 경계영역이 같았다 하더라도 그것은 반드시 과거에 존재했던 것과 질적으로 내실이 같은 것은 아니었다.

---

5) 西川如見 『華夷通商考』, 岩波書店 1944, 113면.

그런데도 역사적으로 같은 지역세계에 속했다는 선험적 전제 위에서 이웃나라에 '추월당하지 않기' 위해서 동류화를 통한 국민국가 형성이 추진되었다. 동류화는 구미라는 밖에서의 압력과 함께 같은 지역세계에서 가해진 옆에서의 압력에 대항하기 위한 방도이기도 했다.

평준화와 동류화의 이런 진행은, 양자가 해당 정치사회에 어떤 낯선 존재의 수용을 강제하는 것인 이상, 고유한 정치문화나 제도의 파괴, 심지어 상실로까지 나아가게 된다. 따라서 자기 정치사회의 특성이나 문화적 전통의 회복과 신장에 대한 욕구가 대두한다. 이것이 바로 국민국가 형성에서 셋째 역학인 고유화이며, 그 극한적인 형태는 구미에서 태어난 국민국가 자체를 부정하는 데로 나아간다. 국민국가 형성이 내발적인 것이 아닌 이상, 그것을 거부하는 것 역시 필연이라고 보아야 할 것이다.

그러나 국민국가 형성을 전제로 고유화를 문제삼는 한, 그것은 단지 평준화나 동류화에 반대해서 배외적(排外的)인 입장을 택한다기보다는 평준화나 '위장된 평준화'로서 동류화가 본질적으로 구미문명을 기준으로 단선적(單線的) 문명화를 지향하는 데 반대하는 것, 국민국가의 내실인 문화란 각 정치사회의 고유성에 조응하는 다양하고 다원적인 것이라야 한다고 주장하는 정도가 된다. 하지만 아무리 다원적이고 복선적(複線的)인 문명화를 지향한다고 하더라도 실제로는 구미의 문명국 표준을 무시할 수 없는 이상, 그 고유화는 구체적으로 평준화나 동류화의 방법에 대한 이의제기이거나 부분적인 변경과 조정으로서 실현되는 데 지나지 않는다. 헌법전(憲法典)에서 군주의 정통성이 역사에 근거를 둔다거나, 민법전·형법전의 편찬에서 친족이나 상속에 관한 규정 등이 풍속·습관이나 전통적 윤리관 등의 차이 때문에 고유법의 제도화라는 형태로 조문화되는 것은 그러한 현상 가운데 하나다.

그리고 현실의 역사과정에 입각해서 말한다면, 풍속·습관이나 전통적 윤리관이라고 간주되는 것도 실은 평준화·동류화를 통한 국민국가 형성이 진행됨으로써 자신과 다른 것이 존재함을 의식하고 그것과 대항적인 것으로서 고유성이 추구되고 표출되어나간다는 측면이 있다.

이처럼 고유화는 평준화나 동류화에 대한 역방향의 역학으로서 차이화를 지향한다. 그러나 그것은 평준화나 동류화와는 동떨어져서 아무런 관련도 없이 나타나는 것은 아니다. 오히려 논리적으로는 매우 밀접하게 관련되어 있다는 데 유의할 필요가 있다.

무엇보다도 국민국가가 일정한 영역 내에서 공통의 언어나 문화를 가진 사람들이 역사적·정치적 체험으로서 동일성의 감정을 토대로 성립했다고 간주되는 이상, 고유성이란 국민국가 형성과 표리일체를 이루는 것이고, 고유화 또한 국민국가 형성에 없어서는 안될 요인으로 존재했던 것이다. 다른 시각에서 보자면 고유화 역시 국민국가 형성에서 평준화의 구성요소라고 할 수 있다. 국민 형성과 국가 형성이 각각 문화내셔널리즘과 주권내셔널리즘으로서 환기되고 동원된다는 점에서 극히 평준화된 현상으로 나타나는 것도 바로 그 때문이다. 그러므로 국민국가 체제란 구미의 문명국 표준주의에 맞추어 평준화를 강제 동화시키는 체제인 동시에, 다양한 고유성을 지닌 국민국가의 집합체가 될 수밖에 없는 것이다.

동류화와 관련해서 말하자면, 고유화가 반드시 개별특수화로 나아가는 것은 아니다. 도리어 유동성을 전제로 자신의 고유성이 논해지는 경우도 있다. 특히 스스로를 중화제국, 즉 천하세계로 인식하던 청조(淸朝)에게 고유화란 당연히 동류화와 중복될 수밖에 없는 영역도 많았던 것이다. 어쩌면 바로 그랬기 때문에 청말(淸末) 중국에서 일본을 모범으로 삼아 사상과 제도를 수용하는 일이 가능했는지도 모른다. 일본의 현실도 중화문명의 기반에서 형성된 데 지나지 않는다는 인식이 심리적 저항을 상쇄할 수 있었기 때문이다. 그리고 동류화를 전제로 고유성을 논증했다는 점에서는 동방예의지국·소중화(小中華)를 자임했던 조선도, 황조황종(皇祖皇宗)[6]의 유훈(遺訓)을 유교의 덕목(德目)으로 표현하고 이를 『교육칙어(教育勅

語)』에서 "중외(中外)가 어긋남이 없다"라고 천명했던 일본도 마찬가지였다. 더 나아가서, 나중에 언급하겠지만, 국수(國粹)나 국학(國學)이라는 고유화의 상징적 개념도 바로 동아시아세계의 동류화현상을 단적으로 보여주는 것이었다. 고유화와 동류화의 이런 중층성이야말로 동아시아라는 정체성의 형성을 촉진하고 그것이 동아시아 지역세계의 범위와 통합의식을 창출하는 동력이 되기도 했던 것이다.

또한 여기서 말하는 국민국가 형성의 삼중주(triade)가 동아시아세계에만 타당하기나 제한된 것으로 상성되지는 않는다. 1920년대 터키의 사상가 게칼프(Z. Gekalp)는 터키 사회 형성의 지향성에 서구화·이슬람화·터키화의 세 층위가 있다고 논했는데, 이 지적도 평준화·동류화·고유화가 이슬람세계에서 발현된 것이라고 볼 수 있다.

국민국가 체제가 산출된 유럽 내부에서도 이 삼중주는 타당하다. 예컨대 독일의 역사가 니퍼다이(T. Nipperdey)가 근대유럽 형성의 "태초에 나폴레옹이 있었다"라고 말했듯이, 독일의 국민국가 형성도 프랑스화라는 평준화, 314개 영방(領邦)국가와 1,475개 제국기사령(騎士領)의 국민국가적 통합이라는 동류화, 프로이쎈(Preußen), 바이에른(Bayern), 바덴-뷔르템베르크(Baden-Württemberg) 등의 고유화로 파악하더라도 전혀 무의미하지는 않을 것이다. 이딸리아의 경우도 마찬가지로 얘기할 수 있다.

이런 파악방식의 타당성 여부는 일단 차치해두더라도, 국민국가 형성이라는 문제는 유럽 또한 하나의 지역세계로 상대화해서 파악하는 시각을 일본 쪽에서 제기해나갈 필요가 있다고 생각되며, 그러려면 우선 동아시아세계에서 발생한 역사적 사태를 분명히해두는 일이 불가결할 것이다.

---

6) 짐무(神武)천황 직전까지 천황가의 신화석 조상을 황조, 그 이후를 황종이라고 부른다 ― 옮긴이.

3

국민국가 형성을 둘러싼 정치역학

　그러면 동아시아세계에서 일본이 선두에 나서서 국민국가 형성에 돌입했을 때, 세계의 국가체제(國制)나 법제의 같고 다름에 관해서 어떠한 인식을 했고 또 그 인식 위에서 어떠한 방책이 구상되고 있었던 것일까?

　이 문제에 관해서 가장 잘 정리된 논의로는 메이지 4년(1871) 조약개정 예비교섭을 위해 이와꾸라 토모미(岩倉具視)를 특명전권대사(特命全權大使)로 한 사절단, 이른바 이와꾸라사절단을 구미 각국으로 파견할 당시의 사유서를 들 수 있다.

　이 사유서는 "동양제국과 서양열국이 각기 국체(國體)와 정치풍속(政俗)을 달리함은 구구하게 설명할 필요도 없다. 이는 각국 백성〔民〕의 개화가 느리냐 빠르냐와 관련된다 하겠으나, 예전부터 익숙한 습속이 전해져 오랫동안 일종의 정치풍속을 이루고 있으므로 열국의 공법(公法)도 표준으로 삼을 수가 없다"[7]라고 하여, 우선 어느 국가나 역사적 전통으로 형성된 고유성이 있는만큼 그 고유성 때문에 동양과 서양의 모든 국가에게 타당한 국제법이란 존재하지 않는다는 인식을 보여준다. 또 각자의 고유성에 대처하기 위해서 조약을 체결할 때 "일반의 공의(公義)를 거치고 보통의 공권(公權)을 다해야 하므로 자연히 서로 다른 조치를 취할 수밖에 없는 상황에 이르"렀다고 보았다.

　더욱이 그처럼 다른 조치를 초래하는 '국체와 정치풍속'의 고유성은 단지 개별 정치사회의 역사성에만 기인하는 것이 아니라, 해당 정치사회가 편입되어 있는 지역세계에 공유되어온 법제나 문화 등에서 비롯된 유동성에 따라서 규정되는 측면이 적지 않다. 그것 또한 국제법상으로 다른 대우

---

7) 이하 이와꾸라사절단에 관한 인용은 大久保利謙「岩倉使節團派遣並に復命關係史料集」
　（同 編『岩倉使節團の研究』, 宗高書房 1976)에 따랐다.

를 받는 요인이 된다고 하여, 이 유동성에 대해서 일본이 어떤 입장을 취할 것이냐가 문제가 된다. 그 해답은 바로 "천황폐하께서는 우리나라가 최상을 추구하려면 우리 동양 각국에서 행해지는 정치풍속으로는 모자란다고 하신다. 왜 그런가? 구미 각국의 정치제도·풍속·교육·위생·산업이 무릇 우리 동양보다 훨씬 앞서 있기 때문이다. 이에 개명의 기풍을 우리나라에 이식하여 우리 백성을 속히 동등한 수준으로 진보시키고자 한다"라는 것이었다.

즉 자기 국가의 고유성이나 지역세세의 유동성을 고집하지 말고 "배워서 평균(平均)이 되는 방략(方略)을 강구하여 국체와 정치풍속을 변혁하고 개정하지 않으면 안된다"라고 하여, 평준화를 향한 변혁이 필수적이라고 간주했던 것이다. "만약 그 평준을 얻지 못하면 저울이 기울게 된다. (…) 이제 우리 정부는 평균의 방도를 모색하고 교제·화친의 우의(友誼)를 돈독히하여 영원히 보전(保全)케 하고자 한다"라는 전망에서 나타나듯이, 구미제국과 평준화하지 못하는 한, 불평등한 취급의 시정도 요구할 수 없고 국가의 영원한 보전도 바랄 수 없다고 생각했기 때문이다.

이리하여 일본의 국민국가 형성의 기본방침은 문명국 표준에 근거한 평준화를 목표로 문명개화정책을 통한 생활양식의 변화에서 시작하여 국가체제 전반에 걸쳐 구미제국을 표준으로 삼아 거기에 적합하지 않은 것은 개정해나가는 것이었다. "문명 각국에서 행하는 규칙에 맞춰서 동일한 수준에 도달하게 해야 한다. 그러자면 내지(內地)의 제도들 가운데 열국의 공법과 모순되는 것은 개정해야 한다. (…) 그 방법은 실제로 행해지는 문명 각국의 법제와 규칙을 표준으로 삼아서 거기에 맞춤이 마땅하다"라고 했던 것이다.

이런 평준화는 실상 유럽 국제법이 다른 문명세계와 접할 때 필연적으로 강요하는 것임을 날카롭게 지적하고, 아시아의 일원으로서 거기에 대응해나가야 하는 것이 일본이 택할 지침이라고 주장했던 인물이 바로 후꾸자와 유끼찌(福澤諭吉)였다. 후꾸자와는 국력으로는 인도나 다름없는 나라가 서양지역에도 있지만 영국이 이 나라들을 식민지화하지 못하고 인도를 식민지화한 것은 무엇 때문인지를 자문한 뒤, 그것은 "인종을 달리하고 종지(宗旨)의 기원을 달리하며 도덕의 언어가 다르고 문물이 다르며 관습을 달리하고 의식주의 형태를 달리하므로, 인정(人情) 또한 서로 다를 수밖에 없다"[8]라는 사실이 엄연히 존재하기 때문에, "동류(同類)와 이류(異類)에게 대하는 법을 달리하는" 대응이 생겨날 수밖에 없다고 보았다. 그리고 이처럼 종류를 달리하는 것들의 존재를 전제로 하는 국제정치라는 장에서는 "자타(自他)의 분별(分別)을 분명하게 지으니, 소위 저 만국공법이나 만국보통의 권리 운운할 때의 그 만국이란 것도 세계만국의 뜻이 아니라 오직 크리스트교 제국에게만 통용되는" 데 지나지 않는다는 인식을 보여주었던 것이다. 그러나 이처럼 국제법에 내포된 이념과 현실의 모순을 간파하면서도, 그는 이 국제법체계에 순응하지 않는 한 일본의 독립까지 위태롭다고 하여 평준화의 필요성을 역설하기도 했다.

후꾸자와는 유교라는 요소를 통해 동아시아라는 유동성이 생겨나고 그것이 문명으로 발전하는 것을 방해한다며 이를 배척하자고 주장하면서, "정치·법률·교육의 근본부터 사회 일상의 세부에 이르기까지 개량해서 큰 격차가 없을 때까지는 힘써 서양의 풍속을 모방하여, 아시아의 동쪽 끝에 하나의 온전한 서양나라를 출현시킬 정도의 일대 영단(英斷)"을 촉구하기까지 했던 것도 평준화를 근대의 숙명으로 보았기 때문이다. 그러나 아무리 "아시아의 동쪽 끝에 하나의 온전한 서양나라를 출현"시키도록 촉구한다는 완전한 평준화를 목표로 설정했다 하더라도, 일본이 아시아의 동쪽 변경에 있는만큼 구미로부터도, 또 지역 내부로부터도 아시아의 일원으로 간주될 수밖에 없다는 사실에는 변함이 없었다. 아시아 자체가 문

----

8) 이하 福澤諭吉 「外交論」의 인용은 『福澤諭吉全集』 9권, 岩波書店 1960, 192~204면에 따랐다.

명화, 곧 평준화되지 않는 한 동류화의 딜레마에서 벗어날 수는 없었던 것이다.

후꾸자와가 어윤중(魚允中)이나 김옥균(金玉均) 등을 통해 조선의 국민국가 형성을 추진하고자 지원했다가, 1884년 갑신정변(甲申政變)이 실패하자 관심이 컸던만큼 큰 좌절을 맛보게 되고, 급기야 조선 조야(朝野)의 보수성에 대한 분노가 표출되어 「탈아론(脫亞論)」의 집필로 나아가게 된 것도 이 딜레마에 대한 초조감이었다고 볼 수 있을 것이다. 이로 말미암아 "고래(古來)의 아시아식 정교(政敎) 풍속"⁹⁾에서 벗어나지 못한 채 '세계 문명제국의 분할' 대상이 되어 있는 조선이나 중국을 대하는 방식도 "서양 문명국과 진퇴(進退)를 함께하여 (…) 서양인이 그들을 대하는 바로 그 방식에 따라 처리하기만 하면 된다"라고 잘라 말하게 되었다. 그것은 후꾸자와의 동류화거부 선언이었다.

그러나 역으로 중국이나 조선 쪽에서 보자면, 메이지유신(明治維新) 후 일본의 변혁은 서양의 무력이 위협해도 고수해야 할 동양문명에서 이탈하는 것이었으며, 특히 양력을 채용하고 양복으로 복식을 바꾼 것은 일본이 오랑캐가 된 증거였다. 일본인은 "이름은 왜인(倭人)일지언정 내실은 양적(洋賊)"이라고 간주되어, 일본이 구미 국제법을 무기로 개국을 압박해오는 것이 곧 '서양오랑캐의 앞잡이'가 되어 동아시아의 조공체제를 붕괴시키려는 게 아닌가 하는 의구심을 낳게 만들었던 것이다. 특히 '황(皇)'이나 '칙(勅)' 같은 문자를 쓰면서 개국을 강요해온 일본에 대해서 조선은 위정척사(衛正斥邪)의 입장에서 경계심을 강화했는데, 1870년 5월 독일 군함이 부산항으로 무단 입항했을 때, 외무소승(外務少丞) 바와따리 하찌로오(馬渡八郎) 등 일본인 몇명이 배에 타고 있었기 때문에, 조선측은 이를 '양추(洋醜)'와 한통속이 된 일본의 음모라고 여겨 격렬하게 반발했던 것이다.

----

9) 이하 福澤諭吉 「脫亞論」의 인용은 『福澤諭吉全集』 10권, 岩波書店 1960, 238~40면에 따랐다.

한편 국제법체제로 동아시아 지역세계를 재편성하고 그럼으로써 자신의 발판을 굳건히하려 한 일본의 입장에서 볼 때, 조선이 국교관계를 수립하자는 제안을 거절했던 것은 일본의 국제적 평가와도 관련되는 중차대한 사안이었다. 외무대승(外務大丞) 야나기하라 마에미쯔(柳原前光)는 조선의 국교거부라는 사태에 대해서 "이를 묵인하여 그 교활과 흉포를 제압하지 못한 채 애매모호한 상태를 타개하지 못하신다면, 황국(皇國)이 만국〔구미제국〕을 대할 때 그 무엇으로 일신(一新)되었음을 내보일 수 있으오리까"[10]라고 했는데, 이 말에는 조선을 개국시켜 국민국가체제로 집어넣지 못하는 한, 평준화를 통한 일본의 개혁마저도 구미에게 인정받지 못하게 되어 국가의 위신에 허물이 될지 모른다는 우려가 표명되어 있다.

더욱이 조선 스스로가 중국의 종속국임을 방패로 삼아 외교관계의 수립을 거부하고 있는 이상, 국제법에 따라 중국과 국교를 수립하는 것이 불가결한 선결과제가 되었다. 즉 1871년 청일수호조규의 체결은 첫째 중국과 일본 사이의 조공관계를 부정하고 대등한 관계임을 확인하며, 둘째 그 관계를 전제로 조선에 국교를 압박하려는 계획을 함의하고 있었다. "중국과의 통신(通信)이 조선과의 교제(交際)보다 급하다고 여기지는 않습니다만, 조선을 회유하는 취지에서 논하자면 가장 시급한 절차라고 생각합니다"[11]라고 하여, 조선을 '회유'하려면 조선이 '상국(上國)'으로 여기는 중국과 대등한 조약을 체결하는 것이 선결과제라고 보았던 것이다.

그리고 1876년 2월 일본은 페리(M. C. Perry)가 개국을 강요한 전례를 모방하여 포함(砲艦)으로 위협하면서 조일수호조규를 조인시켰는데, 이는 리 훙장이 1월에 조선의 중신 이유원(李裕元)에게 "더 두려운 것은 조선이 일본에게 핍박을 당하거나 침략·점령을 당할 경우 동삼성(東三省)이라는〔청조의〕근본이 되는 요충지가 마침내 울타리를 잃어 순망치한(脣亡齒

---

10) 柳原前光「朝鮮論稿」, 明治 3년(1870) 7월, 外務省 編, 『日本外交文書』 3권, 149면.
11) 柳原前光「對朝鮮政策第三箇條伺の件」, 明治 3년 4월, 같은 책, 145면.

寒)의 근심이 생길 터인즉 후환(後患)은 지당하다고 하지 않을 수 없다"[12]
라는 편지를 보낸 데에서 알 수 있듯이, 중국이 속국 조선을 방위의 방패로
자리매김하고자 개국을 권고했기 때문이다.

조일수호조규의 제1조는 "조선국은 자주국가로서 일본국과 평등한 권
리를 보유한다"라고 규정했는데, 조선은 이를 책봉체제에서의 교린(交隣)
과 길항관계를 수복(修復)하는 것으로 간주했다. 반면 일본은 이 조규가
국제법을 기준으로 한 것이라고 하여, 변리공사(辨理公使) 하나부사 요시
모또(花房義質)는 『성초지장(星軺指掌)』과 『만국공법(萬國公法)』[13]을 기증
하면서 공사 주재(駐在) 등 국제법상의 관례를 설명했다. 그것은 또한 중
국과 조선의 종번(宗藩)관계를 부정하고 국제법을 기초로 한 주권국가간
의 관계로서 동아시아 지역질서를 재편하려는 의도에서 나온 것이었다.

이에 대해 리 홍장은 일본을 견제하면서도 중국의 주요 가상적국으로
러시아를 상정하고 조선과 일본을 연계시켜 러시아에 대항케 할 방침을 택
했다. 그리고 이를 위해 조일수호조규 체결 이래 현안이 되었던 원산(元山)
을 개항하는 문제에 관해서도 개항을 촉구했다. 그러나 이렇게 일본에게
호의적인 것처럼 보이기도 하는 리 홍장의 자세 역시, 중국과 조선의 종번
관계를 견지한다는 근본방침까지 변경하자는 것은 아니었다. 따라서 메이
지 12년(1879) 4월 일본이 류우뀨우처분(琉球處分)을 강행하자, '탄환흑자
(彈丸黑子)[14]의 땅' 류우뀨우가 종번관계에서 분리되는 것의 실리적인 의미

----

12) 李鴻章「論日本派使入朝鮮」, 光緒 원년(1855) 12월 23일, 吳汝綸 編錄, 『李文忠公全集·譯
   書函稿』卷4, 30丁.

13) 『성초지장』은 Martens, Charles de, *Le guide diplomatique: précis des droits et des
   fonctions des agents diplomatiques et consulaires*, 1876을, 『만국공법』은 Wheaton,
   Henry, *Elements of International Law*, 1836을 마틴(W. A. Martin, 丁韙良) 등이 번역하여
   뻬이징(北京)의 통원꽌(同文館)에서 간행한 것이다.

14) 중국 고전 『십팔사략(十八史略)』에서 아주 좁은 지역을 구슬이나 사마귀의 크기에 빗대
   어 쓴 말 — 옮긴이.

야 어찌되었든, 동아시아 지역세계에 미친 충격을 중시하여 조선에 일본이 관여하는 데 대해서 촉각을 곤두세우게 되었다.

이리하여 조선을 중국과의 종번관계에서 분리하려는 일본과, 오히려 종번관계를 강화하려는 중국은 첨예하게 대립해나갔다. 일본은 조선이 구미제국과 수호조약을 맺고 국민국가체제로 들어가는 것이 목적을 달성할 수 있는 방도라고 생각하여, 1880년에는 제독 슈펠트(R. W. Shufeldt)를 파견해 조미조약 체결을 알선해달라고 의뢰한 미국의 부탁을 받아들여 조선정부를 설득하려 애썼지만 실효를 거두지 못했다.

일본이 설득하지 못하자 리 훙장은 스스로 조미조약 체결을 알선하러 나섰다. 중국과 조선의 종번관계를 중시하고 그것이 국민국가체제와 양립할 수 없음을 강조한 리 훙장이 조선과 미국의 수호조약 체결에 적극적이었다는 것은 언뜻 보아 극히 모순되어 보인다. 그러나 리 훙장은 이를 통해서 두 가지 효과를 기대하였다. 하나는 조일수호조규 이래 일본이 '자주'와 '평등'을 방패 삼아 부정하려는 중국과 조선의 종번관계를 구미와 맺는 조약에 명시함으로써 일본을 침묵케 하자는 것이었다. 또하나는 조선이 일본 이외의 국가와도 수교를 하게 만들어 일본과 구미 사이에 이해관계의 대립을 야기하자는 것이었다. 후자에 대해서 리 훙장은 조선의 이유원(李裕元)에게 "현재의 계책으로는 독으로 독을 물리치고 적으로 적을 제압하는 술책을 쓴 뒤에 기회를 보아 점차 유럽 각국과 조약을 체결하고 그 힘을 빌려 일본을 견제하라"[15]고 권유했다.

리 훙장은 스스로 조약의 초안을 작성하면서 제1조에 "조선국은 중국의 속국이지만 내정과 외교는 앞으로 모두 자주를 획득해야 한다"라고 했고, 조약의 비준은 청조의 예부(禮部)가 맡는다고 명시했다. 이는 종번관계를 국제법상 속국으로 재편하는 주장처럼 보이지만 실제로는 외교자주

---

15) 『淸季外交史料』 卷16, 15~17면.

권을 부정한 것이다. 그러나 이를 전제로 국제법체제에 들어감으로써 구미에게 일본의 행동을 규제하도록 만든다는 것이 리 홍장의 계획이었다.

물론 조선이 중국의 속국이라는 문구를 조약에 명시하는 것은 미국의 반대로 무산되고, 마 젠중(馬建忠)이 작성한 조선 국왕의 속국 성명이 첨부되는 데 그쳤지만, 이 형식은 그후 영국이나 독일 등과 조약을 체결할 때에도 답습되었다.[16]

이처럼 조선에 대한 중국의 외교정책기조가 종주권론에 바탕을 두었던 것은 일본을 견제하고 이를 통해 동아시아세계에서 패권을 확립하자는 것이었다.

이에 대해서 중국의 종주권을 배격하고 좀더 강력한 지도권을 조선에 대해 발휘할 만한 조건이 일본에는 구비되어 있지 못했다. 도리어 일본의 국민국가 형성은 양이화(洋夷化)라고 하여 모멸의 대상에 지나지 않았던 것이다. 그랬기 때문에 조선을 중국의 지도에서 분리해내고 일본이 추진하는 지역세계질서의 형성에 동조시키기 위해서는, 우선 일본의 개혁에 대해서 관심을 환기시킬 필요가 있었다. 조일수호조규가 조인된 후, 외무대승 미야모또 쇼오이찌(宮本小一) 등이 "귀국의 사람들 중 우리의 복식제도를 보고 나라 전체가 모두 양이로 변했다고 말하는 이가 적지 않습니다. 이제 사절을 파견하심에 있어서 되도록 견해가 다른 사람을 선발하신다면, 우리나라의 실정을 보고 마음에 와 닿아 깨닫는 바가 있을 것이며 아울러 귀국의 이득이 되기에 충분할 것입니다"[17]라고 시찰단 파견을 강력히 권고한 것은, 일본의 체제변화에 대해 이해를 얻는 것이 무엇보다 필요했기 때문이다. 조선도 고종 자신이 일본의 무기 생산에 관심을 갖고 일본의

---

16) 조선이 국제법체제로 참가한 것과 관련해서는 糟谷憲一「近代的外交體制の創出: 朝鮮の場合を中心に」(荒野泰典 外編, 『アジアの中の日本史 II, 外交と戰爭』, 東京大學出版會 1992)가 상세하다.

17) 田保橋潔『近代日鮮關係の研究』(上), 朝鮮總督府中樞院 1940, 558면.

국정(國情) 시찰을 중시했기 때문에 김기수(金綺秀)가 1876년 5월 수신사(修信使)로 일본에 파견되었다. 그러나 김기수 등은 기술이나 제도에 대한 관심이 부족해서 사명을 완수하지 못했다.

이 실패를 거울 삼아 변리공사 하나부사 요시모또는 1877년 12월 예조판서 조영하(趙寧夏)에게 「유학생 파견 권고」 서신을 보내, 의학·공업·군사 등에서 앞서 있는 일본으로 유학생을 보내 배우게 하면 "외부의 모멸(侮蔑)을 방어할 능력을 갖추게 된다. 이것이야말로 우리 정부의 간절하고 진실된 의사이다"[18]라고 권유했다. 유학생을 통해서 일본의 영향력을 조선 내부로 침투시키는 동시에 친일파 육성을 꾀했던 것이다. 참고로 일본은 1885년 5월 중국이 유학생을 받아들이라고 요구한 데 대해서는 국정 정탐을 경계해서였는지 거부했다.

한편 중국 또한 조선이 부국강병책을 강구해나가기 위해 양무운동(洋務運動)의 성과를 배우도록 요구했으며, 1879년 리 훙장은 조선의 이유원과 유학생 파견문제를 놓고 서신을 교환하였다.[19] 또 1880년 일본을 방문한 조선의 김홍집(金弘集)이 갖고 돌아온 주일청국공사관 참찬(參贊) 황 쭌셴(黃遵憲)의 『조선책략(朝鮮策略)』에서도 조선인 유학생을 중국으로 파견할 것을 권유하고 있으며, 주일청국공사 허 루쟝(何如璋)도 중국에서 서양학술 수용의 상징적 존재였던 징스퉁원꽌(京師同文館)이나 샹하이즈짜오쥐(上海製造局) 등으로 조선인 유학생을 받아들일 것을 제언하였다.[20]

1881년 영선사(領選使) 김윤식(金允植)을 청나라로, 암행어사 어윤중을 일본으로 〔신사유람단〕 보내는 등 유학생과 시찰단을 파견했던 것도, 조선의 국가체제를 자기와 동화시키려 했던 청나라와 일본의 주도권 쟁탈

----

18) 外務省 編, 『日本外交文書』 10권, 307면.
19) 李鴻章 「籌朝鮮」, 光緖 5년(1859) 11월 13일, 吳汝綸 編錄, 『李文忠公全集·譯書函稿』 卷 10, 15~17면.
20) 何如璋 「主持朝鮮外交議」(1880), 中國近代史資料彙 編, 『淸季中日韓關係史料』 2권, 臺北: 中央研究院近代史研究所 1972, 441면.

가운데서 조선이 독자적으로 국가체제의 재편방향을 모색했음을 보여주는 것이었다.

그리고 1881년 1월 의정부 산하에 통리기무아문(統理機務衙門)을 신설하고 청나라와의 외교를 담당할 사대사(事大司), 일본과의 외교를 담당할 교린사(交隣司)를 중심으로 동아시아의 새로운 상황에 대응하면서 국내개혁에 착수하였던 것이다. 그러나 청나라와 일본이 각각 자신의 국가 형성에 대한 동류화를 요청하는 가운데, 자주성을 유지하면서 국민국가 형성을 추진해나가기에는 여러가지 곤란이 따라 우여곡절을 거치지 않을 수 없었다.

예컨대 1881년 4월에 일본공사관 소속 무관(武官) 호리모또 레이죠오(堀本禮造) 육군소위가 교관이 되어 신설된 별기군(別技軍)의 사례처럼 일본이 민씨정권의 개화정책을 지원하자 1882년 대원군 등이 임오군란(壬午軍亂)을 일으켰는데, 여기에는 반(反)민씨 쿠데타가 반일·반개화로 표출되고 있다. 그리고 임오군란 이후 친청(親淸)정책으로 전환한 민씨파는 청국군의 지휘 아래 신식군대 편성을 추진하여 1884년 3월 신군(新軍) 사영(四營)을 설치한다. 또 1882년 11월에는 리 훙장의 추천으로 마 젠창(馬建常)과 묄렌도르프(P. G. von Möllendorff, 한국명 목인덕穆麟德)가 외교고문으로 외교를 관장하고, 1885년 10월에는 위안 스카이(袁世凱)가 주차조선종리교섭통상사의(駐箚朝鮮綜理交涉通商事宜)로서 한성(漢城)에 부임하여 조선 내정에 간섭함으로써, 실질적으로는 청조체제로 동류화가 진행되었다.

이런 사태 속에서 중국에게서 독립하고 일본의 국가체제 개혁을 모델로 하는 국민국가 형성을 지향한 김옥균(金玉均)·박영효(朴泳孝)·서재필(徐載弼)·유길준(兪吉濬) 등 이른바 독립당의 움직임이 활발해진다.

이 가운데 김옥균의 일본모범론에 대해서는 익히 알려진 서재필의 다음 발언이 있다.

〔김옥균은〕청국의 종주권 아래 있는 굴욕감을 견딜 수 없어서 어떻게 하면 이 수치에서 벗어나 조선이 세계 각국 가운데 평등하고 자유로운 일원이 될 수 있을지 밤낮을 가리지 않고 노심초사했다. (…) 그는 구미문명이 하루아침에 생겨난 것이 아니라 열국간 경쟁의 노력으로 점차 진행된 결과로서 수세기나 걸렸는데, 일본은 한 세대만에 그것을 속성으로 달성했다고 이해했다. 그리하여 그는 스스로 일본을 모델로 삼기로 하고 백방으로 뛰어다녔던 것이다.[21]

여기에는 중국의 종주권에서 벗어나기 위해 국민국가를 형성하고, 그럼으로써 국제법체제에서 주권국가로서 병립(竝立)하기를 김옥균이 염원했음이 드러난다. 그리고 김옥균이 일본을 모델로 삼은 까닭은 청일전쟁 후 중국에서 캉 여우웨이(康有爲)나 량 치챠오(梁啓超) 등이 변법자강운동(變法自彊運動)을 추진할 때 내걸었던 '사반공배(事半功倍)', 즉 절반의 노력으로 곱절의 효과를 거둔다는 슬로건의 논리와 마찬가지다. 그러나 일본을 모델로 삼는다고 해서 그것이 곧 일본에 종속되는 것을 의미하지는 않는다. 도리어 김옥균은 "일본이 동양의 영국이 된다면 우리는 우리나라를 동양의 프랑스로 만들어야 한다"[22]라고 늘 역설했다고 한다. 일본과 대항하기 위해서 일본에게 배우지 않으면 안된다고 생각했던 것이다. 그렇기 때문에 김옥균은 임오군란 이후의 제물포조약을 통해 일본이 55만엔의 배상금과 공사관 호위를 명분으로 한 군대주둔권을 강요한 데 대해서 격분하기도 했다. 하지만 친청정책을 택한 사대당보다 자신의 정치역량이 현저히 열세했기 때문에 일본의 지원을 요구할 수밖에 없다는 사정도 있어, 1884년의 갑신정변에서는 타께조에 신이찌로오(竹添進一郎) 조선주재 공사에게 의뢰하여 결과적으로 일본으로 망명하는 길을 택할 수밖에 없었

----

21) 서재필 「회고 갑신정변」, 민태원(閔泰瑗) 『갑신정변과 김옥균』, 서울: 국제문화협회 1947, 82면.
22) 서재필, 같은 글 84~85면.

던 것이다.

이후 청일전쟁에 이르기까지 조선의 국민국가 형성은 중국으로 동류화
되는 것으로 진행되었는데, 그 가운데 육영공원(育英公院)이나 배재학당
(培材學堂), 이화학당(梨花學堂) 같은 양식학교, 연무공원(鍊武公院) 등의
양식사관학교가 설치되었고, 외교상으로 자주권 회복을 요구하는 움직임
도 있었다.

그러나 조선에서는 중국과 일본이 외교적 패권을 다투는 가운데 그 틈
새에서 동류화로서 국민국가 형성이 진행되었기 때문에, 중국화나 일본화
에 대한 거부가 곧바로 개혁에 대한 거부로 연결될 수밖에 없는 측면이 있
다. 게다가 만청(滿淸)왕조나 일본에 대해서 스스로를 유교문명의 정통을
유지하는 '건정지국(乾淨之國)' '소중화의 동국(東國)'이라고 자리매김하
던 조선왕조로서는 서구화라는 평준화를 직접 선택하는 것은 곧 양이화가
된다는 훨씬 더 큰 심리적 반발 때문에 국민국가 형성에는 억제적인 역학
이 작동하였음도 간과해서는 안될 것이다.

하지만 그러한 조선의 정치사조를 좋든 싫든 역류시키는 사건이 1894
년에 일어난다. 청일전쟁의 발발이 바로 그것으로, 그 결과는 동아시아세
계의 정치역학을 단숨에 변모시켰다.

– 4 –

동류화와 고유화를 둘러싼 대항

1894년 6월, 한성주재공사 오오또리 케이스께(大鳥圭介)는 조선정부에
"중앙정부의 제도와 지방제도를 개정하고 아울러 인재를 채용할 것" "법
률을 정비하고 재판법을 개정할 것" 등을 요구하는 「내정개혁 방안강목
(內政改革方案綱目)」[23]을 제시했다. 이 개혁안 자체는 청일 공동사업으로
시행하기를 거부한 중국의 탕 샤오이(唐紹儀)조차도 "대부분 악습(惡習)

을 없애는 것"²⁴⁾이라고 인정할 수밖에 없는 내용이었다고 한다. 그러나 개혁을 제안한 일본정부의 목적이 조선의 개혁에 있지 않았음은, 그 정책을 추진했던 외무대신 무쯔 무네미쯔(陸奧宗光)가 "나는 본래 조선내정의 개혁에 정치적 필요성 말고는 아무런 의미도 없게 했다. (…) 조선내정의 개혁이라는 것은 첫째로 우리나라의 이익을 주안점으로 하는 정도에 그치는 것이지 개혁을 위해서 우리의 이익을 희생할 필요는 없다"²⁵⁾라고 단언했던 것만 보더라도 명백했다. 요는 조선을 둘러싸고 발생한 청일간의 패권쟁탈전에 종지부를 찍기 위해서 중국의 거부를 전제로 고안된 하나의 정책에 지나지 않았던 것이다.

그러나 예상대로 중국이 거부함으로써 청일전쟁이 발발했기 때문에, 일본은 대외적인 명분 때문에라도 개혁을 추진할 수밖에 없게 되어, 11월에는 이노우에 카오루(井上馨)를 공사로 임명하고 「내정개혁 강령」을 다시 강요했다. 이노우에는 구미열강과 조약 개정교섭을 했던 자신의 체험을 바탕으로 조선이 일본을 모방하여 법치국가의 형식을 정비하는 것이야말로 독립주권국가로 승인받을 수 있는 조건이며, 그래야만 일본이 통제할 수 있으리라 생각했기 때문에 일본의 법제를 적극적으로 도입하고자 했다. 구체적으로는 전 법제국 참사관 이시즈까 에이죠오(石塚英藏), 전 중의원 의장 호시 토오루(星亨) 등을 의정부와 법부(法部)의 고문으로 삼고, 일본법령의 직역에 가까운 형식으로 내각 각부의 관제와 공문식(公文式) 등을 제정하여 일본을 모델로 한 강제적 동류화가 추진되었다. 이런 움직임에 대해 소중화를 "소일본(小日本)으로 바꾸는" 일이며 "왜인(倭人)행정"이라는 비난이 조선에서 나왔을 뿐만 아니라, 일본인 내에서도

----

23) 전문은 田保橋潔『近代日鮮關係の硏究』(下), 382~87면.
24) 같은 책, 387면.
25) 陸奧宗光『蹇蹇錄』, 岩波書店(中塚明 校注版) 1992〔김태욱 편역『건건록』, 명륜당 1988; 김승일 편역『건건록』, 범우사 1994〕, 62면.

"개혁안은 형법·회계법을 비롯해서 불완전한 일본법령의 번역으로서, 조선 전래의 풍속·습관은 물론 조선의 제도규정과도 전혀 동떨어진 것이어서 (…) 결국 모두 실효성 없는 문서·법률이 되고 말 것"[26]이라는 평가를 받을 수밖에 없었다.

이렇게 조선의 법 전통과 동떨어진 국가체제 개혁은 주도권을 일본인이 쥐고 있었던 것에 대한 반발과 함께 저항을 불러일으켰고, 급기야 1895년 10월 민비 시해사건 때문에 일본인 고문이 국외로 추방되는 동시에 거부당했다. 하지만 갑오농민전쟁의 폐성개혁 요구까지 반영하지 않을 수 없었던 이 제도 개혁으로 국정과 왕실사무의 분리, 사법권과 행정권의 분리, 관리임용제와 재정제도의 개혁, 봉건적 신분제의 폐지 등이 진전되었음은 부정할 수 없을 것이다. 바로 그렇기 때문에 일본을 모델로 동류화된 제도 개혁이 두절된 뒤로도 조선 자신의 주도권 아래 국가체제 재편성 시도가 이어지게 되었던 것이다.

그 시도의 기조를 이루었던 것은 청나라와의 종속(宗屬)관계를 부정하고 국가의 자주독립성을 강화해간다는 지향이었다. 이미 갑오개혁에서는 공사(公私)문서에 청나라의 연호 사용을 폐지하고 조선의 독자적인 개국기년(開國紀年)을 사용하기로 했으며, 청의 지시를 받지 않고 공사 파견을 결정하는가 하면 국왕·왕비의 존칭을 전하(殿下)에서 폐하(陛下)로 바꾸어 청의 황제·황후와 동격임을 과시하며, 청의 칙사를 국왕이 마중나갔던 영은문(迎恩門)이 파괴되고 독립문이 세워지는 사태가 발생했다. 나아가 1897년 10월에는 대한제국으로 국호를 바꾸고 국왕의 황제 즉위를 결정했다. 그러나 황제 칭호의 사용에 대해서는 최익현(崔益鉉)이 소중화여야 할 조선이 서구 각국의 나쁜 사례를 모방하는 수치스러운 행위라고 비난하는[27] 한편, 즉위의례가 중국의 전례(典禮)를 기초로 원구단(圜丘壇)에

---

26) 細井肇『鮮満の經營』, 自由討究社 1921, 8~9면.
27) 姜在彦『近代朝鮮の思想』, 紀伊國屋書店 1971〔강재언『한국의 근대사상』, 한길사 1985〕

서 천지(天神)에게 고하는 형식으로 집행되는 등 자신의 독자성을 무엇으로 표상할 것인지를 놓고서도 복잡하게 뒤얽힌 상황이었음을 알 수 있다.

그렇지만 조선에서도 국제법을 이어받음으로써 국가체제를 확립하자는 요구가 있어 1899년 8월에는 「대한제국 국가체제」가 선포된다. 전문 9조, 국호와 황제의 대권(大權) 사항으로 이루어진 국가체제의 내용과 구성은, 블룬칠리(J. K. Bluntschli)의 『공법회통(公法會通)』과 문언상(文言上)으로는 일치하지만,[28] 황제대권이나 황제의 신성불가침권에 대한 규정 등은 메이지헌법도 참조한 것으로 보인다. 다만 여기서는 황제의 '전제정치'를 만고불변의 국체로 규정하여, 입헌군주제를 채택한 프로이쎈이나 메이지 일본과도 다른 국가체제가 지향되고 있어서, 국제법을 이어받는 것이 반드시 평준화로 직결되는 것은 아니라는 특징을 엿볼 수 있다.

이리하여 일본으로 동류화하는 것과 중국과의 종속체제에서 이탈하는 것으로 시작된 조선의 국가체제 개혁이 일본법령의 섭취를 동반하면서도 조선 국가체제의 고유화를 모색하며 진행된 것에 반해서, 청일전쟁에서 패배한 중국의 변법자강운동과 그뒤를 이은 신정개혁(新政改革)에서는 일본법제로 동류화하는 것이 적극적으로 장려되는 양상을 드러냈다. 그러나 변법자강운동을 추진했던 캉 여우웨이 등에게는 물론 일본으로 동류화하는 것 자체에 목적이 있었던 것이 아니라 중국이 처한 국제환경에 대한 인식의 변화가 전제되었음을 놓쳐서는 안된다.

캉 여우웨이에게는 조선이 책봉체제를 이탈하는 상황에서 중국이 중화질서를 유지해나간다는 것은 이제 불가능하고, 중국이 "국시(國是)를 바꾼

199면 참조.

28) 이 점에 대한 분석으로는 전봉덕(田鳳德) 『한국근대법사상사』, 서울: 박영사 1980, 105면 이하 참조. 또 『공법회통』은 Bluntschli, Johannes Kaspar, *Des Moderne Völkerrecht der civilisierten als Staaten als Rechtsbunch dargestellt*, 1867의 프랑스어판을 마틴(W. A. Martin)이 중국어로 번역한 것으로, 광서(光緖) 6년(1860)에 간행되었고 조선에서도 1896년에 간행되었다.

것은 실로 중국이라는 큰 땅덩어리는 수십개 나라 가운데 하나"[29]에 지나지 않음을 확인하는 것이 대전제였다. 즉 청조는 한(漢)·당(唐)·송(宋)·명(明)처럼 자신을 중심으로 형성된 '대일통(大一統)'의 천하세계에 갇혀 있는 것이 허용되지 않는 국제환경에서, 이제 "다스림 또한 제국병립(諸國並立), 유통비교(流通比較)의 법"을 이용하지 않을 수 없다는 것이 캉 여우웨이의 판단이었다. 이 '제국병립, 유통비교의 법'을 이용한다는 것은, 서양의 원리에 따라 중국을 주권국가로 재편성한 뒤, "만국이 교통(交通)하고 일체가 상동(尙同)으로 나아가는"[30] 것을 불기피하다고 보는 것이며, '일체상동', 즉 평준화를 용인할 수밖에 없다는 것이었다.

그러나 여기서 유의해야 할 점은 "만국이 교통하고 일체가 상동으로 나아간다"는 인식은 당연히 구미에 대한 관찰에서만 생겨나는 것이 아니라 비서구사회의 변화에 대한 인식이 전제되어 있다는 점이다. 비서구사회에서도 구미 각국 같은 법제를 채용하고 모든 면에서 동일화되는 사례가 확인되고 있기 때문에, 제국병립의 법을 수용함으로써 정치사회의 총제적 변혁이라는 프로그램을 구상했던 것이다. 그리고 일체상동의 추세를 주장함으로써 캉 여우웨이가 요청했던 사안이 단발(斷髮)과 복제(服制) 변경과 개원(改元)이었던 데에서도 분명히 알 수 있듯이, 그 사안들은 바로 메이지천황이 솔선수범했던 일본의 유신변혁을 모범으로 제시하는 것이었다.

이리하여 중국이 변법을 통해 주권국가로 재편성되는 데에서 "일본은 곧 우리의 선구를 이룬다. 일본이 고수하는 정치풍속은 우리와 같다. 따라서 갱신의 법은 일본 이외에 있을 수 없다. (…) 우리나라(我朝)의 변법은 그 모범을 일본에서 따오는 것만으로도 이미 충분하다"[31]라고 캉 여우웨이

---

29) 康有爲 「請明定國是疏(代草奏議)」, 蔣貴麟 主編, 『康南海先生遺書彙刊 12』, 宏業書局 1987(이하 이 휘간彙刊에서 인용한 것은 『彙刊 12』 등으로 줄여 씀), 16면.
30) 康有爲 「請斷髮易服改元摺(戊戌奏稿)」, 『彙刊 12』, 56면.
31) 康有爲 「日本變政考」, 『彙刊 10』, 335면.

가 말했듯이, 일본으로 동류화하는 것이 가장 위험부담이 적은 지름길이라고 여기게 되었다.

물론 일본으로 동류화하는 것을 권유하는 전제에는 군주제가 유지되는 등 '고수하는 정치풍속'의 동일성이나 동문동교(同文同教)라는 인식이 있어서, 캉 여우웨이 등의 무술변법(戊戌變法)이 배척된 뒤로도 일본으로 동류화하는 것은 부정되지 않았다. 더욱이 중국 관리의 시찰이나 유학생의 번역활동으로 일본의 국민국가 형성과정과 법령에 대한 정보가 축적됨에 따라서 제도의 "원리가 있는 곳을 연구하여 입법의 본뜻을 미루어 짐작"[32] 할 수 있다는 것도 일본을 모델로 할 때의 이점이라고 여겼던 것이다.

하지만 캉 여우웨이 등이 모방을 장려할 때에는 어디까지나 "일본이 서구를 모방한 사례를 자신의 선도(先導)"[33]로 삼아서 장점을 취하고 단점을 버리면서 일본을 추월하는 본보기로 삼으려는 데 역점을 둔 것이지 일본의 국가체제 자체가 모범이 되었던 것은 아니다. 다만 청조 말기에 관제를 기초(起草)하는 일 등에서는 직역(直譯)에 가까운 것이 적지 않아서 "한두 명의 유학생이 일본의 법제를 답습하며 별 고민 없이 수정한 것"[34]에 불과하다는 불신감도 표명되었지만, 실제로는 법전 편찬을 주도했던 션 쟈뻔 (沈家本)에 따르면 지역과 인종과 문자가 같은(同洲·同種·同文) 나라인 일본은 일찍이 '중국의 제도(唐法)'를 배우고 그 위에 '서구의 제도(歐法)' 를 채용해서 강국이 되었으며 "서양인의 학술을 연구하여 그 단점은 버리고 장점은 취하고"[35] 있다는 점에서 매우 유용한 준거국(準據國)이 될 수

----

32) 宣統 원년 5월 「考察憲政大臣李家駒奏考察日本官制情形請速釐定內外官制摺」, 『清末籌備立憲案史料』上冊(故宮博物院明清 案部 編, 이하 『立憲史料』로 줄여 씀), 523면.

33) 光緖 32년 7월 「出使各國考察政治大臣戴鴻慈等奏請改定全國官制以爲立憲豫備摺」, 『立憲史料』上冊, 368면.

34) 宣統 3년 1월 「御史胡思敬奏官制未可偏信一二留學生剿襲日本成法輕議更張摺」, 『立憲史料』上冊, 547면.

35) 沈家本 「新譯法規大全序」(『寄簃文存』에 수록), 『歷代刑法考 4』, 中華書局 1985, 2242면.

있었던 것이다. 그러한 제도화를 추진할 수밖에 없었기 때문에, 다른 한편으로는 일본에 없는 유일한 관제인 도찰원(都察院)이야말로 "우리 옛 선철왕(先哲王)의 미덕이요, 역사의 업적으로서 오늘날에도 보전해야 마땅하다"[36]라고 칭송하기도 했으며, 이는 일본 관제로 동류화하는 것에 대해서 얼마나 촉각을 곤두세웠는지를 역으로 반증하는 것이라고 할 수 있다.

이런 시대사조가 있었기 때문에 청말의 중국에서는 국민국가 형성에 착수한 시기와 거의 동시에 '국수보존(國粹保存)'이 제창되었다. 물론 국수보존의 논의는 시가 시게따까(志賀重昻)나 미야께 세쯔레이(三宅雪嶺) 등 세이꾜오샤(政敎社) 참가자들이 일본의 서구화정책에 대한 대항개념으로 고안한 것이었다.[37] 이에 반해서 청말 중국에서는 타국의 문명이나 제도가 침투하여 고유의 문화나 사회생활이 파괴된다는 현실적 위기감에서라기보다는 일본에서 개념을 이어받은 국수가 제창되고 유포된 측면이 있다. 그것은 나아가 국혼(國魂)이나 국성(國性) 같은 개념을 낳고 애국심의 육성을 촉구하는 지식의 구축과 연계되어 국민 형성을 추진하게 되는데, 이는 곧 고유화의 논리가 동류화의 소산으로 나타났음을 뜻한다. 게다가 그것은 중국뿐만 아니라 조선에서도 마찬가지였다.

그러나 아무리 동류화로서 고유화의 개념이 사용되었다고 하더라도 그 의의나 기능은 개념이 놓인 상황에 따라서 크게 달라지게 마련이다.

일본에서 국수 개념은 일본인의 민족적·풍토적 특성을 나타내는 것으로서, 오히려 발견되어야 할 대상으로 간주되었기 때문에 이것이 제도 형성의 규준으로 이용되지는 않았다. 반면에 중국에서는 국가 형성에 관한 지식과 국수 개념이 함께 섭취된 연유도 있어서, 일본을 모델로 변법자강

---

36) 「出使德國大臣楊晟條陳官制大綱摺」, 光緒 32년 7월, 『立憲史料』 上册, 394면.
37) 일본에서 전개된 국민국가 형성을 둘러싼 고유화와 국수의 논의에 대해서는 졸고 「國民國家·日本の發現: ナショナリテイの立論構成をめぐって」, 『人文學報』 67호(京都大學 1990) 참조.

을 제창했던 캉 여우웨이조차 "바꿀 것은 바꾸고 새로이 할 것은 새롭게 만들며 국수를 보존하고 대교(大敎, 유교윤리)를 견지하며 공덕(公德)을 육성해야 한다"[38]라고 강조했다. 또 형법전 등의 개별 법을 제정할 때에도 "삼강(三綱)과 오상(五常)은 당우(唐虞) 이래 분명하여 신성하고 영명한 제왕들이 굳건히 지켜왔으니, 실로 수천년간 전해온 국수(國粹)로서 국가건설의 근본이다"[39]라고 주장했다. 이런 국면을 고려한다면, 중국의 국수는 일본의 국체 개념과 거의 같은 기능을 했다고 말할 수 있다. 그러나 일본에서 국수 개념이 정부의 외교정책이나 문화정책을 비판함으로써 국민의 자립성을 요구하는 것으로 나타났듯이, 중국에서도 정부를 비판하는 역할을 담당했는데, 청조가 이민족 정부였기 때문에 거기서는 종족 비판으로서 첨예화된다. 쟝 삥린(章炳麟)이 "국수를 이용해서 종족성을 격발시켜 애국의 열기를 증진시킨다"[40]라고 했을 때, 이 국수란 한족(漢族)의 정신문화적 유산을 의미하며, 국수 탐구로서의 '국학(國學)'은 전제군주의 정통성을 변증하기 위한 '군학(君學)'일 수 없었던 것이다. 즉 군학으로서의 유학은 나라를 빼앗은 대도적의 도구이고 그 학술의 전제와 정체(政體)의 전제는 표리일체를 이룬다고 간주되어, 국수를 군학에서 탈환함으로써 국민의 학으로서 국수를 다시 획득하는 것이 종족혁명과 떼려야 뗄 수 없는 것으로 추구되었던 것이다.

이처럼 국수 개념은 청말 중국에서는 한편으로 정부나 보황파(保皇派)에게 조정을 존속하고 황제에 대한 충의심을 도야하는 데 유용한 것으로 간주되고, 다른 한편으로 혁명파에게는 황제(黃帝) 이래 한족의 문화적 전통과 그 우월성을 칭송하며 혁명의 정통성을 변증하는 근거가 된다는 양면성이 있었다. 그러나 어떤 경우든 국수의 주장은 배외주의로 직결되는

---

38) 康有爲 「答南北美洲諸華僑論中國只可行立憲不可行革命書」, 『彙刊 16』, 82면.

39) 「修改新刑律不可變革我關倫常各說」, 宣統 원년 1월, 『立憲史料』 下冊, 858면.

40) 章炳麟 「演說錄」, 『民報』 第6號, 1907년 1월, 4면.

것이 아니며, 오히려 평준화나 동류화를 전제로 했기 때문에 고유성의 유지가 강조되지 않을 수 없었던 것이다. 이 점에서는 미야께 세쯔레이, 시가 시게따까 등의 주장과 궤를 같이하는 것이며, 나아가 조선의 국수론에서도 마찬가지의 사고방식이 표명되었다. 예컨대 1906년 4월에 발표된 대한자강회(大韓自强會)의 「취지서」[41]는 조선의 자상을 도모하기 위해 단군·기자(箕子) 이래 4천년의 '조국(祖國)의 정신'을 2천만 국민의 뇌리에 심기 위해 '서양문명의 학술'을 흡수할 필요성이 있다고 주장하였다.

그러나 박은식(朴殷植)이나 신채호(申采浩) 등이 국수·국혼·국성 등 일본인이 만들어낸 개념으로 자기 민족의 역사적 전통의 독자성을 발굴하고 그럼으로써 계발(啓發)을 추진할 때, 이미 일본의 조선 식민지화는 진행되고 있었다. 아니 박은식 등이 국수를 강조했던 것은 조선에서 국민국가 형성의 가능성이 현재에서 박탈당하고 있기 때문에, 현재의 불가능성을 과거에서 희구(希求)하고 나아가 이를 미래를 향해 창출해나가는 과정으로서 국수를 핵심으로 한 국교(國敎)·국학·국어·국문·국사의 형성과 존속이 필수적인 것으로 간주되었던 것이다. "국교·국사가 망하지 않으면 그 나라도 망하지 않는다"[42]는 것은 현실의 식민지화에 따른 망국을 정신과 문화로 제지하려는 저항정신의 고취에 다름 아니었다. 이리하여 조선에서는 구체적인 지리공간에 뿌리내린 정체성을 찾아내서 그 회복을 도모하는 지식체계로서 내셔널리티의 학(學), 즉 국수의 학(국학)이 요청되었던 것이다. 그리고 그 지식체계는 '장소와 역사의 회복'으로 존재했기 때문에, 그 상실감의 크기에 비례해서 그것을 요청하는 정도 또한 좀더 절실해지지 않을 수 없었다고 말할 수 있다.

국수개념의 예에서 알 수 있듯이, 일본에서 서구화주의의 대항개념으

----

41) 『대한자강회월보(大韓自强會月報)』 제1호, 광무(光武) 10년 7월, 9~10면.
42) 박은식 『한국통사(韓國痛史)』(『박은식전서』 상권), 단국대학교출판부 1975, 376면.

로 형성된 고유화의 지향은 동류화로서 동아시아세계로 파급되었지만, 현실의 정치과정의 투쟁으로 격심한 대립국면을 맞게 된다. 쟝 삥린이 "유럽과 일본은 민족이 이미 독립하였으므로, 국수로 일을 도모하는 것은 조금 늦춤이 마땅하다. 국수에서 정의를 찾는 것은 다른 민족을 침략하고 사람들을 노예로, 소나 말로 만드는 일이다. (…) 하지만 이것은 중국이나 인도에는 해당되지 않는다"[43]라고 말했듯이, 같은 개념일지라도 그것이 어떤 정치상황에서 어떤 국가나 민족이 주장하느냐에 따라 그 의의가 아주 달라지는 것은 당연한 일이다.

아니, 본래 메이지 일본의 국민국가 형성을 모범으로 동류화가 지향되었다고 하더라도, 그것은 일본과 연대하는 것을 목적으로 한 것이 아니었다. 메이지유신을 변법운동의 모델로 제시했던 캉 여우웨이가 "강적을 스승으로 삼는 것도 불사한다"[44]라고 말한 데에서도 분명하듯이, 망국의 위기감에서 '이이제이(以夷制夷)'를 시도했던 것이다. 그것은 바꿔 말해서 국민국가 형성 자체가 세계적으로 수용되었던 동기이기도 했으며, 평준화든 동류화든 압박하는 쪽의 정당화논리에 길항(拮抗)하며 극복하여 근거를 동일한 데에서 추구할 수밖에 없었던 것에 기인한다.

그러나 동일한 기반 위에 서 있는 한, 아무리 고유화를 추구했다 하더라도 그 대항담론은 그 자체로 우열이 결정되지 않는다. 내셔널리즘에 근거한 경합이 궁극적으로 민족정화(民族淨化)라는 사태로 귀결될 수밖에 없음은 그 때문이며, 식민지 통치에서 피지배민족의 문화나 언어에 대한 천시와 말살이 꾀해졌던 것도 이와 관련이 있다. 하지만 동시에 식민지 통치를 물리칠 정치적 역량을 응집해나갈 핵이 되는 것도 바로 민족의 고유성에 관한 신념이다. 3·1운동 이후 동화정책에 반발하고 조선총독부의 한국

---

43) 章炳麟 「印度人之論國粹」, 『民報』 第20號, 1908년 4월, 11면.
44) 康有爲 「日本變政考序」, 『彙刊 10』, 2면.

연구에 대항하여 독립투쟁을 위한 장으로서 '조선학'이 형성되었다는 사실[45]에는, 동류화와 고유화를 둘러싼 딜레마가 극히 상징적으로 나타났다고 할 수 있다.

– 5 –
국민국가 형성의 삼중고

이리하여 청일전쟁은 동아시아세계의 지역질서를 크게 변화시키는 동시에 일본인의 사명감도 변화시켰다. 이미 청일전쟁 개전과 함께, 일본의 승리야말로 아시아 전체의 문명화와 국민국가 형성을 촉진시킬 유일한 방도라는 논의가 나오고 있었다. 거기서는 일본이 중국을 격파함으로써 "우리 일본국의 위신이 점차 인도에 미치고 샴(暹羅)에 도달해 마침내 아시아 나라들을 풍미하기에 이르러, 유럽열강이 동양에서 획득한 세력은 점점 축소되고 우리의 국권(國權)만이 신장될 것이다. 청국을 정벌함은 청국인을 일본화하기 위해서뿐만 아니라 아시아 나라들을 일본화하기 위해서다"[46]라는 견해가 제기되었다. 여기서 '일본화'라고 한 것이 과연 어떠한 내용으로 설정된 것인지는 명확지 않지만, 이런 지향이 일본을 맹주로 한 대아시아주의와 기반을 공유하고 있음은 부정할 수 없을 것이다.

그러나 동주(同洲), 즉 같은 아시아에 있다는 지리적 조건이 필연적으로 동류화를 초래하는 전제가 될 것인지의 여부는 별개의 문제다. 이 점을 쟝 삥린은 일본모범론에 대한 비판과 연결시켜서 "범용(凡庸)한 자는 경솔하게 일본을 모방하고자 한다. 그들은 서양과 일본이 봉건시대에 가까운 반면 중국이 봉건시대와 동떨어져 있음을 알지 못하는 것이다"[47]라고 하

---

45) 이 점에 대해서는 姜海守「'朝鮮學'の成立」,『江戶の思想』제7호, 1997 참조.
46) 「日英新條約の公布」,『郵便報知新聞』1894년 8월 29일자.
47) 章炳麟「代議然否論」,『民報』제24號, 1908년 10월, 1면.

여, 역사적 사회구성방식이야말로 국가의 제도화에서 규정적인 요인임을 강조했다. 물론 역사적 조건을 어떻게 볼 것인지도 일의적으로 확정할 수 있는 것은 아니라는 점에서 쟝 삥린의 주장 역시 매우 정치적인 것이다. 사실 여기서 쟝 삥린이 역사적 조건으로서 서양·일본과 중국의 차이점을 지적한 것은, 청조나 보황파가 추진하던 대의정체(代議政體)의 채용을 부정하기 위해서였다. 적어도 쟝 삥린에게 대의제란 귀족원(貴族院)을 통해 신분제를 온존·확대하고 제한선거로 계급적 대립을 부채질한다는 점에서 국민의 자유와 평등의 신장을 저해하는 것이라고 간주되었기 때문이다.

이처럼 평준화·동류화·고유화라는 삼중주는 한쪽 극(極)에는 보편성, 다른 쪽 극에는 특수성이 있다는 위상에서만 포착될 성질의 것이 아니며, 거기에는 복잡하게 뒤얽힌 관계가 나타나는 것이다.

1924년 국민혁명을 수행하던 쑨 원(孫文)이 "오늘날 혁명을 실행하려면 당연히 구미를 능가하여 세계에서 가장 새롭고 가장 진보된 국가로 중국을 개조해야만 한다"[48]라고, 구미 국민국가로의 평준화를 넘어서서 이를 능가하는 국가의 존재형태를 전망했지만, 거기서 구체적으로 제시한 방법이란 "일본인이 유럽을 배운 것에서 우리 또한 일본에게 배울 수 있음을 알았다. 우리가 배워서 일본처럼 될 수 있다면, 앞으로 유럽처럼 될 수 있음을 알았다"[49]라는 것이다. 결국 평준화를 넘어서는 국가를 구상할 고유화를 위해, 동류화가 평준화에 도달하는 과정으로서 중시되었던 셈이다.

하지만 쑨 원이 추진할 국민국가 형성을 방해했던 것도 일본의 대륙정책이었다. 역사적 모범인 일본이 현실에서는 그것을 달성하는 데 최대의 걸림돌로 존재했던 것이다. 쑨 원에게는 우선 주권국가를 확립하는 일이야말로 현존의 국가양식을 뛰어넘기 위한 대전제였다. "국수를 모두 회복

---

48) 孫文「民權主義·第六講」,『三民主義』, 山口一郎 譯, 社會思想社 1985, 257면(『孫文選集』 1).
49) 孫文「民族主義·第一講」, 같은 책, 28면.

한 뒤에 더 나아가 구미의 장점을 배워야 하며, 그때 비로소 구미와 어깨를 나란히할 수 있을"[50] 것이고, 국수를 통한 고유화도 평준화와 분리될 수는 없었던 것이다.

그렇지만 중국 이상으로 평준화·동류화·고유화의 상호모순에 봉착했던 국가는 식민지가 된 조선이었다. 병합 이후의 조선에서 모든 제도 개혁은 일본으로 동류화하는 것으로 추진되었다. 때문에 거기에 평준화와 연결되는 것이 있다 하더라도, 일본에 대한 반발은 서양화나 근대화의 부정으로 이어지는 것이기도 했다. 역으로 구미로 평준화하는 것으로 나타난 일본의 국민국가 형성이나 문화에 대한 반발 때문에, 유동성뿐만 아니라 고유성마저 부정하고 직접 구미문화를 섭취하려는 지향도 나타났다. 그런 의미에서 평준화와 동류화에 대한 입장은 매우 복잡하게 나타나지 않을 수 없었다.

이처럼 동아시아세계에서 전개된 국민국가 형성은 일본·중국·조선이라는 세 정치사회가 주권영역국가로서 경합하는 가운데, 평준화·동류화·고유화의 삼중주로, 또 삼중고(三重苦, trilemma)로 나타났다. 그것은 결코 '서양의 충격'에 대응하는 단순한 구미화로 존재했던 것이 아니다. 그리고 일본은 국민국가 형성에 가장 먼저 맞닥뜨림으로써 중화문명권의 주변에서 중심으로 나아가며 사상연쇄의 연결고리가 되고, 거기서 동아시아세계가 새롭게 편성되어 나타나게 되었다.

물론 사상연쇄도 그 자체가 권력정치에 따른 위협·강제를 배경으로 한 것이며, 사상뿐만 아니라 문화의 전파와 섭취에 경제력·군사력 내지 위신 등 다양한 힘들이 압력으로 작용했음을 부정할 수 없다. 그런 의미에서 사상연쇄 역시 단순한 문화교섭 이상으로 헤게모니 투쟁의 한 표현으로 보아야 할 것이다.

---

50) 孫文「民族主義·第六講」, 같은 책 119면.

그리고 마지막으로 확인해두어야 할 점은, 평준화·동류화·고유화라는 정치역학이 결코 과거의 역사 사상(事象)을 분석하기 위한 틀에 그치는 것이 아니라는 점이다. 20세기에서 새로운 세기로 전환해나가는 시대. 지금 세계화(globalization)와 지방화(localization)는 동시병행적으로 진행되고 세계표준(global standard)의 창궐과 그에 대한 강력한 반발은 각지에서 분출하고 있다. 이런 현상의 역동성과 그 의미야말로 평준화·동류화·고유화라는 틀에 의해 좀더 선명하게 분석될 수 있으리라 생각한다.

정치사회에서의 윤리

망각과 미답(未踏) 사이에서

– 1 –
20년, 그리고 50년의 시간을 건너뛰어

"그것은 내가 한 일이다"라고 나의 기억은 말한다.

"그것을 내가 했을 리 없다"라고 나의 긍지는 말한다. 그리고 완강하게 물러서지 않는다. 결국 기억이 양보한다.[1]

니체(F. W. Nietzsche)의 이 잠언이 그야말로 절박하게 내 눈에 들어온 것은 1976년 2월의 록히드 사건[2]으로 증인을 소환하여 심문할 때였다.

한 평론가에 따르면, 국회에서 벌어지는 소환심문이 텔레비전으로 생중계될 때, 모 영화회사 사장은 "저렇게 재미나는 걸 집에서 예사로 볼 수 있다니, 이제 영화는 끝장이야"라고 탄식했다고 한다.[3] 이 중계방송은 당대 최고권력자와 연루된 정상배(政商輩)나 막후에서 활개치던 자들이 오만하

---

1) Nietzsche, Friedrich Wilhelm, 木場深定 譯, 『善惡の彼岸』, 岩波書店 1970, 102면.
2) 미국의 록히드마틴(Lockheed Martin)사가 항공기 판매 공작자금을 일본의 고위관료에게 뇌물로 준 사건 — 옮긴이.
3) 小林信彦 『現代 '死語' ノート』, 岩波書店 1997, 203면.

면서도 동요하는 기색을 내비쳤던 희극, 정치적인 너무도 정치적인 인간희극으로 시청률이 23%를 넘을 만큼 '재미나는 것'이었던 게 분명하다.

그러나 중의원(衆議院) 법제국(法制局)에서 근무한 지 채 1년도 안되었던 내게, 난생처음 마주한 중인의 소환심문은 엄청난 긴장감을 자아냈다. 재미라고는 느낄 여유도 없이 하루하루를 불안과 초조가 교차하는 곤혹감 속에서 지냈던 기억이 있을 뿐이다. 일본정계에 엄청난 충격을 안겨주어, 이전과는 다른 통치체제를 낳는 계기가 되었던 록히드 사건. 내게 그 사건은 사회생활에 첫발을 막 내디딘 순간에 정치·사회의 그늘과 인간의 업보를 엿본 것처럼 괴롭고도 우울한 체험이었다.

그리고 그 심문과정에서 터져나온 기묘한 일본어—— "기억에 없습니다." 때로 실소를 자아내게 하기도 했던 이 말은, 격렬한 의지와 에너지로 사실을 억누르면서 상대방에게 조금의 허점도 내보이지 않겠다는 결의의 표명처럼 느껴졌다. 집요하게 되풀이된 이 말은 진실의 문을 죄다 걸어 잠근 채 질문자를 되레 침묵으로 몰아넣을 수 있었기 때문이다. 그것은 마치 기억이 완강한 긍지에게 양보하고, 아니 아예 말살되고, 망각이라는 무기에 의해 공수관계가 역전되어버린 듯한 광경이었다.

이제 와서 그 사람의 기억에 있었는지 없었는지는 그 누구도 진위를 판정할 수 없다. 따라서 위증죄를 물을 수도 없다. 그 발언은 자신을 기억마저 가물가물한 인간으로 비하하는 어릿광대 같은 행동이었다. 하지만 동시에 이 망각(amnesia)이란 행위는 니체의 말처럼 "단순한 타성의 힘(Vis intertiae)이 아니다. 오히려 능동적이고 엄밀한 의미에서 적극적인 저지능력이며, 적어도 우리가 체험하고 경험하는 것이 소화(消化)—— '정신적 소화'라고 불러도 좋을 것이다—— 상태가 되어 우리의 의식에 떠오르지 않는 것도 그 저지능력 탓"[4]임이 틀림없다. 이 저지능력 앞에서 국회증언법

---

4) Nietzsche, 木場深定 譯, 『道德の系譜』, 岩波書店 1940, 62면. 인용할 때 일부를 생략하였다.

이나, 그토록 강력하다는 국정조사권 따위는 속수무책이었다. 제아무리 신출내기라고 해도, 아니 오히려 그랬기에, 중의원 법제국에서 입법업무에 종사하던 나에게, 그것은 마치 강렬한 '보디 블로'(body blow)를 얻어맞은 것 같았고, 땅이 푹 꺼져버리는 것처럼 불안한 생각으로 엄습했다. 그랬던만큼 앞에서 인용한 니체의 잠언이 현장감 있게 다가왔던 것이다.

그로부터 20년이 흘렀다. 그동안 더글러스 그러먼(Douglas Grumman) 의혹, 리크루트(Recruit) 사건, 토오꾜오 사가와 큐우빈(佐川急便) 사건, 쿄오와(共和) 사건, 제네콘(General Contractor) 사건 등 정치와 돈을 둘러싼 문제는 끊임없이 발생했고 그때마다 록히드 증인 소환심문의 기억이 되살아났다가는 사라져갔다.

그리고 기억이 완강한 긍지에게 양보한다는 잠언을 방불케 하는 광경을 요즘 다시 목도하게 되었다. 쮸우센(住專) 처리문제에서 "내가 불량채권을 만들었다" "하지만 그건 대장성(大藏省)의 지시에 따랐을 뿐이고, 나만 그랬던 것도 아니다"라는, 혈우병 제제(製劑) 에이즈 감염사건에서는 "내가 비가열(非加熱) 제제를 투여했다" "그러나 혈우병 권위자의 긍지를 걸고, 에이즈 감염이 일어난다고는 단정할 수 없다"라는, 또 업자한테 거액의 뇌물을 받은 고참관료의 "내가 접대와 금품을 받기는 했지만 사무차관으로서 편의를 제공한 적은 없다"라는 말 등등에서. 물론 여기서는 '내가 했다'는 기억 자체를 부정한 것은 아니며 완강한 긍지라는 것도 께름칙한 것을 감추기 위한 억지에 불과할지도 모른다. 그러나 긍지가 행위의 기억을 없애버리는 심리적 메커니즘이 작동하고 있음은 사실일 것이다.

이러한 일련의 사건들과 함께 기억과 긍지의 연관성에 관해서 복잡한 양상을 띠고 눈앞에 가로놓인 난제(難題)가 바로 역사인식문제다. 여기에는 행위와 책임과 관련해 두 가지 차원의 문제가 혼재되어 있다.

첫번째 차원은 직접·간접으로 전쟁의 시대를 살았던 사람들에게 있어서 '행위의 기억'과 '긍지'라는 문제다. 두번째 차원으로는 시간적으로 볼 때 자기체험으로서 '행위의 기억'을 가질 수 없는 사람들의 '긍지'라는 문제가 있다.

첫번째 차원에서는 어떤 사람들은 '행위' 자체가 없었다는 논법으로 일본인이 '긍지'를 되찾아야 한다고 주장한다. 난징(南京)대학살도, 종군위안부 문제도 애당초 없었다는 것이다. 한편 어떤 사람들은 그런 '행위'는 있었지만 이미 배상도 끝났고 시효도 지났으므로 그것들은 '기억'할 만한 가치가 없다고 말한다. 어느 쪽이든 이런 사람들에게는 비참하고 잔인한 '행위의 기억'을 계속 갖는다는 것이 바로 '자학사관(自虐史觀)'이며 그런 주장을 하는 사람은 곧 '반일(反日)적 일본인'이므로, 거기에 맞서는 역사교육을 통해서 '국민으로서의 긍지'를 갖게 해야 한다는 것이다. 물론 그럼으로써 자신의 '행위의 기억'은 '일본인으로서의 긍지' 앞에 양보하고 사라져야 할 것으로 간주된다. 그때 아시아 사람들은 "기억에 없습니다"라고 계속 주장하는 자에게 우리가 느꼈던 것과 똑같은 감정을 일본인에 대해서도 갖게 될 것이 분명하다.

한편 두번째 차원에서는, 자신의 '행위의 기억'에 없는데 도대체 언제까지 계속 얽매여야 하는가 하는 문제가 대두된다. 스스로 원한 것도 아닌데 그저 일본인으로 태어났다는 이유만으로 앞 세대의 '행위의 기억'을 되새기면서 '일본인으로서의 채무'를 떠안고 살아갈 수밖에 없는가? 일본인이면서 '개인으로서의 긍지'로 타자의 '행위의 기억'을 양보하게 하는 일은 과연 허용될 수 없는가? 이렇게 부르짖는 사람들도 있을 것이다. 반면 일본인으로 태어나 그 문화와 경제 혜택을 입고 살아온 이상, 일본의 부정적 유산 또한 받아들여야 하며, 타자의 '행위의 기억'이긴 해도 그것을 자기 것으로 삼음으로써 일본인 여부를 떠나서 '인간으로서의 긍지'를 더욱 풍부하게 만드는 수밖에 없다고 생각하는 사람들도 있을 것이다.

어느 쪽을 자기 입장으로 택하든, 그것은 일본이라는 정치사회를 뛰어넘어 다른 정치사회의 사람들과 어떻게 타협해나갈 것인가 하는 문제와 결부되어 있다. 동시에 그것은 일본의 정치사회가 어떻게 구성되어왔으며 앞으로는 어떻게 편성되어야 할 것인가라는 문제와도 밀접하게 연관되어 있다.

과연 록히드 사건 이후 20년, 패전 이후 50년이라는 두 시간의 간격을 거쳐오면서 일본이라는 정치공간에서 윤리문제는 어떤 궤적을 그렸는가? 우리는 또 그것을 미래에 어떻게 투사해나갈 것인가? 물론 이 문제들에 정답이 있을 리 만무하다. 하지만 거기에 문제가 있는 이상, 내 나름대로 지금 갖고 있는 생각을 글로 표현해보고자 한다.

- 2 -
어떤 기억의 궤적

나 자신이 '적극적 저지능력'인 망각에 굴복하지 않기 위해서, 우선 20년 전의 록히드 사건 때에 생각했던 것과 그뒤의 경과 등을 되짚어보는 것부터 시작해볼까 한다.

1975년 내가 중의원 법제국에 들어갔을 때, 이미 그 전해에 불거진 금맥(金脈)문제[5)]로 타나까 카꾸에이(田中角榮) 수상이 사직한 뒤, 정계정화(政界淨化)와 정치부패 방지를 위한 법제를 어떻게 정비할 것인지 비공식적으로 검토하기 시작하고 있었다.

그렇지만 당시의 여론 중에는 회의적인 논조도 강했다. 즉 '떡값'이나 명절 때의 선물처럼 금품을 동반한 대접·배려·돌봐주기라는 일본의 교제문화를 활용하여 인맥·파벌을 만든 타나까 정치의 수법이야말로 일본인의 감성의 급소를 찌른 것이다. 그의 이익유도형 정치는 지역격차를 완화하기 위해서 필요한 것이라고 유권자들에게 강력한 지지를 받고 있다. 타

----
5) 잡지 『붕게이슌쥬우(文藝春秋)』 1974년 11월호에 타나까수상의 정치자금 조성문제가 폭로된 사건 — 옮긴이.

나까식 금권정치가 이처럼 일본문화 및 지역격차와 혼연일체가 되어 있는 이상, 이 저변의 조건이 변하지 않는 한 어떤 방지책도 효과가 없으리라는 것이었다.

정반대로 그것은 타나까 개인과 그 주변사람들의 특수한 사례일 뿐, 법·제도와는 직접적으로 관계가 없다는 목소리도 있었다. 또 경솔하게 부패 방지책으로 눈을 돌리는 것은, 마치 현행 법령과 씨스템이 미비해서 부패가 생겼다는 인상을 줌으로써, 부패의 책임을 면하고 문책의 칼날을 무디게 하는 부작용을 낳는다는 주장도 있었다. 나아가 의회민주주의란 선거를 통해 의원의 적격성을 판정해서 선별하는 씨스템이므로, 어떤 선택이 나온다 하더라도 결국 유권자의 식견에 맡기는 도리밖에 없다는 의견도 있었다. 이 마지막 논리는 설령 형사사건으로 소추된다 해도 선거의 세례를 거쳐 당선되면 '목욕재계'가 끝난다는 주장을 낳아, 지금까지도 비슷한 사건이 일어날 때마다 되풀이해서 주장되고 있음은 익히 아는 바와 같다. 이 논리에는 선거구에서 선출된 의원은 지역대표이지 국민대표가 아니라는, 대표성에 대한 인식이 반영되어 있을 것이다.

어쨌든 '현대판 토요또미(今太閤)'[6]라 불리면서 독특한 저돌적 정치스타일로 국민의 인기를 끈 타나까 카꾸에이가 수상에 취임하고 권력을 유지함으로써 수입과 지출 양면에서 정치자금의 양적 확대가 정상궤도를 벗어나게 되어 금권정치와 정치부패가 구조화되었다고 일컬어지고 있었다. 그리고 금권정치와 정치부패에서 가장 큰 문제는 정치에 돈이 관련되고 그 돈을 조달하기 위해 정치가와 업자의 유착이 발생하여 돈으로 정치적 결정이 좌우된다는 사태이며, 정치가가 정치를 이용해서 자기 재산을 형성하려 든다는 사태였다. 그래서 정치부패를 제거하고 방지하기 위한 논의는, 어떤 식으로든 제도를 도입하고 개혁할 필요가 있는지, 아니면 제도

----

6) 일본에서 은퇴한 섭정(攝政)을 뜻하는 타이꼬오(太閤)는 주로 토요또미 히데요시(豊臣秀吉)를 가리킬 때 사용된다 — 옮긴이.

를 아무리 정비해본들 이를 어기는 사람이 있으므로 정치가의 질과 윤리성을 제고하는 데서부터 시작해야 하는지를 둘러싸고 전개되었다.

이런 의견들을 참고하면서도 나는 주위사람들과 연일 논의를 거듭한 끝에 다음과 같은 생각으로 기울어졌다. 우선 정치부패를 막으려면 정권교체를 제도화하는 것이 가장 확실하고 민주주의의 원리에도 맞는 방법이다. 본래대로라면 그것으로 끝이다. 나머지는 유권자에게 의지하는 도리밖에 없고 다른 누구도 해낼 수 없는 것이다. 다음으로 정치부패는 아무리 정치가의 윤리적 자질 향상에 호소해본들 그것만으로는 결코 해소되지 않는다. 왜냐하면 어떤 사람에게 공정하고 정당한 것이 다른 사람에게도 그렇다고는 볼 수 없기 때문에 정치가 필요한 것이고, 사적인 이해(利害)를 국회에서 벌어지는 토론과 의결이라는 절차를 거쳐서 공정하고 정당한 이해로 전환시키는 것이 곧 정치의 기능일 터이기 때문이다. 정치가 적나라한 권력과 이익 추구를 전제로 한다면, 법으로 할 수 있는 일은 정치행위의 원칙을 세우는 것뿐이다. 어떻게 윤리적인 사람을 정치가로 선출하고 윤리적으로 행동하게 만들며 윤리적인 정책을 도출할 것인지 법으로는 정할수가 없다. 이기적인 인간이 자비와 사랑으로 가득 찬 정책을 내세우는 일도 있고, 또 윤리적인 사람이 정치가가 된 뒤에도 같은 윤리에 따라 행동한다고는 단언할 수 없기 때문이다.

법으로 할 수 있는 일이 정치가의 행위원칙을 만드는 것이라 하더라도, 그 원칙은 이기적으로 준수될 수도 있고 공평무사하게 준수될 수도 있다. 사심이 없는 것처럼 준수하는 것과 사심 없이 준수하는 것은 결코 같을 수 없다. 그러나 인간의 내면을 규제할 수 없는 이상, 법이 규제할 수 있는 것은 외면적 행동에 국한될 수밖에 없다. 특히 인간 개개인의 사후(死後)심판과 인류역사의 마지막 심판을 설정하여 그 판정을 적극적으로 초월자에게 맡기는 문화가 없는 곳에서는, 명백하게 유죄라는 확정판결이 내려지지 않는 한 아무런 규제력도 갖지 못한다는 것은 소환심문이나 '회색고관

(灰色高官)'[7]의 사례에서도 알 수 있다.

물론 사법적으로 대처한다는 자세만으로 정치부패의 재발을 방지할 입법을 생각했던 것은 아니다. 확실히, 정치행위의 원칙을 만드는 입법을 갖고는 정치윤리의 확립이라는 과제에 신속하고 효과적으로 대처할 수 없을지도 모른다. 그러나 행위원칙을 적확하게 만들면, 적어도 위법성 사유를 추궁당하는 것만은 피하려는 심리적 규제가 생겨나고 거기에 근거한 정치행위가 점진적으로 취해지게 될 것이다. 그런 정치행위가 일상화되면 거기서 어떤 정치문화가 생겨나지 않을까 하는 가정이 있었다. 어쩌면 너무 낙관적이고 희망적인 생각이었을지도 모른다.

그러나 때늦은 지혜나마 발휘해서 변호를 한다면, 후꾸자와 유끼찌(福澤諭吉)가 "선이란 악보다 그렇다는 것이므로 서로를 비교하지 않으면 경중(輕重)과 선악을 논할 수 없다. 이처럼 서로를 비교해서 어느 쪽이 더 무겁다고, 또 더 선하다고 정하는 것을 논의의 본위(本位)라고 말한다"[8]라고 했듯이, 우선 무엇을 해서는 안되는지를 명확히하지 않으면 논의의 기준이 서지 않는다. 일단 기준이 정해지고 나면 선이 되든 악이 되든 그것이 행동규범으로 내면화되고 정착될 때까지는 아무리 시간이 걸리더라도 결과적으로 문화가 될 수 있을 것이다. 영국이 바로 그렇게 해서 장기간에 걸쳐 정치부패를 시정해왔던 게 아닌가 하는 것, 이것이 당시에 우리 논의의 근거가 되었다.

이러한 논의를 진행하면서 구조부패·금권정치라는 현상을 어떻게 일본의 정치풍토와 정치씨스템에서 몰아낼 수 있을지 생각하며 영국의 부패방지법이나 미국의 정부윤리법을 비롯한 외국의 실정과 법제들을 조사했다. 그 당시에 검토한 재발방지 방안으로는, 정보공개법, 옴부즈맨(Ombudsman) 제도, 국회의원 재산 공개, 정당법의 규제를 전제로 한 정치

----

7) 법적으로 유죄는 아니지만 무죄도 아닌 고위관료 — 옮긴이.

8) 福澤諭吉 『文明論之概略』(松澤弘陽 校注), 岩波書店 1995, 15면.

자금의 공적 보조법, 국정조사권의 강화, 국회증언법·공직선거법·정치자금규정법의 개정 등을 들 수 있다. 이 가운데 몇가지는 그뒤로 우여곡절을 거쳐서 실현되었다. 그러나 정계스캔들은 지금까지 계속되고 있으며, 정치개혁이라는 이름 아래 몇번인가 상정되었다가 사장된 안건도 있었다. 예컨대 정보공개법이 20년 전에 시행되었더라면 일본의 정치풍토도 조금은 더 투명해지고 에이즈 감염문제 같은 것도 지금과는 다르게 진행되었을지 모른다.

그러나 이 20년 사이에 조금씩이지만 정치를 둘러싼 환경에도 변화가 나타났다. 록히드 사건과 리크루트 사건을 계기로 정치헌금을 할 수 있는 단체에 대한 제한과 연간 헌금액의 양적 규제, 공개기준의 하향조정 등을 골자로 한 정치자금규정법 개정 같은 것이 실현됨으로써 특정한 기업·단체와 정당·정치가가 유착하는 정도는 차츰 엷어졌다. 정당에 대해 교부금을 지원하고 국회의원의 재산을 공개함으로써, 정치로 돈을 모으고 돈으로 정치를 움직이는 기회가 아직 뿌리깊기는 해도 감소하는 추세임을 부정할 수는 없을 것이다. 또한 록히드 사건 때에도 제기되었지만, 공직선거법에서 연좌제의 확대 강화도 중요한 변화다.

1994년의 개정으로 입후보(예정)자의 친족·비서나 조직적 선거운동관리자 등이 선거법 위반으로 집행유예를 포함한 금고형 이상의 유죄가 확정될 경우, 검찰이 입후보자에 대해 연좌제의 적용을 요구하는 행정소송을 제기할 수 있게 되었다. 따라서 연좌제의 적용이 확정되면 입후보자의 당선은 무효가 되고 같은 선거구에서 5년 동안 입후보할 수 없게 된다. 이 제도를 도입한 1996년 총선에서는 선거법을 위반하여 적발된 건수와 인원이 모두 그 전 선거의 1/3 이하로 줄어들었다. 즉 확대연좌제는 특정 기업과 지역에 대한 이익 유도 및 주민에 대한 써비스 경쟁, 표의 매수라는 선거에서 정책중심의 돈이 안 드는 선거로 전환할 것을 촉진시키는 요인이 될 수도 있다. 그것은 또한 내심으로는 반발하면서도 조직별·지역별로 선거운동에 동원되는 사람들에게 동원을 거절할 근거를 마련해준 것이어서, 일본의 선거풍토를 변화시켜나가는 계기가 될지도 모른다.

앞서도 말했듯이, 법으로 개인의 내면을 직접 조정하고 정치윤리를 이식시키기란 불가능하다. 그러나 정치행동을 법으로 규제하고 선도함으로써 결과적으로 정치문화를 변화시키는 것은 가능하다. 정치가에게는 단지 법조문을 바꾸는 정도의 행위였을지라도, 그것은 더디지만 분명한 파급효과가 있다. 정치자금규정법의 개정과 확대연좌제의 채용 등이 그 증거가 될지도 모른다. 문제는 그런 법을 만드는 주체가 바로 정치가 자신이라는 데 있다. 정치자금규정법을 개정할 때에는 '고양이에게 생선을 맡기는 격'이라는 비웃음이, 또 공직선거법을 개정할 때에는 '자기 목에 방울을 달 쥐가 어디 있겠느냐'는 험담이 들리기도 했다. 하지만 여론에 가장 민감한 존재가 바로 선거에 지면 직업을 잃게 되는 정치가라는 것 또한 엄연한 사실이다. 정치부패를 방지하는 데 효과가 가장 큰 것은 선거라는 출발점으로 항상 되돌아가서 국민이 자기책임으로 입법이라는 정치활동을 계속 감시하는 것이다.

- 3 -
정치와 윤리를 둘러싼 양상들

그런데 정치가에게 정치윤리의 확립은 직업윤리의 문제인 동시에 의회정치를 운영할 때 불가결한 자기규율이기도 하다. 1985년에 국회에서 의결된 「정치윤리강령」에서는 이를 "정치윤리의 확립은 의회정치의 근간이다"라고 표현하면서 이렇게 규정했다.

우리는 국민의 신탁(信託)에 부응하도록 숭고한 의무에 투철하고 정치불신을 초래할 공사(公私)의 혼돈을 끊고 청렴을 지키며 결코 국민의 비난을 받지 않도록 정치부패의 근절과 정치윤리의 향상에 매진해야 한다.

이 윤리원칙 자체는 의사나 변호사 같은 전문직에 요구되는 직업윤리와 비교할 때 결코 높은 수준의 것이라고는 할 수 없고, 국민의 신탁을 받아 국권의 최고기관을 구성하는 국회의원에게는 오히려 최소한의 전제가 되어야 할 것이었다.

그러나 이 윤리강령 자체가 록히드 사건의 마루베니(丸紅)루트[9] 제1심에서 피고 타나까 카꾸에이에게 징역 4년의 유죄판결이 언도된 뒤, 의원직 사직권고 결의안을 본회의에 상정할 것인지를 둘러싸고 공전(空轉)하던 국회를 수습하기 위해 마련된 미봉책으로 결의된 데 지나지 않았던만큼 준수될 리 만무했다. 일반직 국가공무원은 형사사건으로 기소될 경우 "본인의 의사가 아니더라도 휴직시킬 수 있다"(국가공무원법 제79조)라고 되어 있는 반면, 그들을 지휘·감독하는 입장이기도 한 국회의원은 정작 유죄판결을 받아도 자진사직도 사직권고도 없이 당 바깥에서 수상을 임명하거나 검찰총장의 지휘권을 가진 법무장관을 임명하는 데 강력한 영향력을 계속하여 유지한다는 사태가 이 강령 아래서 태연하게 진행되었던 것이다. 돈으로 다수파를 형성하여 자민당(自民黨)과 내각의 권력행사에 절대적 영향력을 가진 인물이 실은 그 정당에도 속하지 않아 공적으로 정책결정에 아무런 책임도 지지 않는 정치체제는, 정치불신을 증대시키고 정치윤리를 뿌리째 와해시키며 국민의 윤리감각까지도 마비시켜버렸다. 돈만 있으면 아무리 무리한 난제라 해도 결국 관철시킬 수 있고 그 책임을 추궁당하지도 않는 정치가 일상화되어가는 판국에 국민생활만 그것과 무관할 수는 없었던 것이다.

그러므로 「정치윤리강령」이 순식간에 사문화된 배경에는 때로 악마와

---

9) 록히드사의 자금은 마루베니종합상사를 거쳐 타나까수상에게 전달되었다 ─ 옮긴이.

도 손을 잡아야 한다는 정치가에게 일반생활인과 똑같은 윤리를 요구할 필요는 없고 오히려 청탁(淸濁)을 가리지 않는 기량의 소유자야말로 정치가에 어울린다고 보는, 정치가에 대한 국민의 이미지가 자리잡고 있었음도 부정할 수 없다. 예컨대 탁(濁)하기는 해도 자기 고장에 이익을 가져다주는 정치야말로 역량있는 정치가의 증거라고 생각하고 투표함으로써 국가재정을 통한 공공사업의 혜택을 받을 수 있었기 때문이다. 그러나 반면에 '깨끗함' '청신함'이, 정치불신을 일시적으로라도 완화시키는 표어로서 유효성을 가졌던 것도 사실이다.

확실히 어떤 정치목적을 달성하기 위해 권모술수를 짜내고 윤리에 어긋나는 수단을 취해야 할 때도 적지 않게 있을 것이다. 그런 의미에서 정치가가 윤리적인 신조를 가질 필요는 없다는 것이 이른바 정치사회에 대한 상식처럼 되어 있다. 그러나 정치세계가 윤리적 판단을 떠나서 고유의 논리에 따라 스스로 전개될 수 있다는 문제와, 정치 그 자체가 윤리와는 전혀 무관하게 존재할 수 있을까 하는 문제를 혼동해서는 안된다고 생각한다.

정치의 본질이 사적 이해를 추구하면서 권력투쟁으로 나타난다는 데에는 이론(異論)이 없다. 그러나 정치의 목적이 궁극적으로 그 정치사회의 성원들에게 좀더 나은 생활을 제공하는 데 있다면, 정치체제 또한 그 성원들의 가치체계와 윤리관에 근거해야만 유지될 수 있다. 더 잘살기 위해서 사람들은 정치에 권력을 부여하는 것이지 권력 그 자체에 정당성의 근거가 있는 것은 아니다. 정치는 항상 권력행사의 대상인 정치사회의 성원들에게 어떠한 삶의 방식을 제공할 수 있는가 하는 관계에서만 스스로의 존재이유를 확인할 수 있는 것이다. 다시 말해서 정치영역은 생활영역보다 좁게 마련이고, 정치윤리가 생활윤리에서 완전히 자유롭게 존재할 수는 없는 법이다.

구 소련과 동유럽에서 공산주의정권이 특권적인 '붉은 귀족'을 통해 지배를 하면서 당(partei)의 무오류성이라는 윤리를 과시했는데도 무지하고 무책임한 생활자의 일상윤리 앞에 무너져버렸다는 것은 무엇보다도 그 상호규정성을 웅변적으로 말해주는 사례일 것이다. 정치권력이 생활영역의 윤리성을 결여한 채 권력을 자기목적으로 삼아 무제한으로 추구한다면 그로 인해 좌절하고 붕괴될 수밖에 없다. 권력추구가 정치논리이기 때문에 내포할 수밖에 없는 모순이, 그리고 정치가 생활윤리의 반영일 수밖에 없는 이유가 바로 거기에 있다.

국민도 정치가 권력투쟁의 장임을 알고 있기 때문에, 자신들의 정치사회를 이끄는 정치가가 국민의 윤리적 덕성(德性)을 집약적으로 체현하여 국내외에서 존경받을 수 있는 존재이기를 기대하는 것이다. 국민은 그것이 온전히 이루어질 수 없는 희망임을 잘 알면서도 "위정자는 덕에 근거한 권위를 갖추고 국민의 존경과 신뢰를 받을 수 있는 존재이기를"[10] 바라 마지않는 것이다. 당연하겠지만, 존경까지는 아니더라도 신뢰라는 윤리기반이 없다면 대의제라는 정치제도 자체가 성립될 수 없다.

이처럼 정치와 정치가에 대해서는 윤리화를 지향하는 역학이 작용하는 것도 사실이다. 그러나 '정치의 윤리화'라는 이 요청은, 일찍이 이 말을 슬로건으로 내걸고 코또오 심뻬이(後藤新平)가 주장했듯이, "정치는 힘이 아니라 봉사"[11]라는 관념을 근거로 해서 구체적으로 행동할 것을 정치가에게 요구한다. 그저 "인도주의의 입장에서 정의롭게 행동하는 인격 있는 정치가를 국회의원으로 선출해서 국회를 개량하고 정계를 개량하여 진정한 입헌정치의 결실을 거두는"[12] 것을 목표로 내걸기만 해서는 실현될 수 없는 것이다. 봉사의 정치든 '진정한 입헌정치의 결실을 거두는' 것이든 그 구체적 비전이 제시되지 않는 한, 기존의 정치규범을 뛰어넘어 새로운 가치체계에 입각한 정치의 윤리화로 사람들을 이끌어나갈 수는 없기 때문

---

10) 京極純一 『日本人と政治』, 東京大學出版會 1986, 166면.
11) 後藤新平 『政治の倫理化』, 大日本雄辯會講談社 1926, 87면.
12) 後藤新平 『道德國家と政治倫理』, 政敎社 1927, 140면.

이다.

　다시 말해서 록히드 사건 이후 여러차례 정치스캔들이 생기고 정치윤리를 확립하자고 제창했는데도 그것이 달성되지 못한 주된 이유는, 정치가가 이익 유도 이상의 정치목적을 제시하지 못하고 국민 또한 분배를 받는 데 급급하여, 정치에서 새로운 가치체계의 창출을 찾지 못했던 데 있지 않을까? 정치사회가 그 성원에 걸맞은 윤리로 뒷받침되는 동시에 정치윤리를 요구하고 적극적으로 창출함으로써 내부의 부패를 시정해나가는 것이라면, 21세기를 맞아 필요한 것은 새로운 정치사회의 비전을 국민에게 제시하고 이해시켜 지지를 얻을 만한 정치적 구상력과 설득력이다. 물론 그것은 무(無)에서 생기는 것은 아니고 과거와 현재의 대화를 통해 미래를 응시함으로써만 얻을 수 있다. 바로 여기에 일본의 정치문화라는 문제가 가로막고 있는 것이다.

– 4 –
책임회피와 망각의 정치문화

　베네딕트(R.F. Benedict)는 1946년에 출간된 『국화와 칼』(*The Chrysan-themum and the Sword*)에서 일본의 장래를 예견하며 이렇게 말했다.

　　일본이 평화국가로 재건될 때 이용할 수 있는 진정한 강점은, 어떤 행동방침에 대해서 '이것은 실패로 끝났다'고 하면 그때부터 다른 방향으로 노력을 쏟을 줄 아는 능력에 있다. 일본인의 윤리는 저것이다, 그게 아니면 이것이다라는 윤리이다.[13]

---

13) Benedict, Ruth Fulton, 長谷川松治 譯, 『菊花と刀: 日本文化の型』, 社會思想研究會出版部 1950, 427면.

베네딕트의 예언대로 일본인은 전쟁수행에서 경제성장으로 방향을 완전히 전환해서 오로지 경제적 번영에만 매진해왔다. '저것이다, 그게 아니면 이것이다'라는 윤리는 국민이 혼연일체가 되어 목표를 달성하는 데에는 효율적이었고 일본의 진정한 강점이 여기 있음도 확실할 것이다. 그러나 이 특질이 방향선환 이전의 행위는 뒤돌아보지 않고 모든 것을 망각해버리는 능력에 근거하고 있음 또한 부정할 수 없다. 방향전환 이전의 일을 망각할 수 있는 능력은 책임이라는 의식을 망각할 수 있는 능력과 동전의 양면을 이루며 성립한다.

그러나 과거의 행동방침에서 다른 방향으로 급선회할 수 있었던 것은, 단지 망각능력이 뛰어났기 때문만은 아니다. 과거의 행동방침조차 주체적으로 선택했다는 의식을 갖고 있지 않았기 때문이다. 마루야마 마사오(丸山眞男)가 전쟁시기 정치지도자의 정치의식을 분석하며 말한 것처럼 "현실은 언제나 미래로 나아가는 주체적 형성과정이 아니라 과거에서 유래한 맹목적 필연성으로 파악되었기"[14] 때문에 정책결정 또한 앞으로 일어날 결과에 대한 예견도 없이 〔결정해야 할 과제가〕 지금 거기에 있다는 상황적 이유로 포착된 것이었다. "인간은 때로는 산꼭대기에서 눈을 질끈 감고 뛰어내릴 필요도 있다"라는 맹목적 선택을 정치적 결단으로 간주하고 아무런 목표도 없는 전쟁에 휘말려들어간 지도자들에게는 결과에 대한 예측이 없었기 때문에 결단 자체에 소신도 없고 소신이 없기에 책임을 진다는 의식도 생겨날 수 없었다.

물론 이렇게 책임의식을 낳지 못하는 씨스템은 메이지(明治)헌법의 다원적 통치구조가 초래한 것이고, 나아가 그런 정치문화는 천황제와 무가(武家)정치가 병존하면서 권력과 권위가 이원화되었던 통치구조를 배경으로 했음을 간파할 수도 있을 것이다. 어쨌거나 권력의 형식과 실질의 이중

---

14) 丸山眞男「軍國支配者の精神形態」,『現代政治の思想と行動』, 未來社 1964, 109면.

구조는 서열 속에서의 상향식 방식과 가족주의에 근거하고 있다는 링기제(稟議制)[15]로 증폭되어, 때로 '하극상(下剋上)'의 풍조가 생겨 법적 권한의 무정부상태를 낳게 되었다.

이러한 권력핵심의 와해에서 비롯된 전쟁의 참화를 반성하는 데에서 출발했다는 전후(戰後) 일본에서도 소신과 책임을 회피해버리는 정치적 체질은 변하지 않았다. 전쟁 수행을 실질적으로 담당하다가 국민주권의 헌법이 시행되자 천황의 관리에서 공무원으로 변신하여 주권자인 국민에게 봉사하게끔 변신해야 했던 관료제가, 점령통치의 비용절감이라는 관점에서 온존되고 말았기 때문이다.

그리하여 헌법은 바뀌었어도 행정은 변하지 않고, 제도는 달라졌지만 정치문화는 근본적으로 지속되었다. 물론 정치가와 관료의 관계는 족의원(族議員)[16]이 등장하는 등 시대에 따라 변모해나가기도 했다. 그러나 정치적인 비전과 정책편성능력 면에서 정보를 집중적으로 관리하고 법 집행을 담당하는 관료들에게 의존할 수밖에 없는 상황에 놓여 있는 한, 선거라는 불안정요인을 안고 있는 정치가는 단지 법안을 의회에서 통과시키는 거수기 기능밖에는 갖지 못하게 된다. 그런 씨스템 아래에서는 국권의 최고기관인 국회에서 선출되고 행정 각부를 지휘·감독하는 총리대신조차도 관료가 써준 답안을 낭독하는 기계로 변한다. 수상이 답변을 잘못 읽었을 때 "일개 총리가 담당 관청의 관리가 써준 문구를 잘못 읽는다는 게 웬말인가" 하고 간부급 관료가 화를 냈다는 사태도, 그런 일이 일어날 수 있는 구조였기에 일어났던 것이다. 물론 '일개 총리'를 멸시하는 관료들이 실질적인 정책결정에서 결과에 대한 책임을 추궁당하는 일은 있을 수 없었다. 정책결정의 권한은 법적으로 관료에게는 없고, 행정 각부의 설치 법령도, '오

---

15) 일본 관료제의 관행 중 하나로 회의를 열지 않고 관계자들에게 안건을 돌려 결정하는 제도 — 옮긴이.

16) 특정업계의 이익을 대변하는 국회의원으로 '건설족' 등이 있다 — 옮긴이.

오베야주의(大部屋主義)'[17]라고 불리듯이 포괄적으로 규정되어 있을 뿐, 관료 개인이 맡는 개별 직무의 권한에 대해서는 아무런 규정도 없었기 때문이다. 더구나 관민(官民)관계의 불투명성을 상징하는 행정지도가 '비권력적'으로 '법적 구속력'을 갖지 않아 책임을 낳지 않는 통치수단으로 활용되어 왔기 때문에 책임회피의 제도화가 광범하고 깊숙이 침투하게 되었다.

더욱이 록히드 사건 이후에는 집권여당 중 약소 파벌의 보스를 수상으로 내세운 뒤에 당 안팎에서 정치적 스캔들 등으로 전면에 나설 수 없는 인물이 막후에서 소성하는 통치양식이 정착되었고, 이로써 "아무것도 하지 않고 할 수도 없다"는 부작위(不作爲)를 통해 소신 없고 무책임한 통치를 낳으면서 의회정치를 스스로 부식시켜나갔다. '시이나 추대(椎名裁定)'[18]와 '미끼 강판(三木おろし)'[19]에서 시작되어 무라야마(村山) 연립정권[20]에 이르기까지 얼마나 많은 '오미꼬시(お神輿)'[21]의 추대와 강판이 되풀이되었는가? 또 꼭두각시 수상의 소신 없는 정견을 얼마나 많이 들어왔는가? 정견에 소신이 없다는 것은 정책을 국민에게 설명하고 그 비판에 응한다는 응답능력의 책임(accountability)이 없는 것으로 고스란히 이어졌고, 국민 또한 수상이 꼭두각시임을 잘 알기에 책임 추궁을 아예 단념해버렸다. 그리하여 미래의 비전을 보여주는 책임의 주체도 유야무야되고 공익(公益)과 사익(私益)을 조정하는 존재인 정치도 "최종적으로는 그때그때의

----

17) 공동권한·책임주의, '오오베야'란 하급관리들이 공동으로 사용하는 방 또는 하급관리를 가리킨다 — 옮긴이.

18) 타나카수상이 사임한 후 자민당이 분열될 위기에 처하자 부총재 시이나 에쯔사부로오(椎名悅三郞)가 청렴한 이미지를 갖고 있던 미끼 타께오(三木武夫)를 수상으로 추대한 것을 말한다 — 옮긴이.

19) 미끼수상이 록히드 사건을 계기로 정치개혁을 시도하자 불안을 느낀 자민당 내 보수파벌이 합세하여 미끼수상을 사퇴시킨 사건 — 옮긴이.

20) 장기집권이 붕괴되어 의석수가 과반수에 미치지 못하자 자민당은 사회당과 손잡고 사회당 당수 무라야마 토미이찌(村山富市)를 수상으로 옹립했다 — 옮긴이.

21) 신위를 모시는 가마로 정파간 정략으로 옹립된 수상을 가리키기도 한다 — 옮긴이.

역학관계에 의존한다. 신조윤리와 자기억제를 결여한 권세자의 전횡과 사익의 추구가 일본의 만성증상이 되었다."[22]

이러한 정치문화도, 정책 결정이 미치는 범위가 그나마 일본 국내로 한정된다면, '합의의 정치'라느니 '부드러운 지배'라느니, 또 '화합(和)의 정치'라느니 하면서 "잘 길들여진 단일사회의 관대한 수습원리에 따른 양순한 정치"[23]라고 자기만족할 수도 있었다. 재계(齋戒)와 인심일신(人心一新)을 제창함으로써 과거에 일어난 일을 전혀 없었다고 양해해버리는 것도 불가능하지는 않았다. 사실 일본의 정치사회에서는 재난으로 죽은 사람이나 한을 품고 죽은 정적(政敵)의 영혼을 위로하기는 해도 "무덤에 채찍질을 하고 시체를 능욕하는"(『後漢書』) 행위는 기피해야 할 것으로 치부해온 전통도 있다. '관용과 인내'가 정치신조가 될 수 있었던 것이다.

그러나 이처럼 일본사회의 특질로 간주되는 측면, 즉 '관대하고 도량이 넓다'고 할 만한 측면들도 다른 정치사회와 교섭할 때는 상이한 평가기준을 적용받게 된다.

어떤 행동방침이 실패로 끝나면 '물에 흘려보낸' 뒤에 단 한번도 뒤돌아보지 않고 다른 쪽으로 집중할 수 있었던 능력, 베네딕트가 '일본의 진정한 강점'이라고 평가했던 이 능력도 실패로 끝난 결과에 대한 처리가 불충분하다면 무책임하다는 비난을 면할 수 없을 것이다. 실제로 일본이 아시아에 대해서 취했던 태도는, '대동아공영권'이라는 행동방침이 실패로 끝나자 패전 이후에는 미국에게만 눈을 돌려 군사에서 경제로 변신하는 데 노력을 집중하는 것이었다.

〔중국문학자〕타께우찌 요시미(竹內好)는 1963년에 쓴 어떤 글에서 "'만주국'을 날조해낸 일본국가는 '만주국'의 장례식을 치르지 않았다. 시치미를 뗀 채 마치 모르는 듯한 얼굴이다. 이것은 역사와 이성에 대한

---

22) 京極純一『日本の政治』, 東京大學出版會 1983, 162면.
23) 神島二郎『政治の世界: 政治學者の模索』, 朝日新聞社 1977, 174, 243면.

배신행위다. (…) 국가가 모르는 체하는 얼굴을 한다면 국민이 뒷수습을 할 수밖에 없다. 모자를 벗어던지면 식민지시대가 사라져버릴 것이라고 생각한다면 엄청난 착오"[24]라고 했다. 그리고 이어서 "유감스러운 것은 국가가 의식적으로 망각정책을 채용하고 학자가 여기에 편승해서 연구를 게을리하고 있기 때문에 '만주국'에 관한 지식이 결집되기 힘들다는 것"[25]이라고 비판했다. 1963년이라는 싯점에서 타께우찌의 글은 아주 적확하게 문제의 소재를 지적한 것이었고, 여기서 '만주국'을 '대동아공영권'으로 바꿔도 충분히 뜻이 통할 수 있을 것이다.

물론 "국가가 의식적으로 망각정책을 채용"할 정도의 의식을 갖고 있었는지조차도 사실 의심스럽다. 냉전이라는 국제환경을 순풍으로 삼아, 상대방에게 얼마간 불만이 남았더라도 일본이 할 수 있는 한도라는 조건 아래서 법적으로 전후 처리가 끝났다고 생각해버리는 이상, 특별히 망각정책을 채용할 필요조차 없었기 때문이다. 그러나 국가가 망각정책까지 채용하지 않았다 하더라도, 적극적으로 기억에 남기려는 노력도 없이 망각은 확실히 진행되었다. "모자를 벗어던지면 식민지시대가 사라져버릴 것"이라는 의식도 없이 '아시아'와 '식민지'의 기억은 의식에서 차츰 희미해져갔다고 말할 수밖에 없다.

그러나 자신의 망각이 곧 상대방의 망각을 의미하는 것은 결코 아니다. 도리어 재앙을 입힌 측의 망각은 재앙을 입은 측에게 더욱 심한 굴욕감을 느끼게 하고 분노를 불러일으키는 법이다. 일본인에게는 무의식 속의 망각일지라도 고의로 은폐하는 듯 보인다는 것도 부정할 수 없다. 그리고 사실 식민지 지배라는 행위의 기억은, 지배를 한 것이 아니라 근대화를 시킨 것이고 결과적으로는 독립으로 이끌었다는 긍지에게 양보해버렸고, 그로 말미암아 여러차례 관료의 '실언'이 있었다. 하지만 그 긍지의 표명이야말

---

24) 竹內好「滿洲國硏究の意義」, 『內なる中國』, 筑摩書房 1987, 160~61면.
25) 같은 책, 같은 곳.

로 자기 힘으로 독립을 성취한 사람들의 자존심을 짓밟는 작용을 했다. 대동아공영권에 대한 일본의 망각도, 각국의 독립에 대한 일본인의 긍지도 서로의 역사에 대한 이해와 화해를 가로막고 있다. 또 각 국가와 국민들이 역사 속에서 자기들의 실패를 망각하고 그 결과 성립된 긍지만을 과시함으로써 화해는 더욱 지연된다. '자학사관(自虐史觀)'을 비난하는 사람들은 말한다. 화해가 지연되는 것은 상대방이 반일교육을 하기 때문이라고. 그것을 전면적으로 부정할 수는 없지만, 광신(狂信)에 대한 또하나의 광신적 십자군을 보내서 얻을 수 있는 전리품이란 상대방의 더욱 심한 증오심뿐이다. 증오의 불길은 그곳에 부채질을 해대는 자의 얼굴로 되돌아와 그를 불태운다.

아무튼 역사의 사실이 밑에서 올라오는 데는 시간이 필요하다는 제약도 있어서, 전후 일본의 역사인식에는 이상한 결여가 있고 망각도 있었다. 그 공백을 메우고 기억을 되찾는 작업이 1980년대부터 겨우 진행되기 시작했다. 그러나 그것은 당시 정치적·경제적으로 아시아국가들과의 관계개선이 필수적인 사항이 되었기 때문이다. 기억을 회복하는 작업이 정치적·경제적 필요성에 의한 불가피한 사정에 기인했다는 것 자체가 이미 문제를 편의주의적 영역에서 처리했음을 의미한다. 동시에 거기서 정치적·경제적인 영역 이외에 계속 처리되어야 할 문제영역이 무엇인가 하는 과제가 생기게 되었다. 더구나 전후 반세기를 거친 단계에서 전쟁과 전쟁 처리가 문제가 된다면 당사자의 능력이라는 문제가 대두하게 된다. 이를 어떻게 생각할 것인가? 하나의 대답은 〔전 서독 대통령〕 바이츠제커(R. v. Weizsecker)가 제시하였다.

오늘날 인구의 대부분은 그 당시 어린아이였거나 태어나지도 않았습니다. 이들이 스스로 한 적도 없는 행위에 대해 자기 죄를 고백할 수는 없습니다. (…) 그렇지만 조상들은 그들에게 어려운 유산을 물려주었습니다. 죄의 유무나 나이의 노소를 불문하고 우리 모두가 과거를 인계하지 않으면 안됩니다. 모두가 과거의 귀결과 관련되어 있고 과거에 대한 책임을 지고 있는 것입니다. (…) 문제는 과거를 극복하는 것이 아닙니다. 그런 일은 가능하지도 않습니다. 과거를 바꾼다거나 마치 일어나지 않았던 것처럼 만들 수는 없습니다.[26]

여기에는 정치공동체의 시간적 계속성과 그곳에서 태어난 자들이 과거와 어떻게 연결되고 과거에 대해 어떠한 자세를 취해야 할 것인지에 대한 생각이 담겨 있다. 그러나 왜 당시 태어나지도 않았던 이들까지 과거에 대한 책임을 져야 하느냐는 본질적인 의문에 대해서는 아직 아무런 대답도 하지 않는다. 우리가 정치사회에서의 윤리에 대해 생각할 때 피하려고 해도 피하기 힘든 문제는 바로 그 정치공동체에서의 책임윤리와 그 시간성에 관한 것이다.

– 5 –
책임윤리와 그 시간성

정치는 결과로 책임을 묻는 것이지 정치가의 신조나 목적 때문에 책임을 면제받을 수는 없다고 한다. 아무리 공평무사하게 정의(正義)에 합당한 동기와 의도에서 비롯됐다 하더라도, 정치가 강제력으로 다른 사람들의 요구를 배제하면서 단행되는 이상, 그 목적을 달성하는 과정에서는 도덕적으로 옳지 않다고 여겨지는 수단을 사용하지 않을 수 없기 때문이다. 또 윤리적인 감상주의나 도덕주의의 순수함이 종종 광적인 강요를 동반하면서 얼마나 비인간적이고 비극적인 결말을 가져왔는지에 대해서도 사람들은 역사의 경험을 통해서 수많은 사례들을 알고 있다. 선한 행동을 하려고

26) Weizsecker, Richard von, 永井淸彦 編譯, 「荒れ野の40年」(1985년 5월 연설), 『ヴァイツゼッカー大統領演說集』, 岩波書店 1995, 10면.

했지만 사악한 결과를 낳고 악한 행동을 하고자 했으나 선한 결과를 얻는다는 역설이 생기는 것이 정치세계다. 여기서 신조윤리와 정치윤리를 엄격히 구별하고, 정치영역에서는 동기나 의도보다 결과에 대한 책임을 깊이 자각하는 윤리가 무엇보다도 우선 요구된다는 주장이 성립한다.

물론 이처럼 정치윤리를 책임에 대한 윤리로 간주하고, 정치에 종사하는 사람은 스스로 채택한 정책으로 일어날 수 있는 일과 예견할 수 있는 모든 결과에 대해서 책임을 진다는 결의를 갖고 있어야만 한다는 생각은, 베버(M. Weber)의 『직업으로서의 정치』(*Politik als Beruf*)를 하나의 근거로 삼고 있다.

베버에 따르면 권력감정(Machtgefühl)에 따라 움직이는 정치가에게 '정열' '책임감' '판단력' 등 세 가지 자질은 필수적이며, "그것이 일에 대한 봉사로서 책임성과 결합되고, 일에 대한 이 책임성이 행위의 결정적 기준이 될 때, 정열은 비로소 정치가를 만들어낸다"[27]라고 했다. 그리고 "정치 지도자, 따라서 국정지도자의 명예는 자기 행위의 책임을 자기 혼자 짊어지는 데 있고, 그 책임을 거부하거나 남에게 전가하는 일은 있을 수 없으며 또 허용될 수도 없다"[28]라고 하여, 권력에 투신한 자에게 책임윤리의 중요성을 역설했다.

다만 이러한 책임윤리를 가지고 정책을 수행하는 것과 결과에 책임을 진다는 행위는 전혀 다른 차원의 문제이기 때문에, 베버 자신은 실제로 어떻게 책임을 질 것인지에 대해서는 언급하지 않았다. 그러나 신조윤리보다 책임윤리가 중시된다면, 그리고 인간인 이상 예견도 불확실하고 판단도 잘못될 수 있다면, 당연히 책임윤리보다 책임을 지는 행위 그 자체를 간과해서는 안되는 것이 아닐까. 그리고 그 점이 현재의 우리들에게 더욱 절실한 의미를 갖고 있다고 생각한다.

---

27) Weber, Max, 脇圭平 譯, 『職業としての政治』, 岩波書店 1980, 78면.
28) Weber, Max, 같은 책 41면.

그런데 말할 필요도 없이, 결과책임은 결과가 발생해야만 질 수가 있다. 그러나 정책의 결과가 생겼을 때 정책을 결정하고 수행했던 당사자가 책임을 질 지위에 있지 않다면 책임은 흐지부지 사라지게 된다. 현실에서는 이런 사례들이 오히려 더 많을 것이다. 또 책임을 질 수 있는 입장이라고 해도, 책임 추궁은 일단 공직의 신퇴(進退) 여부를 둘러싼 사직 요구로 나타나고, 최대한 책임을 지는 방식은 곧 공직에서 물러나는 것이라는 생각이 일반적이다. 결과의 시정을 조건 내지 구실로 내세워 유임하겠다는 정치가가 때때로 있기는 하지만, 신임을 받지 못하는 이상, 정책수행능력은 제한받게 되어 거의 실효성이 없다.

요컨대 결과책임이라 하더라도 실제로는 그 정치가 개인을 놓고 볼 때 스스로 아무 일도 하지 않은 채 그저 사직하는 식으로, 무위(無爲)를 통해 책임을 지는 것이다. 물론 거기에 위법행위가 있으면 민형사상의 책임을 추궁받게 되고 국가배상법에 의한 보상이 이루어지기도 하지만, 그것은 정책의 결과를 시정하는 것과는 대부분 관련이 없다. 그리되면 정책 실패에 따른 결과를 시정하고 보상하는 일은 다른 정치가가 담당하게 된다. 바꿔 말해서 과거 정책의 결과를 소여(所與)의 조건 내지 출발조건으로서 인수하는 것이 정치를 인계받아 운영하려는 사람에게는 전제조건이 되는 것이며, 그럼으로써 하나의 정치적 공동체에 정치적 책임이 부과되기에 이르는 것이다.

그렇다면 자신은 그 행위를 직접 하지 않았기 때문에 아무런 책임도 없다고는 말할 수 없게 된다. 즉 어떤 정치적 공동체에서 정치가가 된다는 것은, 그 공동체가 지닌 과거의 정치적 결과에 대한 책임을 자신의 정치적 조건으로 삼고 그것에서 정책을 입안해나간다는 결의를 할 때라야 비로소 가능한 것이다. 물론 정치적 공동체의 계속성을 부정하고 그것이 국제적으로도 승인을 받는다면 그 전제를 뒤엎을 수도 있겠지만.

한편 정치적 공동체의 시간적 지속성을 전제로 한다면, 정치책임이라는 문제는 과거뿐만 아니라 미래에도 타당하다. 아니, 지금 어떤 정책을 결정하는 것 자체가 미래의 어느 싯점에서 정치적 공동체의 성원에게 어떤 정치적 결과를 짊어지게 하는 것이므로, 정치라는 행위는 미래에 투기(投企)하는 것에 대한 책임을 요구한다. 베버도 말했듯이 "정치가에게 중요한 것은 미래와 미래에 대한 책임이다."[29] 그러나 엄밀하게 말해서 미래에 대한 책임에는, 동시대에 살고 있는 정치적 공동체의 성원에 대한 책임과 아직 태어나지 않은 성원에 대한 책임, 두 가지가 있다. 동시대에 살고 있는 성원은 그 정치결정에 어떤 형태로든 관련되어 있는 반면, 아직 태어나지 않은 성원은 자기 의사와는 무관하게 모든 결과를 고스란히 받아들일 수밖에 없다. 그런데 정치결정의 결과가 발생할 싯점까지, 현싯점에서 정책을 결정한 정치가가 살아남아서 책임을 질 것인지 여부도 분명하지 않다. 또 현세대의 윤리관·가치관과 미래세대의 그것이 일치한다고도 볼수 없다. 그렇다면 세대간의 정치책임이란 미래의 세대가 좀더 자유로운 선택을 할 수 있는 여지를 가능한 한 많이 남기는 것밖에 없다.

이처럼 정치적 공동체로서의 계속이라는 시간성을 고려해서 책임윤리를 생각한다면, 과거의 계승책임에서 도피할 수도 없고 미래로 짐을 떠넘길 수도 없다는 제약을 현재의 성원들이 짊어지고 있다는 것은 명확할 것이다. 전쟁책임과 전후책임의 문제도 예외가 아니다. 처리되지 못한 것을 될 수 있는 대로 빨리 처리하고 미래세대에까지 불필요한 부채를 남기지 않겠다는 자세를 취하는 도리밖에 없다.

그런데 정치적 공동체의 시간성과 그 속에서의 정치와 윤리라는 문제는 정치적 공동체의 공간성 문제와 결합되면서 앞으로 더 큰 시련에 봉착하게 될 게 분명하다. 왜냐하면 앞으로 요청될 생활윤리는 자산(goods) 대신 부채(bads)의 증대를 필연적으로 만들고, 정치는 국민에 대한 부담의

---

29) Weber, Max, 같은 책 84면.

분배로 나타날 수밖에 없기 때문이다.

두말할 필요도 없이, 전후 일본의 경제성장은 인간의 욕망을 억압하는 것이 자연적 본능에 위배된다고 간주하면서 윤리적 구속에서 해방되는 것을 발판으로 삼아 진행되었다. 이 '욕망자연주의'를 공통의 모태로, 경제는 오로지 영리의 최대화를 시향하고 정치는 머릿수의 최대화를 지향해왔다. 물론 생활윤리를 더 많이 규정한 것은 경제영역이었다. 하지만 그동안 일본의 경제성장을 뒷받침해온 지역들에서 인구가 증가하여 자원이 상대적으로 감소하는 동시에 전지구적 규모에서 자연환경을 보전해야 하는만큼, 국민들로서는 대량소비를 미덕으로 삼아온 생활조건의 감축과 그에 상응하는 생활윤리의 변화가 불가피해진다. 더욱이 욕망은 시장메커니즘만으로는 제한될 수 없기 때문에, 시장메커니즘이 아니라 정치권력을 통한 조정이 필요해진다.

정치윤리도 패전 이전의 칙어(勅語)나 조서(詔書)를 통한 멸사봉공(滅私奉公)의 국민도덕과 가족윤리의 강제에서 이탈하면, 이제까지의 현실정치질서를 상대적으로 초월하여 비판적인 시각을 제공해온 '천(天)'과 '도(道)' 또는 '우주'라는 규범 및 '공공(公共)' 관념을 상실하게 되어 정치윤리의 기축(基軸)이 될 만한 것을 찾을 수 없는 상황에 봉착하게 된다. 전후에 이렇게 윤리적 기반이 상실된 결과, 일본은 초월적 계기를 결여한 채 다종다양한 가치관을 지닌 사람들의 정치윤리를 편성해내지 않으면 안될 처지가 되었다. 뿐만 아니라 이제는 더 나아가 일본 외부의 정치공간에 사는 사람들과 공존한다는 과제에도 대처해야만 한다.

초월적 계기라는 이 문화적 자원의 공백을 천황제로 보충하려는 경향도 세기말의 일본에서 나타나고 있다. 하지만 그런 경향은 국민국가의 틀을 재고(再考)할 수밖에 없는 절실한 요청과 모순되며 장애물만 되는 것이기에, 다른 정치적 공동체의 사람들과 교류하면서 윤리관을 형성하는 데 도움이 된다고는 볼 수 없다. 또 개별적인 제도와 살아있는 개인에게서 초월적 계기를 찾는다는 것은 물신숭배(fetishism)와 개인숭배 이상의 의미는 없는 것이다. 영원한 과거로 회귀하는 데에서 공동성(共同性)의 확보를 추구하기보다는 설령 힘들더라도 시종일관 이방인의 시선으로 자신과 다른 정치사회를 응시하면서 그 타자성(他者性)으로서의 차이를 둘러싼 항쟁 속에서 보편적 계기를 찾고자 노력할 필요가 있을 것이다.

적어도 일본이라는 정치적 공동체는 여러 회로를 통해 다른 정치적 공동체와 연결되면서 공간적으로도 더 큰 정치적 공동체로 변모해나가고 있어, 일본이라는 정치적 공동체의 정체성 또한 고립적으로 파악될 수는 없다. 그런 의미에서도 바이츠제커의 다음과 같은 말은 귀기울일 만한 가치가 있다.

정체성이라는 것은 우리가 자신을 타인에게 이해시키는 것이기도 합니다. 함께 살아가는 동료와 이웃이 과연 우리를 이해하고 있을까, 또 어떻게 이해하고 있을까 하는 문제입니다. 요컨대 우리가 과연 다른 민족들과 함께 살아갈 수 있을지 여부를 묻는 질문인 것입니다.[30]

정치윤리가 정치행위의 기축이고 정치가의 발언이 정치행위라고 볼 수 있다면, 바로 "언어와 그것이 전하는 메씨지야말로 정치"[31]라고 할 수 있다. 그러므로 21세기의 아시아에서 살아나갈 새로운 정체성을 창출하는 언어야말로 지금 일본의 정치에게 가장 요망되는 것이 아닐까?

---

30) Weizsecker, Richard von, 加藤常昭 譯,「トイチ人とは: そのアイデンティティについて」(1985년 6월 강연),『想起と和解』, 教文館 1988, 50~51면.
31) Weizsecker, Richard von, 永井清彦 編譯,「荒れ野の40年」(1985년 5월 연설),『ヴァイツゼッカー─大統領演説集』, 岩波書店 1995, 옮긴이 해설, 218면.

상실된 윤리, 미답의 윤리

일본인과 윤리에 대해 생각할 때 반사적으로 떠오르는 두 가지 에피쏘드가 있다. 첫째는 메이지시기까시 있었던 차용증의 문구 중 변제일(辨濟日) 항목 뒤에 "만약 이를 어기면 비웃어주시오"라고만 쓸 뿐 담보 따위는 필요가 없었다는 에피쏘드다.

둘째는 민속학자 미야모또 쯔네이찌(宮本常一)가 전후의 농지개혁 때 직접 겪은 일을 들려준 이야기인데, 촌민들이 중구난방으로 자기주장을 해댈 때 "여러분, 아무도 없는 어두운 밤에 홀로 가슴에 손을 얹고서 '나는 조금이라도 나쁜 짓을 한 적이 없어. 부모님도, 조부모님도 올바르게 살았고. 우리집 땅은 아무 부정 없이 얻은 거야'라고 분명히 말할 수 있는 사람이 있으면 나와보십시오"[32]라는 말을 꺼내면 그것으로 만사가 해결되었다는 에피쏘드다.

지금 여기서 1868년의 메이지유신(明治維新)과 1945년의 패전이라는 두 차례의 전환기에 —— 그리고 어쩌면 수세기에 걸쳐서 —— 존재했던 이런 윤리관에 대해 시비를 논하고 그것으로 되돌아가자고 말할 필요는 없을 것이다. 그러나 이러한 윤리관과 그것을 기초로 한 문화가 변화해왔다는 것, 그리고 그 변화에 가장 잘 편승했던 것이 정치와 정치가의 윤리관이었던 것만큼은 확인해두어야만 한다. '어기면 비웃어주시오'는 고사하고 '공공연한 약속위반의 휴지조각'이 되고 만 것이 공공정당의 공약(公約)이다. 그리고 공약을 무시한 당파의 이합집산이 반복되는 가운데 국민도 공약을 망각하고 그것이 휴지조각이 되고 만 것까지 망각해버렸다.

시게미쯔 마모루(重光葵)[33]는 쇼오와(昭和) 전반기 일본인의 정치적 책

---

32) 宮本常一 『忘れられた日本人』, 岩波書店 1984, 37~38면.
33) 패전 당시 일본정부의 대표로서 항복문서에 조인했던 외교관 —— 옮긴이.

임감에 대해서 "일본인의 정치적 책임감은 유감스럽게도 전반적으로 희박하다. 정치는 결국 국가의 일이라고들 해서 국민의 책임은 아직 충분히 자각되지 못하고 있다. 정치가도 일단 사직하고 나면 책임에서 벗어난다고 간단히 생각해버린다"라고 비판하면서 "일본인은 건망증에 걸렸다"라고 탄식했다.[34] 그리고 그의 말대로 전쟁책임에 대해서 '대동아공영권'에 속해 있던 사람들에게 완벽한 건망증 증상을 보여주었다. 아무리 정치책임을 추궁당해도 일단 사직하면 더이상 공인(公人)이 아니라고 발뺌하면서, 수많은 정치가들이 국민의 망각 속에 재기하여 고위직에 올랐다. 그러나 세태를 한탄한들 바뀌는 것은 아무것도 없다. 어떠한 국민도 자신의 정치윤리를 반영하는 것 이상의 정치가를 대표로 가질 수는 없기 때문이다.

문제는 이러한 망각의 문화 속에서 망각이 불가피하다 하더라도, 그 망각이 무엇을 초래하여 "지금 이렇게 되어 있는가"를 되묻는 데서부터 시작하지 않는다면, 책임회피의 정치씨스템과 소신 없고 무책임한 정치문화만을 남긴 채 21세기에도 다른 정치적 공동체와 공존하지 못하게 되리라는 것이다. 그런데 사실 우리 일본인은 이미 50년 전에 그러한 정치윤리의 존재형태를 찾아 전후의 발걸음을 내딛기 시작했다.

일본국 헌법의 전문(前文)은 이렇게 외친다.

> 일본국민은 영원한 평화를 희망하고 인간의 상호관계를 지배하는 숭고한 이상을 깊이 자각한다. (…) 어떤 국가도 자국만을 고려하여 타국을 무시해서는 안되며 정치도덕의 법칙은 보편적인 것이고 (…) 일본국민은 국가의 명예를 걸고 전력을 다하여 이 숭고한 이상과 목적을 달성할 것을 맹세한다.

50년의 역사를 돌이켜볼 때 우리는 지금 안이하게 '정치도덕의 법칙은

---

34) 重光葵 『昭和の動亂』(下), 中央公論社 1952, 1면.

보편적인 것이다'라는 것을 전제로 해서는 안되며 또 그럴 수도 없다. 우리가 갖고 있는 정치도덕의 법칙이 어떤 의미에서 보편적일 수 있는지 검증조차 하지 않은 채 그 보편성을 강변할 때, 그것은 가장 오만한 억압으로 나아갈 위험성을 내포하고 있다. 우리가 21세기에 해야 할 일은, 각 정치사회의 고유성이라는 역사적 제약을 받는 것은 도대체 무엇이고, 또 그 고유성을 초월한 보편성을 가진 것은 무엇인지를 협동작업을 통해서 찾아내는 일이 될 것이다. 그때 유의해야 할 것은 타자, 그것도 자기와 같은 문화의 정치시회에서 테어나서 지란 시람들이 아닌 다자와의 권계에서 자기를 끊임없이 재구성함으로써 정치도덕의 보편성을 찾아내고 공유해나가는 노력을 지속할 필요가 있다는 것이 아닐까 싶다. 그 작업은 우선 자기를 확립한 뒤에 타자와 대면한다는, 강고한 주체성을 전제로 하는 일은 아닐 것이다. 오히려 자기를 선험적으로 고정해버리는 것과 늘 거리를 두면서, 타자를 거울삼아 자기 모습을 찾아내고 타자라는 빛이 만든 그림자로서 자기를 확인하면서 윤리를 공유해나가기를 지향하는 작업이다. 그것은 몹시 불안하고도 우회하는 방법이다. 그러나 바람에 흔들림으로써 시각은 다양하고 유연해질 수 있다는, 그 가능성만은 숨어 있으리라는 데에 희망을 걸고 싶다.

'다즉일(多卽一)'의 질서원리와 일본의 선택

– 1 –
지역개념 아시아와 가치의 표상

아시아는 다양성의 바다다. 그 드넓은 해원(海原)은 형형색색으로 시시각각 변하면서 천변만화(千變萬化)의 모습을 드러낸다. 그러나 이 격랑의 너울 밑에는 수천년간 변함없이 존재해온 문화라는 심해수가 가없이 흐르고 있지 않은가. 바로 이것이 극히 제한된 체험밖에 없는 내가 갖고 있는 아시아의 이미지다.

아마 아시아가 하나의 지역으로서 통일성을 갖추고 있다면, 그것은 바로 다양성이라는 것 그 하나에 불과하리라. 이는 물론 아시아를 일체로 파악할 수 없음을 뜻한다. 아니, 아시아의 일체성은 고사하고 "12마일마다 언어가 다르다"는 인도처럼 대부분의 나라들이 복합 다민족국가로 존립하고 있다. 하나의 정치사회가 다양한 민족·언어·종교·문화로 구성된 것이 아시아의 일반적인 모습이며, 일본이나 한반도의 국가가 오히려 예외적이라고도 할 수 있을 것 같다. 하지만 그런 다양성이라는 기준에서 볼 때 반드시 아시아적이라고 말할 수 없는 일본 같은 나라들까지 포함한다는, 바로 그런 의미에서도 아시아는 다양하고 다원적인 존재인 것이다.

이처럼 아시아를 다문화적이고 다중심적인 꼴라주(collage)로 파악하더라도, 그 지리적 경계영역은 거기에 거주하는 사람들의 귀속의식과 반드시 일치하지 않는다. 아시아 사람들은 좋든 싫든 그 지리적 구분의 틀 안에서 아시아에 대해 발상할 수밖에 없었기 때문이다. 그렇기 때문에 새로운 기준에 의해 지구 규모로 세계의 구역 분할이 이루어질 때, 아시아가 현재 모습대로의 아시아일 수 있다고는 잘라 말할 수 없다.

그러나 예컨대 '동남아시아'라는 지역 개념이 그랬듯이, 그곳에 사는 사람들의 의식과는 무관하게 미국인이 군사적 관점에서 설정한 지역 구분이, 정치적·경제적인 필요성도 있어서 하나의 통일성과 실체성을 지닌 지역단위로 바뀌어나가는 경우도 있을 수 있으리라. 마찬가지로 현재 싯점에서는 아직 다양성이라는 것 말고는 통유성(通有性)의 기축(基軸)을 갖지 못한 것처럼 보이는 아시아도 언젠가는 내발적(內發的) 귀속의식에 바탕을 둔 지역적 일체성을 명실공히 구비하게 될지도 모른다.

어떤 경우이든 아시아라는 지역 개념은 내용물과는 관계없이 선험적으로 부여된 그릇으로 우선 존재했다. 더욱이 이 그릇은 그 자체가 어떤 색이 칠해진 것이고 거기에 다양한 가치를 집어넣을 수 있다는 특질을 갖고 있다. 그리고 유럽적 기준으로 지역을 구분한다는 작업 자체가 자기와 타자를 나누는 차이화(差異化)를 의해서 가치의 서열화를 꾀하는 것이었던 이상, 아시아라는 지역 개념 역시 가치 내지 반(反)가치의 표상으로서 나타날 수밖에 없었던 것이다.

물론 두말할 필요도 없이 '아시아' 내지 '아시아적'이라는 지역 개념과 관련한 담론에 부여된 가치판단 속에는, 그 사회체제나 경제상태에 대한 평가가 포함되어 있을 뿐만 아니라 그것을 기준으로 자기가 속한 사회에 대한 비판이나 전망도 포함되어 있다. 그러므로 16세기 이후 유럽의 사회형성과 경제적 번영이 아시아지역과 교류한 무역에 크게 의존하던 단계에서는 풍속·습관·신앙 등이 아무리 이질적으로 보일지라도 아시아 자체가 모멸의 대상이 된 경우는 없었다. 도리어 유럽의 선교사나 상인들에게 중국과 일본의 관료제·가족제도 등은 경탄의 대상이 되고 변혁의 모범으로 간주되기까지 했다. 특히 18세기에는 프랑스를 비롯한 유럽 각국에서 중국을 이상적인 문명국으로 존중하는 '중국 예찬'(chinoiserie)이 유포되었고 이를 기준으로 크리스트교회나 구 체제를 비판하는 경우도 있었다.

그러나 유럽에서 산업혁명이 진전되면서 19세기에 접어들어 아시아와 생산력 격차가 발생하고 인도에 대한 식민지 지배의 확립, 중국에 대한 아편전쟁의 승리 등을 거치는 과정에서 아시아는 반가치적 존재로 전락해버렸다. 이처럼 근대 유럽이 진보·변화·경제력을 가치의 기준으로 삼아 자기인식을 확립하고 있었을 때, 아시아는 정체되고 낙후된 존재로서 야만·미개로 간주되어 서양문명이 구제해야 할 대상으로 뒤바뀌게 된 것이다. 더욱이 그것은 단지 아시아 이미지라는 데 그치지 않고 인문·사회과학의 틀과 가치평가를 규정하는 중요한 개념을 구성하게 되었다. 헤겔(G.W.F. Hegel)이 세계사의 철학에서 정체(停滯)의 제국으로 중국을 논하고, 베버(M. Weber)가 자본주의 정신이 결여된 사회로서 아시아를 말하며, 비트포겔(K. A. Wittfogel)이 동양적 전제주의론을 부르짖는 등 아시아 내지 동양사회는 극히 부정적인 평가를 부여받는 이념형을 표상하는 존재로 조형(造型)되었던 것이다. 뿐만 아니라 맑스(K. Marx)의 발전단계론 속에 상정된 아시아적 생산양식론에서는 지리적 한정에서 벗어나 고전노예제와 봉건제 등에 선행하는 고대 전제적 사회구성의 역사적 범주로서 '아시아적'이라는 수식어가 붙게 되었던 것이다.

이런 아시아사회론에서는 전제주의적 국가의 밑바닥에 발전적 계기를 전혀 갖지 못한 촌락공동체가 잔존했다고 간주되었기 때문에, 아시아는 외부의 힘에 의해 강제됨으로써 개화되지 않고서는 절대적으로 정체가 지속되는 것처럼 묘사되었다. 이때 '아시아적'이란 유럽적 근대의 정반대에 위치한 비(非)가치적 존재의 대명사가 되어, 아시아적인 것을 유럽적인 것으로 바꾸는 것은 비문명적인 존재를 문명화하는 것으로 여겨지기에 이르렀다.

그리하여 이 '문명화의 사명'을 떠맡은 서양인이 아시아를 식민지로 영유하는 것은 '백인의 책임'으로 정당화되었던 것이다. 서양이 식민지 통치를 유지해나가기 위해서는, 아시아는 미개하고 정체된 사회이고 거기에 사는 사람들은 구제불능의 몽매성과 야만성을 지닌 인간으로 표상될 필요가 있었다. 영국의 노벨상 수상작가 키플링(J. R. Kipling)이 1899년에 발표한 시 「백인의 책무」(The white man's burden)에서 유색인종을 "반쯤은 악마, 반쯤은 어린애"라고 읊은 것은 바로 그 단적인 표명이었다.

그러나 아시아의 반가치화라는 이 사태는 단지 서양에서부터 아시아를 지향한 데 그치지 않았다. 그것은 일본이 서구적 근대화를 추진하면서 만들어낸 세계관, 특히 아시아에 대한 시선 속에도 내포되지 않을 수 없었다. 게다가 일본과 일본인에게 문제는 좀더 굴절된 형태로 나타났다. 왜냐하면 일본과 일본인에게 아시아란 자신이 속한 바로 그 존재인 동시에, 자신을 분리해서 대상화해나가야 할 대자적(對自的) 존재일 수도 있었기 때문이다. 일본은 아시아에 속하면서 아시아가 아니라는, 배치되고 모순된 위상을 근대시기 내내 추구해왔던 것이다. 바꿔 말해서 일본은 자기가 아시아에 있다는 것과 자기가 곧 아시아라는 것 사이에서 분열되어 자가중독(自家中毒)을 일으켜왔던 것 같다.

그러한 역설적 사태는 예컨대 일본의 아시아주의자가 이구동성으로 제창했던, 아시아의 지도자, 아시아의 맹주(盟主) 일본이라는 주장에서도 발견된다. 즉 일본이 아시아의 지도자나 맹주일 수 있는 것은 서양문명을 빨리 섭취해 국민국가를 형성할 수 있게 되어 서양과 대항할 수 있다고 스스로 간주했기 때문이며, 이는 곧 일본이 아시아적이지 않기 때문에 아시아의 지도자가 될 수 있다는 것이었다. 아시아의 복권(復權)이라는 주장과는 정반대로 아시아는 낙후된 존재라는 것이 암묵적인 전제가 되어 있었던 것이다. 물론 거기에는 식민지화에 의해 정치적·경제적 종속화를 강요받고 후진적 답보상태를 강제당해야 했던, 일본을 제외한 아시아의 현실이 있었고, 그랬기 때문에 일본인의 국민적 사명감이 아시아로 향할 수밖에 없었던 역사적 배경이 있다.

하지만 20세기에 아시아사회 정체론의 가장 강렬한 신봉자가 바로 일본이었다는 점도 부정할 수 없다. 이런 논의가 아시아·태평양전쟁 와중에 가장 소리 높이, 또 학문적으로도 가장 정교한 포장을 하고 제기되었음은 익히 알려져 있다. 더욱이 그 논의는 패전을 맞아 종식되지 않았고, 오히려 전후(戰後)역사학에서 맑스주의적인 세계사의 기본법칙을 적용하는 문제와 맞물려서 계속 주요한 주제가 되었다. 일본 학계가 아시아적 정체성이라는 규정에서 벗어나 자유롭게 아시아에 접근할 수 있게 된 것은 실로 1980년대에 들어서부터였다.

- 2 -
아시아적 가치의 추출과 일본의 존재이유

이처럼 근대일본에게 아시아 내지 동양이란, 서양과 대비되면서 애증이 교차하는 양의(兩義)적인 대상이고, 그것을 인식할 때 서양적 가치기준에 사로잡혀왔음을 부정할 수는 없다. 하지만 앞서 언급했듯이, 서양적 가치기준 역시 역사적 소산으로 당시의 사회·경제상황을 반영한 데에 지나지 않았다.

그렇다고 한다면 아시아 자체가 크게 변화해나가는 전환기에 그 현재와 미래를 전망하기 위해서라도, 아시아에 내재하는 고유한 논리와 윤리를 기초로 한 가치기준과 예지(叡智)의 질서원리 —— 그것을 여기서는 일단 '아시아적 가치'라고 해둔다 —— 를 추출해내는 일은 필요한 작업이라할 수 있을 것이다. 하지만 똑같이 아시아적 가치라고 하더라도, 그것은 리 콴유(李光耀)나 마하티르(B. M. Mahathir) 등 특정 정치가가 자기 정책을 정당화하기 위해서 사용하는 개념이나, 아시아 경제성장의 배경으로 칭송받는 근면성이나 집단주의 지향 등과는 전혀 이질적인 것이며, 어디까지나 작업가설로 설정하는 데 지나지 않는다. 요컨대 아시아적 가치란, 그저 아시아만을 문제삼기 위해서가 아니라 다가올 세기에 세계가 직면할 문제성을 예시(例示)하면서 새로운 질서원리나 개인의 존재양식, 그리고 그 속에서 일본의 위치를 분명히하기 위해서 거론하는 것이다.

앞에서 근대일본이 서양의 인식틀에만 의거하면서 아시아에 어떻게 대처해왔나를 약간 살펴보았지만, 그런 견해만 있었던 것은 아니다. 서양의 가치기준과 거기에 입각한 자기인식이나 세계상에 대해 의문을 던지고 아시아의 독자적 가치와 그 속에서 일본의 존재이유(raison d'être)를 추구한 논의도 결코 적지 않았다.

아니, 압도적인 서구의 충격에 직면했을 때, 거기에 빨려들지 않고 자기보존을 꾀하고자 한다면, 지역으로서의 아시아의 가치를 유럽이라는 지역의 가치와 대립시키고 그 속에서 자기의 정체성을 주장하는 것 말고 다른 길은 없었다고 하는 편이 더 맞을 것이다. 일본에서는 사꾸마 쇼오잔(佐久間象山, 1811~64)이 "동양 도덕, 서양 예술(기술)"이라 하고, 청말 중국에서 '중체서용(中體西用)'이 소리 높이 주장되며, 조선에서 '동도서기(東道西器)'론이 제기되었던 것도, 모두 유럽 물질문명의 우위성을 인정하면서 자신의 학문·종교·윤리에서 가치를 발견하여 거기에 대항해나가고자 한 의지의 표명이었던 것이다.

그러나 이런 주장들은 기술이나 물질문명의 우위성을 인정했다는 점에서 이미 서양의 가치를 거부한 것은 아니다. 기술이나 물질문명도 서양의 학문·종교·윤리와 직결되어 존재하는 것인 이상, 양자를 엄격히 구별해서 한쪽만을 받아들이기란 불가능한 일이었다. 적어도 이런 이분법의 논리만으로 아시아적 가치가 추출될 수는 없었다. 또 이렇게 동양과 서양을 대비시키는 논의는 서양과 아시아 쌍방을 깊이 이해하면서 제기되었다기보다는 상대방에 대해 무지하거나 성찰이 결여된 채 자신의 가치를 과신(過信)한 데에서 비롯된 것이었다.

그런 의미에서 일본에서 적어도 아시아를 실제로 견문하고 이를 근거로 아시아적 가치를 추출한 것은 오까꾸라 텐신(岡倉天心, 1862~1913) 이후의 일이다. 아시아의 현실에 직면한 오까꾸라의 눈에 아시아는 결코 하나의 세계로서 통일성·주체성·자립성을 갖춘 존재로 비치지는 않았을 것이다. 하지만 그것을 인정해버리면 아시아는, 그리고 일본은 서양에 대항할 가치기반을 발견하지 못한 채 서양의 가치에 계속 농락당할 수밖에 없었을 것이다. 그래서 곡예묘기 같은 논리로 덧대서 기워낸 것이 바로, 불이일원(不二一元, 산스크리트어 advaita)의 이념, 즉 존재하는 것이 외견상 아무리 복잡다양하게 보일지라도 그것은 사실 하나의 존재라는 이념이었고, 이 이념에서부터 "아시아는 하나다"라는 명제가 도출되었던 것이다. 그리고 이 불이일원의 이념에 따르면 모든 세부에 전체가 관련되고 어떤 단편적 문화현상 속에서도 모든 진리를 발견해낼 수 있다고 간주되기 때문에, 혼연일체이면서 다양한 외양을 보이는 아시아도 실은 하나(一如)의 존재가 된다. 그리하여 텐신은 말한다. "아라비아의 기사도, 페르시아의 시, 중국의 윤리, 그리고 인도의 사상, 이들 모두가 단일한 아시아적 평화를 말하고 있으며, 거기서 자연히 공통의 생활이 자라나 각각 장소를 달리하는 특징적인 꽃들을 피우면서도 확실한 구분선 따위는 그으려 하지 않는 것"(『東洋の理想』, 1903)이라고.

그러나 오까꾸라의 이런 입론은 불이일원이라는 인도의 교설(教說)에서 추상적으로 이끌어낸 것이 아니라 미술이나 건축양식의 전파라는 사실로 뒷받침되었다. 그리고 일찍이 존재했을 아시아적 가치를 발현하고 발양(發揚)시키는 역사적 임무를 진 것이 바로 일본이었다. 오까꾸라에 따르면, "복잡성 속의 통일이라 해야 할 이 아시아적 특성을 가장 명료하게 실현하는 작업이야말로 일본의 위대한 특권이었다. 일본 민족의 인도적·타타르적 피는 그 자체가 이 두 원류를 흡수하여 아시아적 의식 전체를 반영할 수 있게 했던" 것이며, 일본의 존재이유는 아시아문명을 한몸에 체현하여 '동양문화의 본능적인 절충주의'로써 '옛것을 잃지 않고 새로운 것을 환영하는' 데 있었다.

그리고 똑같은 논리구성을 취하면서, 종래 서양가치의 핵심으로 간주되어온 기독교를 서양문명의 손에서 동양문명의 손으로 되찾아 다시 창조하는 데에서 일본의 존재이유를 찾았던 사람이 우찌무라 칸죠오(內村鑑三, 1861~1930)였다. 우찌무라는 제1차 세계대전으로 서양문명은 종말론적 위기를 맞았을 뿐만 아니라 제국주의적 군사침략으로 오히려 기독교의 적(敵)이 되기까지 했다고 판단했다. 그에 따르면 기독교는 원래 아시아에서 일어난, 아시아인에게 적합한 종교이며, 특히 인도에서 쇠망한 불교나 중국에서 쇠퇴한 유교를 보존해온 '종교의 민(民)'인 일본 민족이야말로 기독교를 다시 부흥시킬 자격이 있다. 즉 "구미제국에서 폐기처분된 기독교를 일본에서 보존하고 천명하며 부흥시켜 다시 새로운 모습으로 세계에 전파"(「日本國と基督敎」, 1925)하는 데에서 일본의 사명을 찾을 수 있다고 주장했던 것이다.

오까꾸라와 우찌무라의 이런 논의는 문명의 존재양식이나 문화·종교의 계보 등에 주목하여 거기서 아시아적 가치를 발견하는 동시에 일본의 존재이유와 세계사적 사명을 설정한다는 입론구성을 취하고 있다. 그 입론에서는 서양의 문명에 대한 아시아의 야만이라는 시각이 역전되어, 아시아적 존재양식이야말로 가치가 있다는, 가치의 전도 현상이 일어난다.

이처럼 문명의 존재양식에서 아시아적 가치를 찾는 논의와는 별도로 유럽적 사고양식에 대해 아시아적 사고양식이나 인식상의 특성을 대치시키고 거기서 아시아적 가치를 인지하려는 지향성도 일본에서는 메이지 20년대〔1887~96〕의 국수(國粹)보존주의운동 이래 일관되게 존재해왔다.

스즈끼 다이세쯔(鈴木大拙, 1870~1966)도 그런 관점에서 아시아적 가치를 추구했던 사람 중 하나다. 스즈끼에 따르면 "서양 사람들은 사물이 이분법(dichotomy)으로 분리된 세계에 입각해서 생각한다. 동양은 대개 이와는 반대로 사물이 아직 이분화되지 않은 지점에서부터 생각하기 시작한다"(「東洋の思想の不二性」, 1962)는 데에 서양과 아시아의 근본적인 차이가 있다고 말한다. 서양적·구미적 사고양식으로서의 "이분성(二分性)에서 비롯되는 배타성이나 주아성(主我性) 같은 것은 매우 바람직하지 못한 성질인" 데 반해, 동양적·아시아적인 '너와 나의 분리 이전, 로고스(logos) 이전'의 '혼연일체'인 상태에서 사고하는 방법이야말로 "앞으로 다가올 세계문화라는 것을 만들어내는 데 한몫을 하지 않으면 안되는"(「東洋學者の使命」, 1961) 것이라고 스즈끼는 생각했다.

이분성 자체를 부정하는 스즈끼의 입장에서 보자면 서양적인 것과 동양적인 것을 대립시키는 것은 본의(本意)가 아니다. 그 두 상이한 사고법을 '본래 동과 서가 없다'는 입장에서 『장자(莊子)』가 말한 '혼돈(渾沌)'처럼 하나의 존재로 통합하는 데에 본래 의도가 있었기 때문이다. 그러므로 동양인 내지 아시아인이라는 것은 말 그대로 동양적 내지 아시아적 사고양식을 몸에 익힌다는 뜻이 아니다. 오히려 동양 내지 아시아에 있으면서도 일본인이 잊어버리는 것이 동양적·아시아적 사고양식이며, 서양인일지라도 동양적 내지 아시아적 특성은 구현될 수 있다고 강조한다.

이처럼 스즈끼의 동양적 사고라는 개념은 '초월적 지혜'로서 지역을 초월해서 성립하는 가치의 표상이며, 세계적 규모에서 인류문명에 이바지하기 위해 '너도나도 없는' 혼돈된 존재양식으로서의 아시아적 가치를 전세계에 전파할 사명이 일본인에게 있다고 주장하는 것이다. 다만 스즈끼의 '즉비(卽非)'나 '무분별의 분별'이라는 논의가 구체적으로 어떤 행위의 기준이 될 것인지를 이해하기란 그리 쉽지 않다. 그것은 니시다 키따로오(西田幾太郎, 1870~1945)의 '절대모순적 자기동일'이라는 개념처럼 어떤 종교적 경지의 깨달음을 요구하는 것 같다.

그런데 지금까지 살펴보았듯이 문명의 존재양태나 사고양식 가운데서 아시아적 가치를 발견한다는 차원을 떠나, 정치사회와 그 속에서 개인의 질서원리를 모색하는 차원에서 아시아적 가치를 논한 주장은 그리 많지 않았다. 일본의 근대가 구미형 국민국가와 그 구성원인 개인의 존재양식을 모범으로 추구해온 이상, 당연한 귀결이라고도 할 수 있을 것이다.

물론 부국강병이라는 국시(國是)에서 보듯, 국가차원의 가치의 극대화기 목표가 되는 한편, 농본주의자 같은 부류는 노자(老子)가 주장했던 소국과민(小國寡民)이라는 정치사회와 개인의 존재양식을 현실에 대한 안티테제로 거듭 주장해왔다. 하지만 그런 꼬뮌(Commune)은 무샤노꼬오지 사네아쯔(武者小路實篤, 1885~1976) 등의 '아따라시끼무라(新しき村)' 같은 〔생활공동체운동의〕 시도로 나타난 경우는 있어도, 아시아적 가치의 실현으로 설정된 경우는 적었다.

그런 가운데 재야의 중국연구자였던 타찌바나 시라끼(橘樸, 1881~1945)는 중국 농촌사회의 실태를 관찰함으로써 아시아적 정치사회와 그 속에서의 개인의 존재양식의 가치에 주목하고자 했던 극소수의 인물 중 하나였다. 타찌바나는 정치사회의 구성이 씨족에서 부족·민족·계급으로 집단생활을 확대해왔다는 점에서는 서양이든 아시아든 동일하지만, 서양은 일관되게 그들 사이의 대립과 투쟁으로 진행되어온 데 반해서, 아시아에서는 각 단계의 대립에서부터 협화(協和)로, 협화에서 융합으로 진행되어왔고 최종적으로는 '대동세(大同世)'(『예기禮記』, 「예운편禮運篇」)로 나아갈 것이라고 보았다. 즉 서양사회는 개인과 집단의 대립주의로 성립하는 데 반해서 아시아사회는 개인과 집단의 조화주의로 형성된다는 것이다. 그리고 아시아사회에서는 단체 속에서 개인의 완성이 달성되며 개인은 어디까지나 공동체적 자아의식을 갖는다는 점에서 서양사회의 고립적 자아의식과는 다르다고 생각했다.

164

타찌바나는 이처럼 개인과 사회를 관통하는 총체적 파악방식이 아시아 적 사상 내지 아시아적 사유(思惟)의 기조를 이룬다고 중시했고, 이는 미 국의 중국연구자 모스(H.B. Morse, 1855~1934)가 『중국의 길드』(*The Gilds of China*, 1932)에서 추출해낸 '아시아적 민주주의'와도 연결된다고 주장 했다. 타찌바나의 이런 견해는 독일의 사회학자 퇴니에스(F. Tönnies)의 이익사회와 공동사회라는 논의에서 시사점을 얻고는 있지만, 오늘날에도 아시아사회의 인권, 공동체와 개인의 관계를 놓고 전개되는 논의와 궤를 같이하는 것이며, 찬반을 떠나서 아시아적 가치로서 제기되는 입론의 전 형적인 사례 중 하나라고 할 수 있을 것이다.

더욱이 타찌바나는 아시아적 가족형태를 기초로 다민족 평등의 분권적 자치국가를 구상하는데, 이 또한 서양적 중앙집권의 국민국가에 대한 안 티테제로 제기된 것이었다. 이런 질서원리로서의 아시아적 가치는 바로 일본이 낙후된 사회라고 간주하는 다른 아시아사회에 남아 있으며, 타찌 바나는 거기서 새로운 사회를 창조할 가능성을 발견했다. 그것은 패전 이 후 타께우찌 요시미(竹內好, 1910~77)가 일본의 근대화를 안이한 '전향(轉 向)'이라 규정하면서, 중국의 근대화야말로 진정한 자기변혁을 초래할 '회 심(回心)'이라고 파악한 견해와도 통한다.

아무튼 이상에서 살펴본 바와 같은 아시아적 가치의 추출방법 —— 그것 이 명시적이든 그렇지 않든 —— 은 구미적·서양적 가치란 무엇인지를 전 제로 그것에 대한 반가치(counter value)로서 아시아적 가치를 제시한 것 이었다. 즉 아시아적 가치란 물구나무선 서양적 가치였다고도 말할 수 있 는 것이다. 물론 고유한 아시아적 가치가 있다 하더라도, 그것이 가치로 표출되고 인식되기 위해서는 어떤 비교대상이 필요하다. 왜냐하면 그런 시각을 결여한 채 어떤 가치를 그 지역에 특유한 가치라고 파악한다 해도, 그것은 어쩌면 아직 다른 지역의 이질적인 가치표현 속에 깃든 공통성을 깨닫지 못한 데 불과할지도 모르기 때문이다. 고유성·특수성의 주장에는 항상 그러한 위험성과 모호성, 그리고 의구심이 따라다니게 마련이다.

이 점에 유의하면서 다음 절에서는 시각을 좀 바꾸어서 동시대를 사는 한 일본인으로서 직관의 차원에서 아시아의 조류 속에서 어떤 아시아적 가치를 발견할 수 있는지 생각해보고자 한다.

- 3 -
질서원리로서 아시아적 가치의 현재와 그 기로

유사 이래 처음이라고 할 수 있을 정도로 지금 일본인의 관심은 아시아로 향해 있다. 그 관심의 배경에는 아시아에 대한 정반대의 두 이미지가 있다고 생각한다.

한편에는 아시아가 경제적으로 활황을 보이고 일본을 능가하는 첨단정보빌딩이나 하이테크공장, 대규모 공항 등이 일부 출현하여, 21세기에는 세계경제의 중심이 되어 일본과의 교류가 좀더 강화되리라는 상황이 존재한다는 이미지다. 다른 한편에는 일본과 서양이 상실한 자연과 인간문화의 심층이라고 할 만한 것이 아직 아시아에 남아 있는 동시에 다른 어디에도 없는 혼돈의 열기가 소용돌이쳐, 점잔 빼는 문명에서는 찾을 수 없는 매력이 존재한다는 이미지다.

이같은 아시아의 두 가지 이미지는, 바꿔 말해서 일본인들이 일본사회에 무엇인가가 결여되었다고 생각하는 경지를 반영한다고 할 수 있다. 거품경제가 붕괴한 이후 일본 전체를 뒤덮는 듯한 자신감의 상실과 출구 없는 초조감, 이런 생각 때문에 일본사회에 질식해 있는 사람들이 청신한 공기가 충만한 곳으로서 아시아에 이끌리는 것이 아닐까?

이제 일본에 있는 것은 모두 있고, 일본에 없는 것까지도 있다고 여겨지는 아시아. 거기에는 전(前)근대와 근대, 그리고 초(超)근대까지 뒤섞여 서로 불꽃을 튀기면서 '경이의 세계'(wonderland)로서 매력을 뿜어낸다. 바

166

로 그런 점에 중국과 인도만이 아시아적 가치의 대상이 되어왔던 시대와 결정적인 차이가 있다. 그러나 그것이 현싯점에서 아시아적 가치를 추출하는 데 곤란함을 배가시킨다.

왜냐하면 아시아에는, 앞서 말한 것처럼 포스트모던적인 상황까지 출현하면서도 아직 몇세기 동안 지속된 생활양식을 유지하는 측면도 있기 때문이다. 그 혼돈된 상황에서 아시아적 가치를 추출하려는 것은, 마치 두 손으로 박수를 쳤을 때 어느 손뼉이 소리를 냈는지 판별하는 것과도 같으리라. 일단 아시아적 가치라는 것을 추출해내더라도, 그 다양성 때문에 추출한 바로 그 순간에 곧 수많은 반증이 튀어나올 숙명에서 벗어나기 힘들 것이다.

하지만 그런 역동성이 있기 때문에, 막다른 골목에 갇힌 듯한 상황의 탈출구가 아시아에서 추구되는 것도 사실인 이상, 설령 허상이라 할지라도 일본인이 아시아의 현상(現狀)에서 아시아적 가치로서 무엇을 끄집어낼 수 있을 것인가 하는 사고의 실험을 시도해보는 것도 꼭 무의미하다고만 할 수는 없을지 모른다.

그런데 일본인이 지금 아시아나 아시아적이라고 말할 때, 거기에 담긴 이미지는 과연 어떤 것일까? 곁에 있는 여행안내서 같은 것을 뒤적여보면, "옛것과 새것이 교차하는 어지럽고 떠들썩한 땅" "알면 알수록 이상한 신비의 나라" "다채로운 인간과 문화의 잡탕세계"라는 광고문구가 늘어서다가 마지막에는 "우리가 잊어버린 것을 일깨워주는 공간과 시간이 있는 장소"가 된다. 이것들은 "세련된 풍취를 자아내는 정연한 문화의 도시" "옛 황금시대의 풍모가 남아 있는, 문화의 향기가 감도는 동경(憧憬)의 거리"라는 이미지로 표현되는 유럽과는 극히 대조적이다. 그리고 일본인 여행자가 방문하는 아시아의 대부분은 사람과 문화가 농밀하게 모여 있는 뒤죽박죽의 공간임을 실감케 하면서 그 고정관념화된 이해를 증폭시킨다. 그런 점에서 영어의 아시아적(asian, asiatic)이라는 말에서 서양인이 상기하는 것은 아마도 너저분하면서도 활기에 찬 도시일 터인데, 그 상황과 흡사하다고도 말할 수 있을 것이다.

혼돈과 다양성이야말로 아시아의 특성이라면 거기서 과연 어떤 가치를 발견할 수 있을까? 물론 혼돈과 다양성은 그 자체로 반드시 바람직한 것은 아니라서, 남아시아세계에서 '다원적 공생'(Unity of Diversity)이 사회이념으로 제시되어왔던 것처럼 당사자들은 오히려 그 통합을 절실히 추구해왔다. 그러나 현재 일본에서 상실된 것이 바로 혼돈과 다양성임을 우선 확인해두이야 힐 것이다. 전후 일본의 사회체제를, 노구찌 유끼오오(野口悠紀雄)씨처럼 '1940년 체제'라고 부를지 여부는 논외로 하자. 그러나 전시통제(戰時統制)에서 비롯된 규격주의·통제주의가 전후부흥, 고도성장, 석유위기를 거치면서 줄곧 일본사회로 침투해왔고 그로 인해 가치의 일원화가 진행되어, 입시준비교육에서 전형적으로 나타나듯이, 다양성을 서서히 줄여 없애왔음을 부정할 수는 없을 것이다.

하지만 그것은 신분의 상하관계에 따른 차이를 전제로 한 사회질서 —— 보통 봉건유제(封建遺制)라고 부른다 —— 를 극복하고 개인의 평등을 전제로 능력에 의거한 경쟁원리를 통해 업적주의 사회를 만들어낸 결과였다. 또 민주화와 경제성장이라는, 전후 일본이 추구해온 과제를 달성한 결과이기도 했다. 민주화와 경제성장이 서로 원인과 결과인 채로 둘이면서 하나인 가속장치가 되어 사회의 평준화·균질화를 초래하게 되었던 것이다. 때문에 그것 자체는 하나의 가치의 실현이기도 했다. 그런데 하나의 가치가 실현되자, 이번에는 그것이 제동장치가 되어 딜레마가 발생한다. 평준화·균질화는 고스란히 차이를 없애버리거나 개성을 말살시키고 나아가 사회를 경직시키는 것으로 연결되기 때문이다. 그것은 실로 『장자(莊子)』가 말한 '혼돈칠규(混沌七竅)'의 우화[1]를 떠올리게 하는 것이며, 거기

---

1) 『장자』 내편에 있는 우화. 사람에게는 누구나 일곱 개의 구멍이 있어 보고 듣고 먹고 숨쉬

서 혼돈과 다양성 그 자체를 가치로 삼고, 탈출구를 아시아의 예지에서 찾는 이유가 있다고도 생각할 수 있는 것이다.

아시아에 혼돈과 다양성이 있다고 해도 그것만으로는 혼란과 무질서를 의미하는 데 지나지 않는다. 그러나 아시아에는 그 혼돈과 다양성을 제어하는 질서원리가 숨어 있는 것처럼 보인다. 그렇지 않다면 사회로서 성립할 리가 없을 터이기 때문이다.

그 혼돈과 다양성을 지니면서 무질서를 벗어나는 사회의 존재양식은 혼성(混成)과 양행(兩行)이라는 두 가지 개념으로 이해할 수 있지 않을까? 혼성이란 『노자(老子)』에 등장하는 말인데, 일정한 형태는 없지만 전체로서 완결되고 통일된 모습을 보이는 상태다. 그것은 반구조(反構造)라고 할 수는 있지만 반질서는 아니다. 아시아의 도시나 시장에서 볼 수 있듯이, 낮에는 도로였던 곳이 밤이 되면 단숨에 먹자골목이 되었다가 다음날 아침에는 마치 아무 일도 없었던 것처럼 원상태로 돌아온다. 이런 고착되지도 응고되지도 않은 채 일종의 숨겨진 질서원리가 작동하는 상태, 그것이 바로 혼성의 표출방식이다. 혼성은 이질적인 것을 규합하고 교배하며 새로운 형태를 가진 편성원리를 창조해나가는 것이다.

한편, 양행이란 『장자』에 나오는 말인데, 본래대로라면 서로 대립하고 거부하는 것이지만 그것을 절대적 대립으로 보지 않고 양자를 모두 똑같이 받아들임으로써 새로운 경지를 찾는 것이다.

이런 혼성과 양행의 존재양식은 자연과학의 카오스(chaos) 개념과 비슷하다고 볼 수 있다. 즉 무수한 구성요소로 이루어진 집단에서 각 요소가 다른 요소와 끊임없이 상호작용을 하여, 전체로 보면 부분의 움직임의 총화(總和)를 넘어서는 어떤 독자적인 행동을 보이는 것이 카오스라고 한다면, 아시아에서 혼돈과 다양성이 창출하는 사회질서는 카오스 그 자체라

는데, '혼돈'이라는 제왕에게만 이것이 없다고 하여, 그의 은덕을 갚고자 다른 두 제왕, 숙(儵)과 홀(忽)이 매일 구멍을 하나씩 뚫어주었더니 이레 만에 죽었다는 내용 — 옮긴이.

고도 볼 수 있을 것이다.

그것이 맞든 틀리든, 혼성과 양행이라는 질서원리의 적용사례가 중국이 홍콩에 대해서 취한 일국양제(一國兩制)라고 볼 수 있는데, 동남아시아국가연합(ASEAN)의 편성원리도 그 확장으로 파악할 수 있지 않을까?

잘 알려져 있듯이, 동남아시아국가연합은 서로 무력항쟁을 일으키지 않는다, 서로 내정간섭을 하지 않는다는 식으로 무엇을 하지 않는다는 데 대한 양해는 있지만, 무엇을 해야 한다는 데 대한 명백한 목적이나 합의가 없는 상태로 출발해서 맞바람을 헤치고 교묘하게 국가간 협조씨스템을 구축해왔다. 이 씨스템의 편성원리는, 서로 일치하지 않는다는 것을 전제로 불일치까지도 일치하려는 '불일치에 의한 일치'이다. 사회체제에서는 자본주의와 사회주의를 함께 수용하고, 만물제동(萬物齊同)[2]의 입장에서 포괄적 지역질서를 형성하며, 그럼으로써 이방인과 적으로 가득 찬 지역을 친구와 협력자들만 사는 지역으로 바꾸고자 했던 것이다. 이 또한 혼성과 양행의 원리라고 볼 수 있을 것이다.

다만, 동남아시아국가연합의 이런 질서원리는 아랍어에서 기원한 무샤와라(Musyawarah, 상호토의) 방식에 따른 무파카트(Mufakat, 상호일치)의 형성이라고 간주되는 경우가 많다. 확실히 교섭을 거듭하여 암묵적 양해부분을 늘리고, 합의싯점에서도 애매모호한 내용이나 표현으로 대립을 덮는 방법은, 결코 혼성과 양행의 원리에서 파생된 것은 아니다. 의견차이를 가능한 한 덮어두고 합의할 수 있는 것부터 차츰차츰 통일해나가는 방식은 당연히 무샤와라와 더 통한다. 그러나 내가 여기서 시도하고 싶은 것은, 대립하는 쟁점을 공공연하게 첨예화함으로써 흥정하고 자기이익을 최대화하는 제로썸(zero-sum)게임식의 편성원리와는 다른 원리가 아시아 각지에 존재한다는 것을 혼성과 양행이라는 개념으로 추출해내고 그것을 하나

---

2) 『장자』 내편 「제물론」에 나오는 '만물은 하나다'라는 세계관 ― 옮긴이.

의 대안으로 제시하는 것이다. 다언어·다민족·다종교, 그리고 각종 정치체제가 다항적(多項的, polynomial)으로 혼재해 있는 아시아에서, 여럿인 것이 하나로 존재하는 '여럿이며 하나(多卽一)'이고 '하나이며 여럿(一卽多)'인 존재양식으로서 아시아적 가치가 일본, 나아가 다음 세기의 세계에서 하나의 지침이 될 수 있지 않을까 생각하기 때문이다.

물론 각종 종교대립과 민족분쟁이 있고 테러·부패·압정(壓政)이 일상적인 것 또한 아시아의 특질이다. 지나치게 낙관적으로 아시아적 가치의 가능성을 거론해본들 현실적인 의미는 거의 없을지도 모른다. 또 '여럿이며 하나'라는 사고방식에는 표면적 조화야 어찌 되었든, 내실에서는 '목숨을 건 도약(死の跳躍)'을 동반하기 쉽다는 것도 익히 알려져 있다. 하나하나의 다양성을 정성들여 조화시켜나가는 것이 곤란하기 때문에 한발짝 건너뛰어 통합의 효율적인 일원화로 나아가기 쉽고, 그렇기 때문에 거기에는 두 가지 경향성이 나타난다. 하나는 공산주의 등의 전체주의 이데올로기에 의해 강제적 획일화로 기울기 쉽다는 점이고, 다른 하나는 카리스마적 정치지도자나 그 가문을 숭배하여 통합의 기축으로 삼는 정치문화가 확산되기 쉽다는 점이다. 중국의 마오 쩌뚱(毛澤東)이나 떵 샤오핑(鄧小平)에 의한 통치는 이 두 측면이 결합된 전형적 사례이며, 싱가포르 인민행동당의 리 콴유, 인도네시아 골카르(Golkar)당의 수하르토(Suharto) 등의 장기통치도 마찬가지 사례일 것이다. 또 인도의 간디(Gandhi) 일족, 스리랑카의 반다라나이케(Bandaranaike) 일족의 지배가 왕조(dynasty)라고 불릴 정도로 지속되는 현상이나 타이의 푸미폰(Phumiphon)국왕이나 지상의 신으로 간주되던 캄보디아의 씨아누크(N. Sihanouk)가 정치적 혼란 때에 통합의 상징으로 추대되는 사태는 후자의 사례라고 할 수 있을 것이다. 타이에서는 헌법에 "국왕은 타이국민이 신앙하는 모든 종교의 수호자다"라고 명시되어 있듯이, 국왕이 종교적 다양성에 대한 관용과 보호를 한몸에 체현하는 역할을 담당하고 있다.

이처럼 '여럿이며 하나'이기 위해서는 온갖 곤란과 장애가 따르는만큼, 이를 극복하는 시도 또한 다채롭고 생각지도 못한 결과를 초래하기도 쉽다. 예컨대 '다양성 속의 통일'(Bhinneka Tunggal Ika)을 국시로 하는 인도네시아에 동티모르 문제가 존재하고 화인(華人)들이 많음에도 불구하고 한자 간판이 금지되며 중국어 인쇄물을 반입할 수 없다는 것에서도 미루어 알 수가 있다. 그러나 이런 곤란은 인도네시아에 국한되는 것이 아니라, 하나의 문화, 하나의 언어, 하나의 종교를 강요하지 않고 서로의 차이를 이해하면서 새롭게 혼성적(hybrid) 문화를 창조해나간다는 일이 인류에게 영원한 과제로 남아 있음을 보여주는 것이기도 하다.

'아시아의 기적'을 이야기하다가 하루아침에 '아시아의 위기'를 부르짖는 지금, 아시아의 경제발전이 일과성의 거품으로 끝나고 말 것인지, 아니면 장기적으로 보아 착실히 진전되어나갈 것인지는 확실히 전망하기 힘들다. 그러나 우여곡절을 거치면서도 경제성장을 지속해나간다고 한다면, 아시아지역은 일본이 직면했던 것과 같은 딜레마, 즉 민주화와 경제발전에 의한 균질화·평준화라는 상황에 마침내 도달할 것이다. 아니, 아오끼 타모쯔(靑木保)씨 등이 일찍부터 지적했듯이, 이미 1980년대에는 아시아에 신중간층(新中間層)이 출현하고 그로 인해 생활양식의 평준화와 그에 따른 가치관의 균질화가 진행되어왔다.

이런 신중간층의 분출이 1990년대 아시아의 경제성장을 특징짓고 있으며, 가치의 일원화가 진행됨으로써 서로를 이해하기가 쉬워진 사실은 부정할 수 없다. 그리고 생활양식의 공통화 등으로 국경을 넘어서는 사람들의 교류도 한층 박차를 가하고 있다. 그러나 다른 한편으로 민족이나 문화의 고유성이 파괴되고 인간의 개성이 한없이 희박해지는 데 대한 우려 때문에 민족주의적 사조도 각지에서 나타나 사람들의 마음을 사로잡고 있다.

아시아에서 진행되는 생활문화의 평준화는 아시아 자신에 의한 탈아(脫

172

亞)의 시도인 동시에 미국적 생활양식의 무한침투이기도 하다. 그러나 바로 그 미국으로 눈을 돌려보면, 1970년대의 대항문화운동 이래, 와습(WASP, White Anglo-Saxon Protestant) 문화의 일원성은 해체되고 '정치적 올바름'(PC, Political Correctness)운동이 전개되는 가운데 여러가지 정의(正義)가 무한투쟁을 거듭하면서 다양성이 경합하는 사회로 나아가고 있다.

1997년 1월 20일 미국 대통령 클린턴(B. Clinton)은 제2기 취임연설에서, 20세기는 '미국의 세기'였다고 말한 뒤 "미국의 인종, 종교, 정치적 다양성은 실로 풍부한 것이고, 그것이야말로 21세기를 맞아 하늘이 내린 선물"이라고 자부했다. 공민권운동 등으로 몸살을 앓았던 미국은 백인인구가 21세기 중반에는 50% 이하로 떨어진다는, 바로 그 점에 21세기의 희망을 걸고 있다.

그렇다고 한다면, 아시아에서 진행중인 생활문화의 균질화, 즉 미국화는 포디즘(Fordism)으로 상징되는 20세기의 미국이 추구했던 가치의 망령을 좇는 데 불과하며, 역으로 미국은 20세기의 아시아에서 발견할 수 있었던, 혼성과 양행이라고나 할 가치를 21세기를 향해 추구하고 있다고 할 수 있을지도 모르겠다. 즉 태평양을 사이에 두고 20세기와 21세기에 아시아적 가치는 뒤얽히면서 가위(schere, 剪刀)현상을 일으킬 가능성도 있지 않을까?

나는 '여럿이며 하나'라는 데에서 아시아적 가치를 찾고자 했다. '여럿이며 하나'는 라틴어의 'E plurbus unum'을 염두에 둔 것이다. 그러나 기실 이 라틴어야말로 바로 아메리카합중국과 미시건(Michigan)주가 자기 존립의 모토로 내걸고 있는 구호인 것이다.

이리하여 아시아의 그 다양성 속에서 사회통합이라는 고뇌와 함께 자라난 질서원리로서 아시아적 가치는 다가올 세기에 세계적인 문제로 대두할 수밖에 없을 것이다. 그리고 그 국면에서 일본 또한 중요한 기로에 서서 국가와 사회의 존재양식을 선택해야 한다. 그러나 혼성과 양행을 기축으로 하는 '여럿이며 하나'의 질서편성원리는 근대일본이 추구해온 국가의 일원적 효율성에 근거한 통합과는 정반대의 원리다. 그것을 선택하자면 혼돈과 우아함이야말로 거센 바람에 가장 잘 견디는 풀이라고 보는, 가치관의 코페르니쿠스적 전환이 무엇보다 필요하다.

대 담 　　對 談

對

談

대담

여럿이며 하나인 아시아

대담자

야마무로 신이찌 • 임성모

이 글은 2003년 8월 15일 오후 일본 쿄오또(京都)의 한 커피숍에서 나눈 대담의 내용이다. 저자가 이 책에 수록된 「지적 편력」을 탈고한 직후에 이루어진 대담이라서 내용상 그것과 겹치는 대목이 눈에 띄기도 한다. 그런 대목에서는 이 인터뷰 쪽이 약간 더 친절한 설명을 달고 있는 편이다. 이 책뿐만 아니라 곧 국내에 소개될 저자의 최근 주요 저작 『사상과제로서의 아시아』를 함께 읽는다면, 훨씬 더 밀도있는 책읽기가 될 것이다. 여기서는 일단 그런 책읽기의 프롤로그로서 저자의 문제의식을 평이하면서도 선명하게 드러내는 데에 대담의 초점을 맞추었다. 쿄오또대학에서 일본근대교육사를 전공하는 정현주씨가 자리를 함께해서 도움을 주었다. 이 자리를 빌려 감사의 말을 전한다.

동아시아와 조우하다

임성모 • 야마무로선생의 작업은 최근 한국에서도 관심을 불러일으키고 있습니다. 역시 동아시아라는 '지역'의 과거와 미래에 관한 문제이기 때문에 동시대의 현실적 의제의 하나로서 받아들여지고 있지 않은가 싶습니다. 대표적으로 『사상과제로서의 아시아』의 경우가 그렇다고 생각하는데, 이건 한국사회에서의 표현이지만 이른바 '(동)아시아론'을 제기하게 된 배경에 대해서 우선 말씀해주셨으면 합니다.

야마무로 • 「지적 편력」에서도 말했지만, 기본적으로는 저 자신이 일본에서도 큐우슈우(九州)라는 역사적으로 아시아와 관계가 밀접한 곳에서 자란 까닭도 있지요. 실제로 제 주위에는 중국혁명, 신해혁명에 깊이 관여했던 분들이 많았다는 걸 어릴 적부터 들어서 알고 있었습니다. 한국과 관련해서도 마침 제 어린시절에 '이승만라인'이라는 게 있었죠. 한국 어선들이 일본해, 한국 표현으로는 동해에서 조업을 하다가 잡혀서 체포되는 상황을 거의 매일같이 보고 들었습니다. 그래서 한국과 일본 사이에 상당히 어려운 문제가 있구나 하고 초등학교 때부터 강하게 의식하고 있었던 것 같습니다. 또 나가사끼(長崎)현 이사하야(諫早)시에 오오무라(大村)수용소라는 것이 있었습니다. 그곳은 밀입국한 한국사람들을 돌려보내거나 재일조선인 가운데 범죄 등을 저질러 문제를 일으킨 사람들을 강제송환하던 곳이라서 한국인들이 다수 수용되어 있었습니다. 거기서는 처우가 나빴다거나 여러가지 이유로 사건이나 폭동이 일어났습니다. 그런 문제들도 초등학교 때부터, 60년대 초입니다만, 많이 듣고 자랐습니다. 초등학교 때인 1965년에 한일기본조약이 체결되어서, 그런 의미에서도 한국과의 문제를 의식하지 않을 수가 없었죠. 또 제 주위에도 재일조선인들이 많았어요. 소학교 동급생들 중에도 있었습니다. 따라서 굳이 의식을 하지 않더라도 한

178

국은 일본과 밀접한 관계를 갖고 있다는 생각을 강하게 갖고 있었죠. 그건 아마도 저와 같은 연배의 사람들로서 일본의 다른 지역에 살았던 사람들 과는 전혀 다른 체험이었을 겁니다.

재일조선인들이 많았던 것은 큐우슈우의 경우, 탄광이 많아서 탄광에 서 일하던 분들이 일본에, 쿠마모또(熊本) ── 미쯔이(三井) 미이께(三池) 라는 탄광이 있었습니다 ── 등지에 남아 있었기 때문이죠. 그런 의미에서 어릴 적부터 저 자신이 아시아와의 연계 속에서 살고 있다는 의식이 상당 히 강했습니다. 이건 아마 쿠마모또라는 지역의 특징일지도 모르겠지만, 미나마따(水俣)라는 곳이 있는데 그곳의 '신일본질소(新日本窒素)'라는 공장은 원래 북한의 원산에 있다가 패전 이후 귀환한 사람들이 크게 사업 을 일으킨 것이었어요. 그런 점에서도 신일본질소를 생각하자면 자연히 한반도를 떠올릴 수밖에 없었죠. 그래서 그런 쿠마모또라는 땅에서 자랐 다는 것이 제게 큰 영향을 끼쳤다고 생각합니다.

하지만 실질적으로 당시 일본에서는 대학에서도 ── 저는 법학부 출신 입니다만 ── 아시아에 대해 배울 기회가 거의 없었습니다. 일본에서 한국 에 대해 공부하기 시작한 것은 1980년대 이후입니다. 그것도 소위 '네 마 리 용'이랄지 신흥공업국(NICs)이라는 식의 경제성장이 있고 나서야 관심 을 갖게 되었던 거죠. 토오꾜오(東京)대학 법학부에서도 아시아를 공부할 기회는 없었습니다. 예컨대 법학부에 동양법제사(東洋法制史)라는 강좌가 있었지만 주로 중국의 전근대, 청조까지 다루는 정도였고 그 이후에 대해 서는 거의 들어본 기억이 없습니다. 물론 동시대적으로는 중국의 문화대 혁명도 있었고 한국의 박정희정권에 대해서도 일상적으로 듣고 있었죠. 예컨대 박정희정권에 대해서 일본 매스컴의 논조는 상당히 부정적이어서 군사독재정권이 민주주의를 탄압한다는 식의 보도가 많았기 때문에 저도 그런 인상을 가지고 바라보았습니다. 따라서 대학을 다닐 때도 그다지 관 심을 갖고 공부한 적이 없습니다. 대학시절에는 유럽 정치질서를 많이 공부했기 때문에, 그것을 만들어낸 법률을 우선 공부하자는 생각이었습니다. 그것이 최초의 책인 『법제관료의 시대』를 통해서, 일본이 유럽으로부터 어떻게 정치질서와 사회과학을 배워서 국민국가 형성을 추진했는가 하는 관심으로 이어지게 되었죠.

임성모 • 그렇다면 아시아랄지 동아시아 문제에 본격적으로 관심을 갖게 된 것은 그 뒤가 되겠군요?

야마무로 • 그렇습니다. 아시아에 대해 본격적으로 관심을 갖게 된 것은 그 책을 쓴 뒤로 토오호꾸(東北)대학에서 사또오 신이찌(佐藤愼一) 교수와 함께 '사회진화론의 국제 비교연구'라는 합동쎄미나를 할 때였습니다. 여러 가지 자료를 접하면서, 구미의 정치사상을 일본이 수용해서 국민국가를 건설했는데 그 결과 이번에는 중국·조선·베트남 등지에서 일본으로 유학생 등이 오고, 동시에 일본에서 중국·조선 등지로 교습(敎習) 자격으로 전해주는 모습이 점차 보이게 되었습니다. 그렇게 되면 일본은 단지 구미에만 연계된 것이 아니라 동아시아와도 연계된 것이 아닐까 하는, 말하자면 '사상연쇄(思想連鎖)'의 형태로 연결된 게 아닐까 하는 데 관심을 갖고 공부하게 되었습니다. 그런데 같은 시기에 저는 하바드대학 옌징(燕京)연구소에서 1년간 연구를 할 기회가 있었습니다. 일본에서는 중국·조선 관계 자료를 함께 소장하고 있는 곳이 거의 없습니다. 제가 속해 있는 쿄오또대학 인문과학연구소만 하더라도, 중국 자료는 아주 많지만 조선 관련 자료는 거의 없습니다. 반면에 옌징은 본래 동아시아를 중심으로 하기 때문에 일본·중국·조선에 관한 자료가 한군데에 모여 있지요. 그러니 일상적으로 도서관을 오가다보면 자료상으로 각각의 연계성이 눈에 보이게 됩니다. 보스턴으로 갔던 것도 실은 사회진화론 비교를 연구하고 있던 차라, 유길준(兪吉濬)이 에드워드 모스(Edward Morse)와의 관계로 쎄일럼

(Salem)으로 유학을 갔기 때문에 거기에 대해서도 연구하자는 것이었죠. 한국인들이 유학생으로 미국에 가서 당시의 사회과학이론을 공부했다는 것도 알 수 있었습니다. 그런 식으로 정리해보자는 생각이었습니다.

마찬가지입니다만, 제가 만주국을 공부하려 했던 것도 만주국 그 자체가 최종목적이었던 건 아닙니다. 만주국으로 유입된 법률이나 제도는 사실 중화민국에서 온 것이죠. 만주국을 만들어놓긴 했지만 거주자 중 다수는 당연히 중국인이어서 일단은 그때까지의 법률을 그대로 적용할 수밖에 없었습니다. 1937년까지 만주국은 중화민국의 법률을 거의 그대로 사용했습니다. 그런데 중화민국 법률은, 다시 거슬러 올라가보면, 청말에 일본에서 들어온 법률과 제도입니다. 그렇게 되면 결국 만주국이라는 것도 실은 메이지(明治)국가의 법제·이론이 청말의 중국으로 계수(繼受)되고 그것이 다시 중화민국으로 계수된 뒤에 다시 만주국으로 이어지는, 그런 경로가 있었던 거지요. 또다른 경로는 일본이 만든 법제들이 직접 유입된 경우입니다. 만주국은 일본이 만든 괴뢰국가였으니까요. 말하자면 그런 이중의 구조를 통해서 만주국이 구성되었던 것입니다. 따라서 역시 동아시아라는 큰 장(場)을 전제로 하지 않으면 만주국도 보이지 않는 게 아닐까 하는 것을 깨닫게 되었습니다.

그런 것을 보게 된 하나의 계기는 역시 미국에서의 경험입니다. 하바드대학의 수업을 들어가보면 '동아시아 문명'이라는 식의 제목입니다. 또는 '문명과 역사'라는 식인데, 학부생들이니까 당연히 일본사·조선사·중국사처럼 나뉘어져 있지 않아서 동아시아를 통합된 관점에서 봅니다. 태평양 반대편에서 보자면 동아시아는 통합된 모습으로 보이지 않나 하고 저는 느꼈습니다. 물론 수업 자체는 기본적으로 일본사·조선사·중국사 등을 차례로 섞어놓았을 뿐이어서, 동아시아 자체를 크게 한 덩어리로 보는 건 아니었습니다. 하지만 저로서는 그런 수업이 진행되는 것을 보면서, 또 실제로 미국인 연구자들이 예컨대 중국어와 일본어, 또 한국어와 일본어를 동시에 구사하며 공부하는 것을 보면서, 일본처럼 일본사·조선사·중국사라는 소위 '각국사'적 시각과는 다른 시각이 존재할 수 있다는 것을, 전부터 얘기는 됐지만, 생각하지 않을 수 없었습니다. 그런 영향을 받은 탓도 있어서, 그때까지 품어왔던 '지적 연쇄'라는 관심을 좀더 확장해나간다면 결국 '동아시아'라는 것이 나올 수밖에 없다는 문제의식이 있었습니다. 그게 하나지요.

임성모 • 쿠마모또에시 도오꾜오, 센나이(仙臺)를 거져 보스턴까지 먼 여정을 마쳤습니다. 물론 아직 여로에 서 계신지도 모르지만 말입니다. 쿠마모또라는 지역성, 또 재일조선인과의 조우는 어쩌면 역사적 기연(奇緣)일지도 모르겠군요. 강상중(姜尙中)씨도 쿠마모또 출신이라고 들었습니다만.

야마무로 • 네, 연배도 비슷하고 가까이에 살았지요.

임성모 • 일국사의 틀을 뛰어넘어야 한다는 일종의 당위론은 말씀대로 전부터 있었지만, 실제로 뛰어넘으려는 시도에 이르면 이렇다 할 만한 대안은 아직 암중모색 단계라고 해야겠지요. 그것은 어쩌면 현실적인 문제의식의 뿌리가 얕았다고 할지, 성급했다고나 할지 하는 데서 오는 현상일 수도 있습니다만, 선생의 현재적 문제의식은 어디에 주안점이 있는지 알고 싶습니다.

세계화에 저항하는 방법으로서의 '공간'인식

야마무로 • 저는 동아시아를 고찰할 때 평준화 · 동류화 · 고유화라는 세 가지 범주를 생각하고 있습니다만, 그것은 질문하신 것처럼 당연히 역사적 문제라는 것 이상으로 1980년대 후반부터 시작된 전지구적 규모의 세계화

(globalization)의 흐름을 어떻게 생각해야 좋을까 하는 문제와도 밀접한 관계가 있습니다. 즉 '미국 표준'(American standard)이라는 것이 세계적으로 유행하는 가운데서 각 지역이 자신들이 갖고 있는 생활양식이나 가치관을 어떤 식으로 유지해나갈 것인가, 혹은 그것이 어떤 의미를 갖는가를 생각하지 않을 수 없게 되었습니다. 동시에 한국에서의 중국 붐, 혹은 중국에서의 한국 붐이라는 걸 생각해보면, 단지 세계화에 대해서 한국 일국(一國)이나 중국 일국이 대응하는 것이 아니라, 중국·한국·일본이 하나의 큰 연계를 갖고 대응해나가게 되지 않을까, 나아가서 또 한편으로는 각 고유 사회가 지닌 문화의 가치 같은 것을 좀더 강하게 의식하게 되지 않을까 하는 겁니다. 이것은 한국과 중국 양쪽을 보면 알 수 있습니다만, 예컨대 한국의 민속촌 같은 걸 보면, 인도네시아 등지도 모두 마찬가지입니다만, 산업화가 고도로 진전됨에 따라서 오히려 고유의 민속(folklore), 혹은 전래의 생활양식을 보존하려는 움직임이 강하게 나타납니다. 이것을 염두에 둘 때, 바로 세계화가 일어나기 때문에 동류화(지역적 통합)나 고유화(각 고유사회의 전통·의식의 강화)가 일어납니다. 이 세 가지 상(像)은 결코 별개로 존재하는 것이 아니라 동일한 흐름의 한 측면으로서 나타나는 게 아닐까, 그런 문제를 또 한번의 세계화의 시대였던 근대 국민국가 형성기에서 살펴보면 어떨까 하는 현대적 관심에서 다시 메이지 이후 아시아에서 '근대화'(기본적으로는 국민국가 형성)의 문제를 고찰하려는 것이 최근의 작업으로 이어지고 있습니다. 『사상과제로서의 아시아』처럼 말입니다.

제 경우에 현대의 관심과 지금 일어나고 있는 것이 역사적으로 일회적인 현상인가, 아니면 같은 현상이 전에도 있었던 것은 아닌가를 늘 반복해서 생각하고 있습니다. 그래서 저로서는 지금 한편으로 '아시아적 가치'라는 문제도 항상 논의하지만, 그것도 결코 아시아에 있는 사람들에게 의미가 있는가 하는 문제에만 그치지 않고, 아시아에 사는 사람들이 유럽이나 미국에 대해 어떤 보편적 함의를 갖는가, 역으로 말해서 지금 미국이 강요하고 있는 가치가 과연 진정으로 보편적인 것인가를 문제삼습니다. 보편이라는 것은 오히려 그런 힘에 의해서 강요되는 것이 아니라 다른 형태로 나타날 가능성도 있고, 그런 가능성을 검증하는 장(場)으로서 이번에는 아시아라는 공간이 의미를 갖는 것이라는 생각에서 지금은 아시아라는 공간을 다시 한번 재고하고 싶은 것입니다.

그런데 아시아를 생각한다는 것은 16세기 이후 유럽을 중심으로 형성된 인문사회과학에 대한 일종의 안티테제라고나 할까요, 다른 사고방식을 제기할 수 있지 않을까 생각하고 있습니다. 구미의 인문사회과학이란 기본적으로 시간의 축에 따라 사물을 생각하는 학문의 방식이지요. 항상 역사적으로 사물을 바라보는 것입니다. 거꾸로 이번에는 공간의 축으로 세계를 보면 어떻게 될까 하는 점을 생각하고 있습니다. 예컨대 아시아라는 공간이란 원래 유럽이 자기가 누구인가를 인식하기 위해서 자기가 아닌 존재, 즉 타자(他者)를 설정할 때 상정했던 것이죠. 그런 식으로 자기 아이덴티티를 확립하기 위해서 보는 식의 아시아가 아니라, 이번에는 아시아 자체가 예컨대 진정 아시아로서 통합되어 있는가의 여부 등을 재고하는 편이 낫지 않을까요? 극히 비유적인 표현을 쓰자면, 지금까지의 학문이란 유럽의 관점에서 지구를 본 것이지만, 21세기인 오늘날에는 지구 밖, 우주공간에서 지구를 보는 관점에서 지구의 분할, 공간적 구획(區劃)을 생각해야 합니다. 그렇게 되면 결국 아시아가 실제로 고유의 의미를 가질지 어떨지도 알 수 없게 되겠지요. 이번에는 아시아라는 것을 구획할 것인가, 또는 유럽 등 여러가지의 구획이 있다고 한다면, 그런 것을 구획해나가는 행위가 과연 무엇인가를 재고하지 않으면 안됩니다. 그것이 제가 말하는 '기축(基軸)'인 셈인데, 그러한 공간의 구획방식을 고찰함으로써 종래의 인문사회과학과는 다른 학문의 방식을 만들면서 학문의 시각을 조금씩 바꿔나갈 필요가 있다는 생각입니다.

제가 미국에 가서 가장 통감했던 것은 이미 미국의 일본연구, 또는 중국연구, 조선연구를 보면 분명히 종래의 일본인·중국인·한국인들의 연구보다 뛰어난 부분이 있다는 점입니다. 그때까지는 자기 나라 사람들의 연구가 낫다는 것이 전제가 되어왔습니다만, 오히려 다른 공간에서 본 연구 쪽이 제게는 의미가 있는 경우가 많았습니다. 즉 일본인의 일본연구보다 미국인의 일본연구가 제게는 자극이 되는 바 있었지요. 일본인이므로 일본연구가 가능하다는 발상, 즉 일본인밖에 할 수 없는 연구라는 것은 이제 없다는 말입니다. 그렇게 되면 자신이 놓인 환경 등을 전제로 해서 다시 한번 자신이, 예컨대 미국인의 시각에서 동아시아를 재고한다거나 유럽인의 시각에서 아시아를 재고할 가능성에 대해서도 생각할 필요가 있을 겁니다. 물론 그건 매우 어려운 문제이지만, 그렇게 여러가지 형태로 자기가 시각을 다시 만들어나가지 않으면 안되겠지요. 그런 가운데서 아시아라는 것을 강하게 의식하게 되었다고 말할 수 있을 겁니다.

임성모 • 선생의 작업의 키워드는 역시 '사상연쇄', 그리고 지금 말씀하신 '공간' 같습니다. 연쇄에 대해서는 앞서 잘 설명해주셨습니다만, 공간의 문제는 좀 보충이 필요할 것 같습니다. 예컨대 공간의 구획이라고 한다면 종래에도 '지정학'(geopolitics) 같은 설명방식이 있었고, 요즘에는 '지문화'(geoculture)라는 개념까지 쓰이는 경우가 있습니다만, 그런 종래의 설명방식과 선생의 주장 사이의 차이점에 대해서 부연해주셨으면 합니다.

야마무로 • 물론 인문지리학이나 지정학처럼 공간을 파악하는 학문은 지금까지 여러가지 있었지요. 하지만 저는 공간이라는 것을 단지 자연적으로, 예컨대 자연환경으로 존재하는 것이라고는 생각하지 않습니다. 그것은 어디까지나 역사적인 공간과의 중첩에 의해서 생겨나는 이력서와 같은 거죠. 생활 속에서 생겨나는 생활양식이나 가치관을 떠안고 존재하는 공간입니다. 그런 의미에서, 예컨대 지정학 같은 것 —— 일본어에서 '찌세이가꾸'는 한자로 쓰면 두 가지 표현이 있지요. 하나는 땅의 형세를 뜻하는 '지세학(地勢學)', 또 하나가 땅의 정치라는 '지정학'입니다 —— 은 물론 일정하게 참고는 되겠지만, 제 주장은 그런 것과는 다릅니다. 제 경우에 공간을 본다는 것은 거기에 내포된 가치관이나 생활양식이 다른 공간이나 지역과 어떻게 다른가, 왜 그런 공간이 나뉘는가 하는 것을 처음부터 자명한 것으로 보는 것이 아닙니다. 즉 아시아라는 공간이 본래부터 거기에 있기 때문이라고 보는 것이 아니라, 사신들이 이런 방식으로 보면 여기에는 이런 공간이 성립한다고 보는 거지요. 두 가지의 '지정학'과 같은 종래의 설명방식은 '본래 거기에 있는 것'을 전제로 하지만, 저는 그와 달리 보는 쪽이 자각적으로 만들어가는 공간도 있다는 겁니다. 따라서 동아시아라는 공간이 과연 하나로 통합되어 있는지는 알 수 없게 됩니다. 더이상 '지명'이 아닌 거죠. 그래서 종래와는 전혀 다른 파악방식도 가능할지 모른다고 생각합니다. 그런 의미에서 어쩌면 '시공간(時空間)'이라는 말이 더 적합할지도 모르겠지만, 시간의 퇴적 위에서 생겨난 공간의 존재방식, 바로 거기에서부터 저는 '사상과제'로서 이런 생활양식, 이런 가치관도 있다는 것을 끄집어내는 것이 문제라고 봅니다. 따라서 지리적 환경이 이러니까 이렇다는 식의 지리결정론처럼, 예컨대 강기슭이라서 또는 해안이라서 이 지역은 이렇다는 식으로 처음부터 운명결정론적으로 공간에 의미를 부여해버리는 것이 아니라, 계속 바뀌어나간다고 하는 것이 전제가 됩니다. 예컨대 '일본'이라는 것을 보더라도 여러가지 파악방식이 있을 수 있습니다. 먼저 중국이나 한반도의 동쪽에 있는 섬나라라고도 볼 수 있지요. 또 한편으로는 아시아와 이어진 유럽, 그 둘이 하나가 된 유라시아의 '기슭〔岸邊〕'에 있다고도 볼 수 있고요. 동시에 태평양의 기슭 또는 아메리카 대륙의 기슭에 있다고도 볼 수 있습니다. 즉 같은 공간이라고 해도 다양한 시각에 의해서 상이한 파악방식이 가능하고, 그것이 갖는 의미도 다르게 생각할 수 있지 않겠습니까?

　21세기에 접어든 지금 국민국가로는 이제 지구상의 모든 것을 논의할 수 없게 되었습니다. 물론 논의할 여지가 전부 없어져버렸다고는 생각하지 않습니다. 실제로 다시 동아시아를 들여다보면, 중국과 타이완, 또 남한과 북한의 통일이라는 국민국가 건설의 과제는 21세기의 과제일 겁니다. 그러나 또 한편으로는, 앞서도 거론했던 세계화가 진행되는 가운데, 국경이라는 것이 더이상 의미를 갖지 못하게 되리라는 건 극히 자명한 일 같습니다. 그러면 없어진 국경 이외에 뭔가 다른 경계가 만들어질 것인가 하는 문제가 대두합니다. 저는 경계라는 것이 별로 필요하다고는 여기지 않습니다만, 만일 그런 경계가 생겨난다면 그것은 이번에는 어떤 형태로 생겨날 것인가? 그 문제를 생각하면 바로 공간의 문제가 되는 거죠. 따라서 종래의 지정학과 같은 사고방식이, 어디까지나 현재 존재하는 국가나 민족을 전제로 해서 사고해온 것과는 달리, 오히려 지금부터 움직여나가는 것을 어떤 식으로 짜넣을 것인가 하는 관점에서 공간을 고찰하고 싶습니다. 뒤집어서 말하면 그런 구획에서부터 어떤 가치를 도출하기 위해서 공간을 생각해나가고자 합니다.

임성모 • 이제 선생께서 강조한 ‘공간’이라는 개념의 윤곽이 좀 잡히는 것 같군요. 새로운 가치를 창출하고 함께 만들어나가는 개념이라면 이번 ‘동아시아의 비판적 지성’ 기획과도 잘 부합되는 바라고 생각합니다. 여기서 두 가지 논점이 나온 것 같습니다. 선생께서는 최근의 책 제목도 『유라시아의 기슭에서』라고 해서 ‘기슭’이라는 말을 유달리 강조하는 것 같습니다. 종래의 지역주의가 ‘중심’을 지향했다면 향후의 공간인식은 ‘변경’으로부터라는 방향성을 암시하는 것처럼 보이기도 하고, 또 마이너리티 (minority)의 시선에서 역사와 현실을 보자는 것과도 중첩되는 대목으로 여겨집니다만, 일본을 ‘기슭’으로 자리매김하는 데에는 그런 전략이 내포되어 있다고 보아도 좋을까요? 이게 첫번째 논점입니다만.

야마무로 • 제가 '기슭'이라는 것을 강하게 의식하는 것은 그것이 중심
(center)이 아니라는 겁니다. 요컨대 문화의 중심이 아니라는 것의 의미를
찾아내자는 거지요. 전근대에 일본은 중화문명권의 변경에 있었습니다.
근대 이후로는 유럽이나 미국의 '기슭', 즉 변경이 되었죠. 즉 중심에서 벗
어나 있다는(off-center) 것, 변경이라는 것이 오히려 일본문화를 특징짓는
게 아닐까 생각합니다. 그런 의미에서 저는 일본중심주의 같은 시각에는
분명히 반대합니다. 저의 『사상과제로서의 아시아』를 보고, 유럽에서 일
본으로, 일본에서 아시아로 '사상연쇄'가 이어졌다고 해서 일본중심주의
적 견해라는 인상을 갖고 계신 분들이 있을지도 모르겠습니다만, 결코 그
렇지 않습니다. 어디까지나 변경이기 때문에 그곳으로 흘러들어와서 다른
곳으로 흘러나간다고 보기 때문입니다. 다만 역으로 변경이라는 것이 어
떤 의미에서는 유리하게 작용할, 역사적으로 유리하게 작용할 가능성도
있다고 보는 거지요. 그런 식으로 공간이라는 것을 고정시키지 않고, 즉
보는 방식에 따라서 얼마든지 구획될 수 있다, 또는 공간이 갖는 기능은 계
속 바뀌어나간다는 것을 제시하고 싶어서, 지정학적인 표현이 아니라 굳
이 '공간'이라는 말로 논의하고자 했던 것입니다.

　공간에는 이미 가치가 내포되어 있습니다. 예컨대 일본인이 아닌 사람
들이 왜 일본을 연구하는가 하는 걸 생각해보면, 그것은 자기들의 문화나
가치관과는 다른 것을 발견하고자 하기 때문이라고 생각합니다. 저도 마
찬가지여서, 일본인이기 때문에 보이지 않는 것을 다른 문화를 연구함으
로써 찾아낼 가능성이 있다, 또는 어떤 연관성 속에서 볼 때 비로소 일본이
라는 것이 보이는 경우가 있을 수 있다고 생각합니다. 그런 식으로 저는
지역연구나 역사연구는 어디까지나 그것에서부터 뭔가 자기 —— 어쩌면
인류라고 해야겠죠 —— 사회가 발견해야 할 장래나 가치관 같은 것을 이끌

어내기 위해서가 아닐까 생각합니다. 좀 막연한 개념이라서 이해하기 힘들지도 모르겠습니다만, 제게 공간이라는 것은 어디까지나 가치를 내포한 공간입니다. 그 가치를 이끌어내는 것이 저의 사상사라는 학문의 과제이고 정치철학의 과제라고 하겠습니다. 따라서 그저 역사가 이랬다고 말하려는 것이 아니라, 역사 속에서 실제로 이런 것이 생겨나지 않았는가를 끄집어내려는 것입니다.

이 책에도 실린 글 「'다즉일(多卽一)'의 질서원리와 일본의 선택」에서 제가 강조한 것은, 유럽적·일원론적이지 않은 시각이 아시아에는 여러 형태로 존재하는 게 아닌가 하는 점이었습니다. 지금까지는 필연이 강하다고 생각해왔지만, 이제는 오히려 아나키(anarchy), 즉 혼돈이 더 강할지도 모르겠습니다. 뭔가 일원론적으로 통제하는 시각이 아닌 새로운 방식을 거기서 이끌어내자는 것입니다. 임성모 선생이 지적하셨듯이, 이 점은 마이너리티의 문제와도 겹치지요. 단지 하나의 사례이지만, 그런 형태로 지금부터 다른 공간을 천착해나갔으면 하는 생각입니다. 따라서, 반복하지만 그건 결코 결정론이 아니라, "발견하기 위한 '바쇼(場所)'"라는 것을 공간으로서, 또 공간 속에서 이끌어내는 시각, 혹은 가치를 이끌어냄으로써 공간이라는 것을 다시 구획해내는 시각이 생길 수 있으리라고 봅니다.

두 개의 '국민국가론'과 주체로서의 국민

임성모 • 두번째 논점은 바로 국민국가, 또는 이른바 '국민국가론'에 관한 것입니다. 어쩌면 이 논점이 가장 중요한 대목인지도 모르겠습니다만, 제가 알기로 야마무로선생은 1980년대 초부터 '국민국가론'을 어떤 의미에서는 '선도'한 분이었습니다. 하지만 특히 역사학계에서는 소수과적 입장이 아니었나 싶습니다. 선생의 입론과는 상반되는 흐름이지만, 최근 들어차츰 '시민권'을 획득해나가고 있는 듯한 니시까와 나가오(西川長夫)씨 등의 '국민국가론'도 기본적으로는 그렇다고 봅니다. 니시까와씨의 연구는 얼마전 한국에서도 소개된 바 있습니다. 그런데 선생은 니시까와 식의 접근방식은 문제가 있다고, 예컨대 베네딕트 앤더슨(Benedict Anderson)을 원용한 '모듈(module)론' 등을 비판한 적이 있지요. 제가 궁금한 것은 선생께서는 1990년대 이후 일본에서의 '국민국가론'적 연구경향을 어떻게 보고 계시는지입니다.

아미무로·이 문제는 밀씀하신 내모 세 연구에서는 가장 중요한 문제인만큼 분명하게 답변해야겠군요. 저는 아마도 일본사 분야에서는 처음으로 국민국가론이라는 관점에서 일본의 근대를 파악하고자 했던 첫 주자라고 생각합니다. 그때까지 '국민국가'라는 말은 간헐적으로는 쓰였지만 저처럼 논의한 적은 없었습니다. 논의된 경우라도 이른바 '민족국가'라는 식이었죠. 중국에서는 지금도 그렇게 말합니다. '국민국가'라는 말은 쓰지 않지요. 저는 정치학을 공부하면서 카를 도이치(Karl Deutsch)가 말한 'nation building'(국가건설) 논의를 처음 접했습니다. 당시에는 분명히 '국가건설'이라고 하면서도 '기구로서의 국가' 즉 국가의 제도가 어떻게 형성되었는가에 관해서는 논의되지 않았더랬죠. 게다가 비교연구를 할 경우에도, 유럽에서 만들어진 제도들, 즉 정부제도·정치제도·입헌제도·민주제도가 다른 세계에 그대로 전파된다는 식이었습니다. 이런 시각은 사실 지금 말씀하신 니시까와씨의 경우도 마찬가지입니다만, 하나의 것, 유럽의 하나의 국민국가라는 것이 곧바로 연결된다, 반영된다는 견해입니다. 그것이 분명히 잘못된 견해라고 생각하는 까닭은, 먼저 유럽의 국민국가는 하나가 아니라는 것이 전제입니다. 저의 첫 연구서인 『법제관료의 시대』에서 처음부터 의식했던 것은, 처음에 일본인은 국민국가, 근대국가라는 것을 동일한 것으로 보지 않았다는 겁니다. 미국·영국·독일·프랑스 등이 제각기 다르다는 것을 전제로 논의했지요. 바로 그랬기 때문에 그것을 어떻게 일본으로 가져올 것인지를 놓고 각국을 연구하면서 각각의 차이 속에서 자기 국가에 가장 적합한 것을 골랐던 거죠. 그런 점에서 제 경우에는 뭔가 기존의 것이 있어서 다른 나라로 곧장 수입된다는 발상에 대해서는 전적으로 반대합니다. 그것은 어디까지나 선택에 의한 것이었고, 상당히 당파적으로 각종 그룹이 생겨나 제각각 연구하고 이들이 경쟁하는 가운데 일본이라는 국가가 건설되었던 것입니다. 따라서 일본의 경우에도 민법은 프랑스, 행정법은 독일이라는 식으로 결코 하나가 아닙니다. 몇가지가 혼합되어서 만들어진 거죠. 그러면 단순히 어떤 모델이 있어서 그것이 모듈로서 연결된다는 견해는 사실과 동떨어진 셈입니다.

더 나아가서 그 연계라는 것도 단지 유럽에서 중국, 또 유럽에서 일본으로 들어오는 식이 아닙니다. 일본을 경유해 들어가는 경우가 있습니다. 이 경우에 분명히 일본적 변형을 거친 것이 아시아로 가게 되지요. 그렇다면 애초에 모듈이라는 방식으로 온다는 것 자체가 틀린 셈입니다. 따라서 예컨대 아프리카의 경우도, 혹은 이슬람의 경우도 기본적으로는 같다고 말할 수 있겠습니다. 이슬람의 경우라면 프랑스에서부터 터키로 들어온 것이 이번에는 주위로 확대됩니다. 이집트 등의 경우에는 영국입니다만. 그렇게 이른바 평준화·동류화 같은 논의는 이슬람세계에도 있을 수 있고, 아프리카의 경우도 마찬가지일지 모른다는 생각이고 그것이 전제가 됩니다. 니시까와씨 식으로 처음부터 어떤 하나의 것이 있고 그것이 다른 곳으로 옮아간다는 논의는 확실히 이상합니다. 이것이 첫번째고요.

두번째로 이런 식으로 말하면, 왠지 국민국가를 옹호하는 듯한, 즉 국민국가가 좋은 것이라고 말하는 것처럼 오해하시는 분들이 있는데, 전 그렇지 않습니다. 제가 국민국가를 논의하는 것은 국가는 결코 정부의 제도나 의회 같은 국가의 제도만이 아니기 때문입니다. 제 표현을 쓰자면 '국민형성'과 '국가형성'이라는 두 가지 측면이 있고, 이 둘은 밀접하게 연관되어 있다는 것입니다.

임성모 • 그래서 선생께서는 종래 두 가지 의미 가운데 후자에 초점이 맞춰져 있던 'nation building'(국가건설)이라는 말 대신에 'nation formation'이라는 표현을 쓰신 거겠죠. 바로 '국민형성'이라는……

야마무로 • 그렇습니다. 국민형성이란, 물론 애국심 같은 문제도 포함됩니다만, 자신이 어디까지나 주권자의 한사람으로서 그 제도나 국가의 방식을 결정해나간다고 하는 것입니다. 말하자면 '주권자로서의 성장'이라고나 힐까요? 사신이 그렇게 변화해나가는 것이 국민형성에서 가장 중요한 문제입니다. 그런 점에서 국가가 모든 국민을 종속시킨다는 판단에서 니시까와씨 등은 그것을 넘어서지 않으면 안된다고 말하지만, 저는 거기에 대해서도 반대합니다. 즉 국민국가를 부정해도 그 뒤에 오는 것 역시 국가입니다. 그리 되면 주체로서의 인간을 어떻게 건져낼 것인가가 오히려 문제가 되지요. 어떤 국가를 벗어나 다른 곳으로 탈출하면 그 사람이 구원을 받는다는 식의 발상이나 말투는 제게는 악선전(demagogy)이라고밖엔 여겨지지 않습니다. 어디까지나 어떤 국가나 정치사회에서 자신이 정치의 주체가 되는 것이 가장 중요하다고 봅니다. 그런 의미에서 제 생각은 극히 개인주의적 발상이지요. 개인이 어떻게 존재하는가, 어떻게 국가를, 국민을 만들어나가는가 하는 주체성에 주목하려는 겁니다.

임성모 • 지금 말씀하신 것은 『법제관료의 시대』의 문제의식과도 맥이 닿는 것 같은데, 그 책을 왜 쓰게 되었는지에 관해 말씀해주시면 좋을 듯싶군요.

야마무로 • 제 자신이 관료 경험도 했습니다만, 그때까지 정치사의 중심은 이또오 히로부미(伊藤博文)나 오오꾸마 시게노부(大隈重信) 같은 정치지도자가 있어서 메이지국가를 만들었다는 식의 논의였지요. 저는 그렇지 않다고 생각했습니다. 그들은 어디까지나 정치지도자였지만, 실제로 국가의 패턴을 만든 사람은 다른 곳에 있었던 게 아닐까 생각했던 거죠. '법제관료'라는 말도 실은 제가 만든 조어입니다만, 관료란 본래 정치가의 주문을 받아서 그것을 단지 실행할 뿐인 사람입니다. 그런데 메이지 초기의 관료라는 존재는 그렇지가 않아서, 국가란 이런 것을 세워야 한다고 스스로 디자인을 하고, 그것을 위해 유럽 각국의 학문을 배워와서 국가건설을 위한 이론으로 삼았던 겁니다. 그리고 이번에는 그 이론을 기반으로 정치가에게 들려주는 방식으로 논의를 했지요. 동시에 그렇게 전달하려면 관료 자신도 숫자를 불려야 합니다. 정치란 일단 수가 곧 힘이니까요. 그렇게 하기 위해서 열었던 것이 강연회 같은 것이고 마지막에는 대학까지 만든 거죠. 관료들이 일본의 대학을 만들었습니다. 실제로 일본의 대학은 대부분 법률학교에서부터 시작되지요. 그곳에서 인재들을 모집해와서 자기 세력을 확대하고 그 위에서 정치가에게 자기 의견을 전하는 방식으로 움직였던 겁니다. 종래 '국민국가' 이전의 논의는 어디까지나 위대한 정치지도자나 메이지천황이 있어서, 그들이 만든 국가라는 식이었던 셈인데, 저는 그게 아니라 그런 개인으로서의 관료 수준까지 내려가서 일본의 국가가 어떻게 만들어졌는지를 생각해야 한다고 보았던 거죠.

동시에 개인 관료뿐만 아니라 그 관료들의 논의를 실제로 원문으로, 독일어나 프랑스어를 읽을 수 없었던 일반인들이 어떻게 그것을 이해할 수 있었는지 생각해보면, 당연히 거기에는 제가 문제삼았던 '대중연예', 즉 만담 같은 것들을 통해서 문자 해독능력이 없는 사람들이 그런 논의를 의식하게 되고 그들 스스로도 모두가 정치를 담당하는 국민의 일원이라는 자각을 하게 됩니다. 그런 식으로 만들어진 것이 국민국가라고 생각하고 있기 때문에, 저는 국민국가라는 것을 결코 부정적으로만 파악할 필요는 없다고 봅니다. 물론 국민국가가 생겨나면 국가가 개인에 대해서 압력을 행사하는 것이 실제 문제입니다만, 어디까지나 국가를 만든 주체 쪽으로 눈을 돌리고 싶었습니다. 국가를 만든 주체를 보고 싶으니까 국민형성을 문제로 삼고, 동시에 국가를 만든 주체이기 때문에 그것을 바꿔나갈 수 있다는, 그 측면에 주목하고자 했던 겁니다.

요컨대 저는 국민국가란 어떤 기성품이 있어서 그것을 수입한 것이 아니라, 그것을 만들어낸 것은 사실 국민 한사람 한사람이다, 따라서 그것을 만들었으니까 이번에는 바꿔나갈 수도 있다는, 그 방향성에 주목하고 싶습니다. 시바 료오따로오(司馬遼太郎)의 역사소설까지 포함해서 그렇습니디만, 일본의 경우에는 국가라는 것이 저음부터 하늘 위에서 내려오는 듯한 논의만 해왔다고 생각합니다. 하지만 저는 오히려 아래에서 만든 사람들 쪽에서부터 국가를 다시 고찰하자는 측면에서 국민국가를 생각했으면 합니다.

유행담론이 아닌 현실에 뿌리내린 개념을

임성모 • 일본의 '국민국가론', 예컨대 니시까와씨 식의 국민국가 비판은 구미의 '문화연구'(cultural studies)와도 중첩되는 측면이 강한데, 그렇다면 선생께서는 그런 문화연구의 성과들에 대해서도 점수를 낮게 주십니까? 역사학에서 사회사의 흐름이 그랬듯이, 문화연구가 대중의 생활이라거나 망딸리떼(mentalité)를 다면적으로 드러내고, 문화 속에 작동하는 권력의 계기를 인식하게 만든 점에 대해서도 부정적으로 평가할 수 있을까요?

야마무로 • 지금의 문화연구가 문제삼고 있듯이, 문화든 뭐든 거기에는 당연히 권력이라는 계기가 작동하는 것이 사실입니다. 저는 정치학이 본령이니만큼 그것에 무관심할 수 없고 또 실제로도 그 계기에 주목하고는 있습니다. 그런데 결론적으로는 문화연구 식의 접근방법에는 비판적입니다. 요컨대 세부적인 모든 것에서 어떤 정치를 발견해낸다는 것은, 어떤 의미에서는 사실 아무것도 보지 않는 것과 마찬가지가 아닐까 생각하기 때문입니다. 예컨대 영화든 뭐든 모두 권력적이라고 간주해버린다면, 처음부터 대답은 이미 정해져 있는 거죠. 거기에는 아무런 비전도 있을 수 없습니다. 도리어 그것이 저항의 계기일지도 모르고, 또는 거기에 사회운동의 계기가 존재할지도 모르는데, 그런 것들이 보이지 않게 된다는 것이 제 비판의 논점입니다. 저는 국민국가가 좋은 것이라고 말한 적은 없습니다. 어디까지나 만든 것이니까 바꿀 수 있다는 걸 강조했을 뿐입니다. 또한 만들어낸 것인 이상, 거기에 권력적 계기도 있게 마련입니다. 그 계기를 어떻게 붕괴 또는 변혁시킬 것인가를 생각할 때, 예컨대 메이지시기의 관료가 그랬던 것과 같은 작업을 할 수도 있겠지요. 그런 식으로 보지 않으면, 모든 것이 뭐랄까, 운명적으로 결정되어버리지 않을까요? 국가나 권력이 위에서 억누른다는 식으로만 말해버리면 실제로는 아무것도 보이지 않게 된다는 것이 문제입니다.

저는 논의 자체를 결코 고정시킬 필요가 없다고 봅니다. 개념이라는 것은 어디까지나 도구니까 자기가 만들어내면 되겠죠. 제 경우에는 예컨대 국민국가의 '모범국'이라거나 '준거(準據)이론' 같은 개념을 만들어보았고, 또 '지(知)의 제도화'라는 식으로 논의해보기도 했습니다. 『사상과제로서의 아시아』에서도 '연쇄·기축(基軸)·투기(投企)'라는 개념을 써서, 그런 측면에서 본다면 어떻게 될지를 말했던 겁니다. 물론 그것이 전부라고는 말하지 않습니다. 제가 볼 경우에, 이런 개념으로 보면 이렇게 보인다는 것 정도에 불과합니다. 개념이란 것은 어디까지나 다시 만들어나가면 되는 것이지 처음부터 정해져 있어서 전혀 바꿀 수 없다는 식의 함의는 없습니다. 개념은 사물을 보는 방식이고, 그것을 만든다는 것은 곧 보는 방식을 바꾸는 것입니다. 그래서 종래는 '메이지국가'라는 표현을 썼습니다만, 거기에는 메이지천황이 만든 국가라는 의미가 내포되어 있죠. 또는 '천황제 국가'라는 표현밖에 없었습니다. 제가 '국민국가'라는 말을 썼던 것은, 곧 국민 쪽에서 국가를 만든 계기가 있다는 것을 말하고 싶어서였습니다. 따라서 국민국가가 국민을 만들기 위해 늘 위에서부터 권력적으로 작동한다는 식으로 간주하게 되면, 역사가 보이지 않게 되고, 스스로는 아무것도 바꿔나갈 수 없게 되고, 따라서 도망갈 수밖에 없게 되지요. 국경을 넘어 도주해서 또다른 국가로 갈 수밖에 없다고 하는, 그런 이상한 이야기가 되고 말기 때문에 저는 문화연구 식의 접근방법에 대해서는 비판적입니다.

임성모 • 선생은 최근의 국민국가론을 비판하는 가운데 '유행으로서의 담론(discourse)'이라는 표현을 쓰신 적이 있습니다. 학문이나 사상이 현실이랄지 사실에 뿌리내리지 않고 일종의 패션처럼 유통되는 실태를 꼬집은 것이라고 생각됩니다. 어떤 의미에서는 한국의 상황이 더 심하다고 볼 수도 있겠습니다. 다른 맥락에서 말하자면 '밖'의 논의가 '안'의 논의보다 '선진적'이라는 일종의 자기비하가 깔려 있는지도 모르고요.

야마무로 • 분명히 그런 측면이 있습니다. 제가 공부를 시작했을 무렵의 유행은 '근대화론'이었습니다. 1960년대 전반이죠. 모든 것을 '근대화'와 연결해서 논의하려고 했습니다. 그 다음에 제가 대학에 몸담게 된 때에는 아날(Annales)학파의 사회사가 들어와서 모두들 그런 식으로 논의를 펼치고선 이내 끝나버린 듯한 느낌입니다. 지금 '자, 그러면 과연 어떤 학문적 성과가 남아 있는가'라고 돌이켜 생각해보면, 사실 아무것도 남아 있지 않습니다. 결국 들여온 것을 그저 잘 요리하고, 맵시있게 차려입고 선보인 것 정도여서, 일본사회의 눈을 바꾼 것은 아무것도 없다고 하겠습니다. 저의 국민국가론은 아예 유행조차 하지 않았습니다만, 거꾸로 최근 문화연구의 입장에서 이루어지는 국민국가론(부정적인 의미에서지만)은 유행하고 있습니다. 그런 의미에서, 제가 학생들에게 늘 하는 말이기도 하고 저 자신도 항상 자각하고 있는 것은, 어디까지나 사료 속에서 개념을 만들어내야 한다는 점입니다. 제가 만들어낸 개념은, 기본적으로 스스로 자료를 보면서 만들어낸 개념입니다. 물론 국민국가 그 자체는 유럽적인 것입니다만. 그 개념이 반드시 유통된다는 법은 없어도, 그것은 저 자신만의 것입니다. 일본 국내에서 만들어진 것은 아무도 권위를 갖는다거나 의미가 있다고 생각하지 않는 이상한 풍토가 존재하지만 말입니다.

독선적인 말이 될지 몰라도, 저는 밖에서 들어온 이론을 제아무리 잘 요리한들 그것이 과연 자신에게 얼마나 흥미로울까 하는 생각을 하곤 합니다. 저는 오히려 사료를 열심히 읽으면서 그 속에서 "아, 이건 이렇게 볼 수 있겠다. 이런 개념을 쓰면" 하고 생각하는 편이 더 낫다고 봅니다. 좀 다른 말이지만, 그건 아마 제가 법학부에서 교육을 받은 탓도 있을 겁니다. 일본의 법학은 특히 '개념법학'적 경향이 강합니다. 그런 의미에서도 제게 개념이라는 것은 아주 중요했습니다. 학문적 배경에서 보자면, 독일의 '국제사(國制史)'라는 학문이 있습니다만, 제가 배울 무렵의 중심은 스위스였는데, 개념(Begriff)이라는 것을 통해서 거꾸로 실체를 보려는 연구가 활발해서 많이 영향을 받았습니다. 『개념사 사전』이 만들어지기도 했습니다만, 개념이 변하는 것 자체가 기실 실체를 반영한다고 보는 거죠. 지금까지의 역사연구는 실체만을 문제삼았지만, 그것을 파악했던 개념을 문제로 삼아서 역사상(歷史像)을 상호적으로 파악하려는 연구가 제겐 큰 자극이었던 것 같습니다.

제가 만든 몇가지 개념들이 과연 성공적이었는지 알 수 없습니다만, 예컨대 지금 '법제관료'라는 말은 마치 보통명사처럼 쓰이고 있습니다. 일각에서는 '제법(制法)관료'라는 말로 바꿔야 한다는 의견도 있습니다. 물론 한문식으로 하자면 그쪽이 맞겠고 또 중국어라면 그럴지 모르겠습니다만, 역시 일본어의 관행으로 보자면 어색하지요. 프랑스에 '레지스뜨'라는 일부 관료들이 있었는데, 그 말은 그들에 관한 연구를 하면서 만들어낸 겁니다. 아울러 제 경우는 어떤 개념을 보면서 같은 현상이 다른 사회에도 있었는가를 항상 의식합니다. 예컨대 '법제관료'라는 개념이 한국에서는, 중국에서는 과연 존재했는가를 늘 염두에 두는 식으로 말입니다. 사또오 신이찌 선생은 중국에는 그런 개념이 없다고 지적해준 적이 있습니다. 그것은 화교사회를 보면 알 수 있지만 일반적으로 법률가에 대한 평가가 낮은 것과도 관련이 있지요. 따라서 개념을 통해 하나의 범주를 제기함으로써 저절로 해당 정치사회가 지닌 특성이 드러나게 됩니다. 즉 관료가 어느 정도 중시되있는가, 법률은 얼마나 의미를 지녔는가 등을 알 수 있고, 그것에 의해서 다른 사회와 비교하는 것도 가능해질 수 있다고 생각합니다.

동아시아의 근대, 그 여러개의 회로

임성모 • 논의가 좀 거슬러오르는 셈입니다만, 아무래도 짚고 넘어가야 할 문제라서 질문을 드리겠습니다. 앞서 선생께서는 '기슭'이라는 문제의식에 대해 논하실 때 자신이 결코 '일본중심주의'적 입장이 아니라고 말씀하셨습니다. 그런데 '사상연쇄'를 논하면서, '서양의 충격' 대신 그 매개고리로서 '일본의 충격'을 강조하는 것은, 서양중심주의 비판의 의상을 걸친 일본중심주의, 나아가 또다른 형태의 서양중심주의가 아니냐는 해석도 충분히 있을 수 있다고 봅니다. 이런 해석에 대해서 선생께서는 일본중심주의를 벗어난 사상연쇄의 역사상을 어떻게 그려내고 있는지 말씀해주셨으면 합니다.

야마무로 • 확실히 그런 견해도 있습니다. 저는 소(小)연쇄의 연계를 1940년대까지 추적해서 인도네시아, 타이, 인도, 멀게는 에티오피아까지 밀고 나갔습니다. 그러자 그건 '대동아공영권'을 의식하고 쓴 것이 아니냐 하는 비판이 있었던 게 사실입니다. 동시에 '서양의 충격'에 대해 '일본의 충격'이라고 말함으로써, 일본이 아시아의 근대를 만들었다는 식으로 제가 말한 것처럼 여기는 사람들도 있습니다. 그런 맥락에서 저를 극단적인 민족주의자, 내셔널리스트로 이해하는 사람도 있을지 모르겠습니다.

하지만 저는 그렇게 주장한 게 아닙니다. 기본적으로 저의 논의는 국민 국가의 형성이라는 것을 전제로 한 것이고, 그 자체가 근대의 특징이라는 것이 제 생각입니다. 유럽 또는 서양에서 생겨난 국민국가라는 개념이 지구를 뒤덮었던 것이 근대의 세계사였다고 저는 생각합니다. 따라서 그런 생각이 서양중심주의라고 말한다면 그렇다고 대답할 수밖에 없습니다. 다만 그렇다면 그것 이외의 역사가 있었는지 저로서는 오히려 반문하고 싶습니다. 저는 거꾸로 그 속에서 각각의 지역이나 정치사회가 어떻게 고유성을 갖고 움직여나갔는가 하는 데 주목하면 되지 않을까 생각합니다.

물론 구미의 정치사상이긴 하지만, '서학(西學)'이라는 것이 기실 에도 (江戶)시대에 이미 중국에서부터 들어옴으로써 일본의 근대를 만들었다는 것을 저는 강조했습니다. 이 점을 강조한 저서는 달리 없다고 알고 있습니다. 지금까지 이런 것은 거의 언급된 적이 없습니다. 부분적으로, 예컨대 위원(魏源)의 『해국도지(海國圖志)』가 사꾸마 쇼오잔(佐久間象山) 등에게 영향을 끼쳤다는 말은 해왔지만, 에도시대에 체계적으로 어느 정도의 서적이 어떻게 일본으로 유입되어 유럽의 지식이 축적되었는가에 관해서는, 난학(蘭學)에 대해서는 언급되어왔어도 서학의 경우에는 전혀 논의된 적이 없습니다. 저는 일본 각지에 흩어져 있는 상당한 자료관들을 실제로 방문해서 판본으로 되어 있지 않은 원고상태의 서적까지 직접 보았습니다. 그런 작업을 통해서 비로소 그런 논의가 가능했던 것입니다. 메이지 이후에는 '구미에서 일본으로'라는 것이 하나의 흐름이었습니다만, 그 이전인 에도시대까지는 중국을 경유해서 그러한 서양지식이 들어왔다는 것을 강조했습니다. 그런 가운데서 일본의 '동학(東學)'과 당시 일본에 유입된 '서학' 그리고 중국의 학문인 '중학(中學)' 세 가지가 서로 어떻게 서로 길항했는지에 대해서 논의했습니다.

따라서 결코 일본의 영향만으로 아시아의 근대가 가능했다는 것을 주장하는 게 아닙니다. 사실 어떤 국면에서는 그런 경우가 있어서, 당연히 중국이나 한국에게는 유쾌하지 않으리라 생각합니다. 특히 한국인들에게는 근대가 자유롭게 부여된 것이 아니라 식민지지배라는 형태로 주어졌기 때문입니다. 동시에 '일본화＝근대화'라는 형태로 주어진 것에 대해서 반발이 생기게 마련이고, 당연히 그것을 부정하는 움직임이 일어납니다. 예컨대 동학과 같은 형태로 부성널 수밖에 없습니다. 또 애국계몽운동 같은 것은 도리어 일본에서 이루어진 부류의 국민형성을 이어받음으로써 역으로 그것을 저항의 거점으로 삼고자 했던 측면도 있었다고 생각합니다. 수용방식은 여러가지였기 때문에 그것들이 모두 서양중심주의라거나 일본중심주의라고 보아서는 안될 것입니다.

마찬가지로 예컨대 '국혼(國魂)'이라는 것을 문제삼더라도, 그것을 한국 나름으로 바꿔 읽어, 국가가 소멸하더라도 '국혼'만 사라지지 않으면 민족을 복권시킬 수 있다는 주장이 나옵니다. 하나의 흐름이 있어서 그것이 결정적으로 되는 것이 아니라, 거기에 항상 대항하는 움직임이 나타나는 것입니다. 제가 말하는 것은 항상 그런 거죠. 유럽에서 흘러들어온 것이 그대로 수용되었다는 말이 아니라, 그 사회에 대응해서 저항도 있고 변형도 있다고 하는 그 흐름을 보고 싶은 겁니다. 그러니까 유럽의 것이 근대 동아시아로 이렇게 흘러들어왔다고 하는 것이 결정적인 것이 아니고, 또 일본을 통해서 이렇게 되었다고 하는 것도 중요한 것이 아닙니다. 중요한 것은 각 정치사회가 거기에 대해 고유한 반응, 저항을 했다고 하는 것입니다. 또 거꾸로 그것이 역반사되는 것이 아닌가 하는 생각도 듭니다. 마찬가지로 일본을 어떻게 받아들였는가 하는 문제에서도, 일본 유학생이 직접 받아들인 경우와 량 치챠오(梁啓超) 같은 사람을 통해서 받아들인 경우는 전혀 다른 반응이 나옵니다. 저는 그렇게 다양한 복수(複數)의 회로를 설정하고 있지, 하나의 회로밖에 없었다고 말하려는 것이 아닙니다. 그런 점을 파악해주셨으면 하는 것이 제 바람입니다.

시론 또는 과제로서의 동아시아

임성모 • 한국에서 소위 '동아시아론'을 둘러싸고 제기되는 중요한 논점 가운데 하나는 과연 '동아시아'라는 공통의 얼개가 존재하는가 하는 점입니다. 예컨대 일본·한국·타이완 사이에는 그런 발상이 근저에 존재한다고 생각됩니다만, 중국대륙의 경우에는 그런 발상 내지 개념 자체가 존재하는가 하는 회의가 있습니다. 과연 지금 그러한 얼개가 존재한다고 보십니까? 아니라면, 또 그럴 필요성이 있다면, 그 얼개는 어떤 식으로 가능하다고 보십니까?

야마무로 • 거기에는 두 가지 측면이 있다고 생각합니다. 하나는 '동아시아'라는 지역공동체 같은 것을 만들 수 있는가 하는 극히 현실적인 문제로 논의되는 측면입니다. 이 측면에서는 실제로 동남아시아국가연합(ASEAN)이나 ASEAN+3를 보면 알 수 있듯이, ASEAN과 일본, 한국, 중국이 하나의 얼개로서 움직입니다. 그런 의미에서의 지역통합이라는 측면에서 말하자면 ── 지금은 북한 문제도 있습니다만 ── 유럽연합(EU)처럼 분명한 형태는 아니더라도 언젠가는 ASEAN처럼 느슨한 형태의 통합이 이루어질 가능성이 있다고 봅니다. 지역적인 공동체의 안전문제가 필요해질 테지요. 어떤 요인이 그러한 통합의 계기가 될지는 알 수 없습니다. 북한을 둘러싼 논의에서 6자회담이 진행중이지만, 그런 가운데서도 지역공동체의 발상이 나올 가능성은 있다고 생각합니다. 그 공동체에 문화적 동일성이 있든 없든 관계없이 공동체 자체의 필요성은 강조될 것입니다. 경제적 문제에서는, 중국의 경우 장기적으로 볼 때 일본과 한국, 북한 간의 자유무역권을 만들려는 움직임이 나오리라 생각합니다. 경제적으로도 군사적으로도 그러한 흐름이 자연스러운 것이라고 봅니다. 이러한 지역공동체는 역사적 시공간과는 별도로 형성될 수 있는 문제입니다.

또 하나는 지금까지 '동아시아'라는 지역 개념이 가능했는가 하는 역사적인 측면입니다. 예컨대 한국에서는 '동양'이라는 말로 아시아나 동아시아를 생각하는 면이 있다고 생각합니다. 중국의 경우에는 '아주(亞洲)'라는 사고방식이, 그 영향력이 크든 작든 지속적으로 논의되어왔습니다. 1907년 쟝 삥린(章炳麟) 등이 결성한 '아주화친회(亞洲和親會)'가 대표적입니다. 제 생각에 그것은 일본과 비슷한 사고방식을 받아들였기 때문이었다고 봅니다. 다만 '아주화친회'의 경우에도 쟝 삥린 등이 실제로 문제 삼는 것은 중국과 인도인데, 따라서 동아시아는 유교와 불교 문화권의 총괄과 같은 것이 됩니다. 이슬람교는 별개로 생각했지요. 그렇게 되면 당연히 '유교문화권'이라는 것과 '동아시아'라는 지역 개념은 어떤 관계인가 하는 문제가 제기됩니다. 오늘날 유교가 실질적으로 의미를 갖지 못하는 것을 생각하면, 동아시아 자체가 어느 정도의 통합성을 갖고 있는지는 문제가 될 수밖에 없습니다. 제가 논의한 동아시아 개념에서도 실질적으로 유교문화권이 들어가 있습니다. 근대 초기에 왜 조선, 중국에서 유학생이 일본으로 갔느냐 하면, 일본이 유교문화권이었다는 전제가 있었기 때문입니다. 이 점은 일본유학이라는 행위가 주체적 선택이었음을 뜻합니다.

저는 '동아시아'라는 개념이 선험적으로 존재한다고 생각하지 않습니다. 지역도 만들어져가는 것이라는 게 제 생각의 전제입니다. 같은 공간이라도 결코 어떤 단계에서 결정되는 것이 아니라 시기적으로 변해나갑니다. 그런 의미에서 '시공간'이라는 사고가 중요하죠. 공간이라는 것은 항상 어떤 정책이나 시각에 의해서 시간적으로 변화해갑니다. '동아시아'라고 할 때, 그것이 고정불변의 것이 아님을 항상 염두에 둘 필요가 있습니다. 예컨대 우리는 '동아시아'라는 말을 사용하면서 필리핀은 떠올리지 않습니다. 그런 사람은 거의 없으리라 생각합니다. 베트남의 경우도 비슷하다고 생각합니다. 타이완에서 보면 필리핀은 해협 건너에 있습니다. 그럼에도 불구하고 필리핀이 시야에 들어오지 않는 거죠. 마찬가지로 홋까이도오(北海道)의 사람들은 현재 러시아의 일부인 연해주를 아시아라고 생각하는 경우가 거의 없습니다. 근대의 일본인들도 그랬습니다. 결국 지리적인 근접감각 같은 것은 전혀 문제가 되지 않는 셈입니다. 물리적 거리의 문제가 아닌 겁니다. 그래서 저는 그것을 입체화하기 위해 '기축'이라는 개념을 제시해보았습니다. 즉 공간을 어떻게 구획해나가는가를 생각하지 않으면 안됩니다. 진 융(金庸)이라는 무협작가가 있지요. 한국에서도 그렇다고 들었습니다만, 그의 소설은 홍콩·타이완·중국에서 폭발적인 인기를 끌고 있습니다. 그런데 일본에서는 거의 반응이 없지요. 같은 '유교문화권'이라고 하지만 꼭 같은 문화가 수용된다고는 할 수 없죠. 같은 공간이라고 생각했는데 왜 그런 차이가 나타나는가도 한번 생각해볼 문제입니다.

다시 말하지만 저는 처음부터 동아시아라는 것이 결정적으로 존재한다고는 생각하지 않습니다. 각자가 자기 시각에서 보았을 때, 이것이 동아시아가 아닌가 하는 식으로 사고했으면 합니다. 그러한 시각의 다양성을 제기하고 싶습니다. 저는 '역사'를 포함해서 사물을 바라보는 시각은 모두 '시론(試論)'이라고 생각합니다. 동아시아도 시론으로서 제기하는 것일 뿐, 결코 '결론'은 될 수 없겠죠.

임성모 • 역사적으로 '대동아공영권론'이 대두하기 전에 '동아연맹론'이나 '동아협동체론' 같은 지역협동체 구상들이 있었습니다. 물론 그것들은 현실에서는 모두 '실패'로 돌아갔고 또 그럴 만한 문제점들을 안고 있었습니다만, 거기에서 '발현되지 못한 가능성'을 찾아내는 작업도 그 '시론' 속에 포함할 수 있지 않을까요?

야마무로 • 당시의 동아연맹론이나 동아협동체론은 기본적으로 일본을 맹주(盟主)나 지도자로 삼을 경우 동아시아가 어떻게 연결되는가 하는 논의였다고 생각합니다. 물론 미끼 키요시(三木清) 등은 평등한 국가간의 협동체 같은 것을 구상했다고 볼 수도 있습니다만, 그 구상들이 발현되지 못한 데에는 그만한 이유가 있었기 때문이죠. 먼저 협동의 주체가 무엇인가 하는 문제가 있습니다. 즉 그 구상들은 기본적으로 국가를 주체로 상정합니다. 국가라는 공동체를 나란히 배열하는 발상입니다. 내부의 국가 자체는 변질되지 않습니다. 결국 국가를 모아놓은 것에 불과해지지요. 따라서 동아협동체 내부에서는 어디까지나 문명의 서열에 따라 국가들이 연결될 뿐인 셈입니다.

만일 지역협동체가 생기는 데 어떤 의미가 있다고 한다면, 저는 협동체를 구성하는 단위로서의 국가가 변용되느냐 마느냐에 달려 있다고 생각합니다. 그저 지금 상태로 일본이나 한국이 모여서 지역협동체를 만들어본들, 그것은 경제협동체 정도에 불과할 겁니다. 1930년대의 협동체론에서 어떤 가능성을 찾는다고 한다면, 그것은 구성요소로서의 국가가 변용할 가능성의 문제라고 봅니다. 저는 21세기에 그렇게 될 가능성이 있다고 생각합니다. 지금 일본의 젊은이들 중에 한국이나 중국에 대해서 거리감을 느끼는 사람은 별로 없습니다. 한국, 중국과 개인적 차원에서 사귀는 가운데서 일본이 우위에 서 있는 것처럼 생각하는 사람들은 조금씩 줄어들 게 분명합니다. 예전의 서열적 시각이 사라지면, 예컨대 더이상 일본에서 살지 않아도 좋다, 한국에서 살았으면 좋겠다고 생각하는 사람들도 증가할지 모릅니다. 그렇게 되면 국가라고 하는 의식 자체가 변화될 가능성이 있지요. 바로 그때 지역협동체라는 것의 가능성도 의미를 갖는다고 생각합니다. 실제로 EU를 보면 상당히 그런 방향으로 나아가고 있습니다. 화폐도 하나가 되고, 대학도 이미 국경을 초월했습니다. 예컨대 에라스무스(Erasmus)대학 같은 곳에서는 여러나라 사람들이 모여 함께 배우고 있습니다. 그런 의미에서 지역통합과 자기개조의 상호작용을 전제로 한다면 지역협동체의 가능성도 발견해낼 수 있다고 생각합니다.

임성모 • 주지하듯이 재일조선인, 연변 '조선족', 중앙아시아 '고려인' 등의 이른바 '이산'(diaspora)이라는 것이 한국의 특징 가운데 하나입니다. 물론 중국의 화교도 마찬가지겠지만. 한국인의 이산은 동아시아 전역에 걸쳐 있다는 점이 약간 다르다고 봅니다. 그리고 그 점이 오히려 21세기의 새로운 국가나 지역을 만들어내는 데서 장점으로 작용할 수 있다는 생각도 듭니다. 재일조선인의 경우에는 최근의 북한 문제로 일본 국내의 과민반응에 조우해서 여러가지로 곤경에 처해 있지만, 지방참정권 문제 등 현재까지 진행되어온 쟁점들은 일본이라는 국가의 틀을 개조할 좋은 계기가 될 수도 있지 않은가 생각합니다. 마지막으로 이에 대한 선생의 전망을 듣고 인터뷰를 끝마칠까 합니다.

야마무로 • 먼저 한국/조선이 갖고 있는 21세기적 삶의 방식에 높은 가능성이 있다고 생각합니다. 실제로 미국에서도 코리아타운이 뉴욕 5번가에 들어서 있고, 해외에 거주하는 한국인들은 상당한 적응력을 갖추고 그 사회에 정착해 있습니다. 한국인이 지닌 국제성의 단면이 아닐까 싶습니다. 그런데 현재의 재일조선인이 직면한 상황에서 보자면, 그들은 이제 6세 정도까지 내려왔기 때문에, 실제로는 한국에 대한 아이덴티티보다는 일본사회 속에서 자라왔습니다. 그러나 자기들의 뿌리를 의식해서 자기 민족문화를 배우려고 하는 경우가 있습니다. 오오사까(大阪) 등지에서는 학교에서 일본 아이들이 한국의 악기연주를 배우는 등 다문화적인 의식을 기르는 교육을 받고 있습니다. 한국문화의 수준이 높다거나 낮아서가 아니라, 다양한 문화 중 하나로서 배우려는 면이 있으리라 생각합니다. 마찬가지로, 저는 일본어밖에 하지 못합니다만, 한국이 자기 뿌리라서 한국어를 배우려는 사람들도 있습니다. 가치관이나 생활양식은 일본인과 같지만, 굳이 한국에 대해 배우려는 사람들이 있는 겁니다. 그렇게 되면 저절로 거기서 다문화적 교육의 수용이 이루어집니다. 저는 그런 것을 굳이 교육까지 하지 않더라도 다문화적인 환경이 만들어진다거나 거기에 흥미를 느낄 수 있다고 생각합니다. 실제로 오오사까 쯔루하시(鶴橋)의 'One Korea Festival' 같은 데에는 일본인도 다수 참가하지요. 일본의 젊은이들이 한국의 영화나 드라마 등에 대해서도 재미있다고 높이 평가하듯이, 실제 역사문제와는 별개로 대중문화 자체를 즐기는 사람들도 있습니다. 이처럼 재일조선인의 다문화적 환경은 크게 변해가고 있지요. 쿄오또대학도 그렇습니다만, 일본의 일부 대학에서는 재일조선인학교를 졸업한 사람들에게도 문호를 개방했습니다. 처음에는 문부성(文部省)이 그렇게 결정한 데 대해서 많은 일본인들이 이상하다고 반대했습니다. 결국 상황이 변한 셈입니다. 이처럼 일본인의 의식 속에 아시아사람들에 대해서 왜 그런 별개의 기준을 만드는가 하는 감정이 생겨나고 있는 겁니다. 한국인의 다국적성이나 국제성처럼 일본인 중에도 그런 면이 나오고 있으므로, 상호작용을 하면 좋지 않을까 하는 생각입니다.

지방참정권 문제에 관해서도 상당히 어려운 문제일지는 모르지만 서서히 해결되리라 생각합니다. 국정참정권은 북한과의 관계가 삼엄한만큼 급격한 상황변화는 없을 겁니다. 전전(戰前)에 조선인 출신의 국회의원이 있었던 것이 얼마나 의미를 가졌는가 같은 문제도 별도로 생각해야 하리라 봅니다. 다만 지금의 한반도가 통일된 하나의 국가가 되어 안정되면, 일본 또한 변해가리라 생각합니다. 이 또한 상호관계의 문제라서, 한반도에서 남북이 언제 충돌할지 모르는 상황이 되면 역시 일본 쪽도 과민하게 반응할 부분은 있을 테지요. 현재 일본에서 북한에 대한 보도가 이상한 것은 분명한 사실입니다. 연일 북한에 관해 보도하면서 꼬치꼬치 추궁하는 것은 정말 위험한 일입니다. 북한에 대한 편견이 주변국에서 증폭되어나간다면 문제가 아닐 수 없습니다. 현재 일본 매스컴의 보도자세를 저는 크게 우려하고 있습니다.

임성모 • 못 다한 이야기가 너무 많지만 이쯤에서 마무리를 해야겠군요. 귀중한 시간 내주셔서 감사합니다. 독자들에게도 유익한 시간이 되었으리라 생각합니다. 처녀작 『법제관료의 시대』부터 16년 동안 완숙된 선생의 지적 성과(『사상과제로서의 아시아』)도 머지않아 국내에 소개된다는 말을 전해들었습니다. 이 책이 일종의 길라잡이가 되었으면 하는 바람입니다. 그리고 선생께도 이번 기획이 한국과의 지적 연쇄를 더 풍성하게 만드는 계기가 되었기를 기원합니다.

원문출처

공간 아시아에 대한 인식의 확장과 변용

「空間アジアをめぐる認識の擴張と變容」, 青木保・姜尙中・山室信一 外 編 『アジア新世紀 1 空間』, 岩波書店 2002, 29~56면.

근대 일본의 국민국가 형성: 그 양상들

「近代日本における國民國家形成の諸相」, 山室信一 『近代日本の知と政治』, 木鐸社 1985, 147~67면.

국민국가 형성의 삼중주와 동아시아세계

「國民國家形成のトリアーデと東アジア世界」, 古屋哲夫・山室信一 編 『近代日本における東アジア問題』, 吉川弘文館 2001, 120~53면.

정치사회에서의 윤리

「政治社會における倫理: 忘却と未倒の問で」, 河合準雄・鶴見俊輔 編 『現代日本文化論』 9, 岩波書店 1997, 70~100면.

'다즉일(多卽一)'의 질서원리와 일본의 선택

「'多にして一'の秩序原理と日本の選擇」, 青木保・佐伯啓思 編 『'アジア的價値'とは何か』, TBS ブリタニカ 1998, 43~63면

대담 및 번역자 소개

임성모
任城模

1961년 서울에서 태어났다. 연세대 사학과를 졸업하고 동대학원에서 일본근현대사 전공으로 박사학위를 받았으며, 현재 연세대 교수로 재직중이다. 역서로 『전장의 기억』 『번역과 일본의 근대』 『오리엔탈리즘을 넘어서』 (공역), 『새로 쓴 일본사』 (공역) 등이 있으며, 주요 논문으로 「만주국협화회의 총력전체제 구상」 등이 있다.

'동아시아의 비판적 지성' 기획위원

—

백영서 연세대 교수/중국사학
이연숙 일본 히또쯔바시대 교수/사회언어학
이욱연 서강대 교수/중문학
임성모 연세대 교수/일본사학

—

여럿이며 하나인 아시아
동아시아의 비판적 지성

초판 발행 · 2003년 10월 1일

지은이 · 야마무로 신이찌(山室信一)
펴낸이 · 고세현
편집 · 염종선 김종곤 김태희 김경태 서정은 조형옥 백은숙
표지 및 본문 디자인 · 이선희
조판 · 아람디자인
펴낸곳 · (주)창비

등록 · 1986년 8월 5일 제85호
주소 · 경기도 파주시 교하읍 문발리 파주출판도시 42블럭 5 (우) 413-832
전화 · 031-955-3333
팩스 · 영업 031-955-3399 편집 031-955-3400
홈페이지 · www.changbi.com
전자우편 · human@changbi.com

ⓒ 山室信一 2003
ISBN 89-364-8519-9 03300
　　　 89-364-7990-3 (전6권)